北京市社会科学院文库

李原 著

RESEARCH ON

THE BELT AND ROAD

INFRASTRUCTURE

INVESTMENT

AND

FINANCING COOPERATION

SYSTEM

『一带一路』
基础设施投融资合作
规则研究

社会科学文献出版社
SOCIAL SCIENCES ACADEMIC PRESS (CHINA)

目 录

引　言／001

第一章　"一带一路"基础设施投融资合作需要解决的问题／007
　　一　"一带一路"基础设施投融资合作的基础／007
　　二　"一带一路"基础设施投融资合作面临的问题与挑战／012

第二章　"一带一路"基础设施投融资合作的理论与实践基础／022
　　一　"一带一路"基础设施投融资合作理论基础／022
　　二　主要经济体跨境基础设施投融资合作实践基础／047

第三章　"一带一路"基础设施投融资主体博弈／060
　　一　"一带一路"基础设施投融资主体及主体目标／060
　　二　基于国家同质性的基础设施投融资博弈模型／061
　　三　基于国家异质性的基础设施投融资博弈模型／063
　　四　"一带一路"区域国家基础设施投融资合作存在政策协调时的
　　　　纳什均衡分析／068

第四章　"一带一路"基础设施投融资合作规则框架／070
　　一　"一带一路"基础设施投融资合作规则／070
　　二　"一带一路"基础设施投融资合作顶层规划与管理机构／073

第五章 "一带一路"基础设施投融资成本分摊规则研究 / 078

一 引入成本分摊规则的国家博弈模型 / 078

二 确定"一带一路"沿线各国基础设施成本分摊份额 / 083

三 构建"一带一路"基础设施投融资合作成本分摊规则 / 093

第六章 "一带一路"基础设施投融资私人资本引入规则研究 / 095

一 构建开发性金融机构对私人资本的引入规则 / 096

二 完善资本市场对私人资本的引入规则 / 124

第七章 "一带一路"基础设施投融资收益保障规则研究 / 147

一 "一带一路"基础设施投融资收益分析 / 147

二 构建"一带一路"基础设施投融资收益保障规则 / 168

第八章 "一带一路"基础设施投融资风险防控规则研究 / 187

一 "一带一路"沿线基础设施投资面临的风险 / 187

二 "一带一路"沿线国家投融资综合风险测算 / 190

三 完善"一带一路"基础设施投融资风险防控规则 / 204

参考文献 / 219

引　言

　　在经济全球化背景下，国际资本流动成为经济发展中最具活力的因素，在配置全球资源、拓展商品市场、推动技术进步、促进互联互通等方面发挥了积极作用。但是，近年来国际资本流动出现总量下滑和结构错位的问题，导致发展中国家面临严重的基础设施建设资金缺口。一方面，全球经济下行叠加新冠疫情冲击引发国际资本流动下行风险。在全球贸易摩擦、全球美元流动性收紧、美元升值、地缘政治冲突加剧、新冠疫情冲击等因素影响下，发达经济体对外投资大幅收缩，导致全球外国直接投资流量持续下滑，2016~2018 年同比分别下降 2%、23% 和 13%，2020 年同比降幅高达 42%。其中发达经济体的外国直接投资流量同比急剧下降 69%，降至 2290 亿美元，是 25 年来的最低水平。另一方面，全球金融失衡即全球流动性供给与需求持续不匹配，成为阻碍世界经济发展、加剧国际金融动荡的重要因素。同时，资本流动格局与经济增长、国际贸易格局呈现错位趋势。传统发达国家对全球经济增长的贡献率日益下降，而中国对全球经济增长的贡献率达 30%。世界贸易格局也发生变化，发展中国家进出口总额有了大幅提高，WTO 发布的《世界贸易统计数据》显示，2005~2015 年，发展中国家的出口在全球的占比由 33% 上升至 42%，发展中国家之间的贸易额占比从 41% 上升至 52%。在资本流动方面，2020 年流入发展中经济体的外国直接投资占全球外国直接投资的 72%，这是有记录以来的最高水平。中国等国家逆势而上，出现外国直接投资上升局面，2020 年中国成为世界上最大的外国直接投资接收国。但是，当贸易和经济增长格局偏向发展中国家的时候，全球的资本流动却仍然偏向发达国家。流动性的错配和资本流动的二元分裂将加剧全球经济的脆弱性和南北经济发展的失衡。

　　在这种背景下，为解决发展中国家基础设施建设资金不足和内生发展动力不足的问题，中国于 2013 年 9 月和 10 月，分别提出合作建设"丝绸之路经济带"和"21 世纪海上丝绸之路"的构想，强调与沿线各国打造互利共赢的"利益共同体"和共同发展繁荣的"命运共同体"，旨在与"一带一路"沿线各国携手合作、共谋发展。"一带一路"沿线国家在经济基础、政治环境、资源禀赋、产业结构等方面存在较大差距，一些较为落后的发展中国家内部资金匮乏，难以满足本国基础设施建设需求。"一带一路"倡议的提出和实施，将弥补沿线国家巨大的资金缺口，促进沿线区域经济共同发展。当前，"一带一路"倡议的实施从深化各国基础设施互联互通起步，区域基础设施条件的改善对促进各国经济发展、增添社会发展活力、提高各国福利水平、实现共同繁荣有积极意义。在"一带一路"倡议提出后的 10 年间，各国在资金融通方面取得了很多成绩，包括建立亚洲基础设施投资银行等多边开发机构和丝路基金等中长期开发基金、区域金融市场初步形成、沿线国家境外投资净流入整体上升、沿线基础设施项目融资合作优化等。

　　然而，由于部分"一带一路"沿线国家政府财政资金紧张，叠加基础设施天然带有的公共产品外部性属性，各国政府和私人投资者参与跨境基础设施投融资合作的进程受阻。"一带一路"基础设施投融资合作仍面临一些不容忽视的挑战和问题：一是投资主体参与度不高，沿线经济金融环境复杂导致资金在区域和基础设施具体领域间分布不平衡；二是基础设施项目收益评估不足，没有充分实现商业利益、国家利益与区域整体利益的最大化；三是投资潜在风险较高，政治风险、经济风险、主权信用风险等因素交织；四是投融资合作规则不畅，缺乏顶层设计和规划，没有搭建统一的"一带一路"基础设施投融资合作规则。从根本上来说，影响"一带一路"基础设施投融资合作进程的根源在规则设计和体制机制层面。

　　西方国家和部分沿线国家对"一带一路"倡议的误解也在一定程度上阻碍了合作规则的构建。2018 年美国智库"新美国安全中心"（CNAS）在其发布的《权力的游戏：应对中国"一带一路"战略》报告中称，中国提出的"一带一路"倡议是以"中国利益优先"为指导的，基础设施投融资合作存在利益分配不均衡和竞争不公平问题，将造成沿线东道国债务增加和主权侵蚀。美国特朗普政府曾批评"一带一路"基础设施投融资合作倡议是掠夺性经济政策；日本政府将中国看作亚太地区基础设施领域的主要竞争对手，不愿与中国签署支持"一带一路"的谅解备忘录并企图与其他国家建立"高质量基础设施合作伙伴关系";印度对于"一带一路"基础设施投融资合作基本上持对抗态度,认为将侵犯其国家主权;欧盟内部对"一带一路"合作倡议持不同观点,法国对待"一带一路"基础设施投融资合作态度最为积极,英国和德国持较为谨慎态度,而南欧和东欧国家则对"一带一路"基础设施投融资合作持欢迎态度。

西方发达国家和"一带一路"沿线国家对我国提出的"一带一路"基础设施合作存在误解的根本原因,是"利己主义"和"零和博弈"的思维惯性。为了解决目前"一带一路"基础设施投融资领域存在的以上问题,消除部分国家对"一带一路"合作倡议的误解,本书试图将传统公共产品理论、博弈论和"人类命运共同体"理念相结合,借鉴发达国家跨境基础设施投融资的经验与教训,构建一个沿线各类投资主体积极参与且能够获得最大收益的"一带一路"基础设施投融资合作规则。通过规则设计,克服区域内部经济金融发展不平衡的环境及潜在风险,加强投融资国际合作与对接,扩大"一带一路"基础设施资金有效供给,解决"一带一路"沿线国家在上一轮全球化进程中面临的基础设施发展滞后问题,这是本研究的最终落脚点。

1. 本书将完善中国特色国际公共产品供给理论

关于跨国基础设施投融资合作的研究,国外学术界多从市场失灵角度出发,阐述集体行动困境的解决方案。一方面,"一带一路"倡议以"共商、共建、共享"为原则,那么"一带一路"背景下的跨国基础设施投融资合作,则与传统的西方投资和融资理论有所不同,"一带一路"基础设施投融资合作不仅要考虑企业商业收益最大化,还要兼顾投资母国、东道国和"一带一路"区域整体经济效益与社会效益,这将大大丰富目前的公共产品理论和国际投资理论。同时,"一带一路"倡议涉及超过 100 个国家,跨国资金流动必然涉及生产要素的跨区域流动,资金融通对资源跨时间和跨区域的优化配置将促进区域经济的发展,因此"一带一路"基础设施投融资合作研究也使得金融促进经济发展理论增加了"空间"特征。另一方面,"一带一路"跨境基础设施投融资实践,是"人类命运共同体"理念的重要应用,是中国特色国际公共产品理论的生动体现,也是对西方公共产品理论、博弈论、国际投资理论、国际融资理论等相关理论的重大应用和发展。本书以公共产品理论为起点、以服务"一带一路"基础设施建设为立足点,分析"一带一路"基础设施投融资面临的主要问题，为"一带一路"基础设施投融资合作规则搭建一个完整的理论分析框架，对完善"人类命运共同体"理念和中国特色国际公共产品供给理论具有重要意义。

2. 本书构建"一带一路"基础设施投融资合作规则对区域经济社会发展有重要意义

第一，"一带一路"基础设施投融资合作可以有效整合区域基础设施生产资料。通过跨境基础设施投融资合作，特别是政府之间的基础设施投融资合作，可以改善区域基础设施条件并避免重复建设，进而节约资本、土地、劳动力等生产要素的投入并降低机会成本，提高基础设施生产要素的使用效率。第二，跨境基础设施投融资合作有利于消除区域壁垒。基础设施投融资合作需要大规模资金的跨境流动，合作的实现需要各国克服市场分割状态，创造便利化和自由化的投资环境，这将从客观上克服"政府失灵"问题，促使沿线国家消除投资壁垒，促进区域间基础设施建设所需的资金、劳动力、技术和信息等生产要素自由流动。第三，"一带一路"基础设施投融资合作规则的构建有助于国际合作制度创新。不同于中方低标准、低透明度和低稳定性的基础设施投融资机制，也不同于西方国家高标准、高成本和高附加条件的投融资规则，通过构建具有"一带一路"区域特色的基础设施投融资合作规则，使投融资各方紧密地结合成利益共同体，保证区域基础设施互联互通进程顺利推进。

本书分为八章，每部分的内容结构如下。

第一章介绍"一带一路"基础设施投融资合作规则需要解决的问题。分析"一带一路"倡议提出 10 年来，基础设施领域开展投融资合作的可行性与必要性、已取得的合作进展，并根据"一带一路"沿线地区的资金供求状况，深入分析当前"一带一路"基础设施投融资面临的主体参与度不高、投资分布不均、投资项目收益评估不足、投资潜在风险较高、投融资合作规则不畅等主要问题。

第二章是理论与实践研究部分。首先介绍构建"一带一路"基础设施投融资合作规则的理论基础，主要包括公共产品理论和跨境基础设施投融资理论等，创新性地提出用人类命运共同体思想指导"一带一路"基础设施投融资合作，为实证分析与对策分析奠定理论基础和构建逻辑框架；其次通过分析欧美等发达经济体对外基础设施投资实践和亚洲跨境基础设施投融资合作实践，总结跨境基础设施投融资的经验与教训，为实证分析和对策分析提供借鉴。

第三章构建"一带一路"基础设施投融资主体博弈模型。通过构建"一带一路"国家间基础设施投融资的合作博弈模型，论证了各国参与"一带一路"基础设施投融资合作并获得收益的可行性。

第四章提出"一带一路"基础设施投融资合作规则框架。在理论论证的基础上，从"成本—收益—风险"角度出发，提出构建"一带一路"基础设施投融资合作规则的构想，具体包括成本分摊规则、私人资本引入规则、收益保障规则和风险防范规则，以保证各国的行动保持在博弈的纳什均衡点上，进而实现区域整体利益最大化。

第五章是"一带一路"基础设施成本分摊规则研究。在集体行动理论指导下，通过将成本分摊规则引入各国博弈模型，分析证明成本分摊规则在一定程度上能够缓解"搭便车"问题，促进各国参与基础设施投资合作。在此基础上，利用地理加权回归模型（GWR）测算"一带一路"沿线各国的基础设施外部性弹性系数，并提出构建"一带一路"基础设施成本分摊规则的构想，以明确各国责任，共担建设成本。

第六章是"一带一路"基础设施私人资本引入规则研究。立足政策性金融机构和资本市场在引入社会资本参与基础设施投资方面的优势，分别构建以"一带一路"区域亚洲基础设施银行、丝路基金为代表的开发性金融机构为中心的私人资本引入规则和以区域资本市场为中心的私人资本引入规则，以期拓宽"一带一路"基础设施建设资金来源，提高社会投融资者参与"一带一路"建设的积极性。

第七章是"一带一路"基础设施投融资收益保障规则研究。首先，分析"一带一路"基础设施投资不仅可获得商业收益，还会为母国、东道国乃至整个区域带来宏观经济收益和社会收益，并据此构建了投资总体收益最大化的目标函数。其次，在综合运用主成分分析法、灰色关联度分析法和组合评价法对18个区域跨境基础设施项目收益进行测算与评估的基础上，发现目前"一带一路"跨境基础设施投资收益不及预期，并提出提高区域跨境基础设施总体收益的机制构想。

第八章是"一带一路"基础设施投融资风险防范规则研究。首先阐述"一带一路"基础设施投资在政治风险、经济风险、法律风险和主权信用风险等方面可能面临的区域特有风险，之后运用因子分析方法定量衡量"一带一路"沿线各国的国别风险程度，将"一带一路"沿线各国按风险高低划分出低、中、高风险区域，并在此基础上提出立体风险管控机制的构想。

需要说明的是，本书采用的"一带一路"空间范围，主要指"一带一路"倡议提出之初涉及的包含中国在内的 65 个国家和地区，"一带一路"基础设施投融资合作主体，也主要聚焦这 65 个国家和地区，地理分区如表 0-1 所示。除中国外的 64 个沿线国家，根据经济地理板块差异可以分为俄蒙、东南亚、南亚、西亚北非、中东欧以及中亚 6 个次区域。

表 0-1　"一带一路"空间范围

区域	主要国家
俄蒙 2 国	俄罗斯、蒙古
中亚 5 国	哈萨克斯坦、吉尔吉斯斯坦、塔吉克斯坦、乌兹别克斯坦、土库曼斯坦
中东欧 19 国	波兰、捷克、斯洛伐克、匈牙利、斯洛文尼亚、克罗地亚、罗马尼亚、保加利亚、塞尔维亚、黑山、马其顿、波黑、阿尔巴尼亚、爱沙尼亚、立陶宛、拉脱维亚、乌克兰、白俄罗斯、摩尔多瓦
西亚北非 19 国	土耳其、伊朗、叙利亚、伊拉克、阿联酋、沙特阿拉伯、卡塔尔、巴林、科威特、黎巴嫩、阿曼、也门、约旦、以色列、巴勒斯坦、亚美尼亚、格鲁吉亚、阿塞拜疆、埃及
南亚 8 国	印度、巴基斯坦、孟加拉国、阿富汗、尼泊尔、不丹、斯里兰卡、马尔代夫
东南亚 11 国	越南、老挝、柬埔寨、泰国、马来西亚、新加坡、印度尼西亚、文莱、菲律宾、缅甸、东帝汶

本书中的基础设施主要指狭义基础设施。根据《推动共建丝绸之路经济带和 21 世纪海上丝绸之路的愿景与行动》，"一带一路"基础设施互联互通是目前建设的优先领域，加强国际骨干通道建设以形成连接各次区域之间的基础设施网络是主要任务。从"一带一路"沿线基础设施现状和各国需求来看，铁路、公路、口岸、航空基础设施等交通基础设施，输油、输气、电力与输电等能源基础设施和跨境电缆等国际通信基础设施是合作的重点领域。

第一章 "一带一路"基础设施投融资合作需要解决的问题

一 "一带一路"基础设施投融资合作的基础

（一）"一带一路"基础设施项目资金融通特点

"一带一路"跨境基础设施既有国际公共产品属性，又有显著的区域特点，总体来说，"一带一路"基础设施投融资具有以下几个特点。

第一，基础设施投资规模大。"一带一路"沿线基础设施建设相对滞后，基础设施资金需求量高。根据亚洲开发银行的估算，2010~2020 年亚洲地区每年基础设施投资需求高达 7300 亿美元，其中电力和公路分别占总体需求的51%和29%（丘兆逸、付丽琴，2015）。

第二，投融资收益特殊性。不同于私人产品投资只考虑商业效益或者经济收益，基础设施投融资要考虑社会效益，即促进经济发展和人民生活水平的提高。而跨境基础设施投融资，不仅要考虑本国经济与社会效益，还要实现所有参与国家经济与社会效益的最大化。同时，基础设施公共产品属性导致收费受到一定控制，短时间内较难回收成本，投资效益具有明显的滞后性，投资回报率偏低。据统计，铁路的回报率在 5%左右，电力设施回报率在 12%~14%。

第三，基础设施投融资模式多样。随着各国基础设施投融资实践的深入，基础设施投融资模式逐步多元化，包括政府直接投资或间接投资、私人资本投资、项目融资、融资租赁等，且经营方式、管理模式、收益分配方式和风险分担方式具体设计安排多种多样。

第四，基础设施投融资利益主体复杂。由于基础设施投融资模式多元化，基础设施投融资主体越发多样，尤其是跨境基础设施投融资的利益相关方更加复杂，包括项目所在国政府及私人投资者、投资母国政府及私人投资者、工程承包商、国际金融机构、国内金融机构、国际经济组织和开发性金融机构等，它们具备的投融资优势、收益目标和存在的问题各不相同，增加了投融资合作的难度。

第五，投融资面临较为严重的政治风险和货币错配风险。"一带一路"区域范围广跨度大，涉及 65 个国家和地区，部分国家政治局势动荡、民族宗教问题交织，给基础设施投资带来较大不确定性。同时，区域内各国币种不统一且币种偏小，汇率波动较大，在基础设施建设过程中，如果采用美元结算，容易造成比重错配风险。

（二）"一带一路"沿线国家基础设施投融资合作的价值

加强"一带一路"沿线国家基础设施投融资合作，有助于弥合巨大的地区基础设施建设资金缺口，对于缓解沿线国家尤其是沿线发展中国家政府财政压力、优化基础设施供给能力、提升区域基础设施互联互通水平、增强沿线国家经济发展韧性有巨大价值。

1. "一带一路"区域基础设施建设资金需求庞大

"一带一路"沿线国家对基础设施投资的巨大需求是以下几方面因素共同作用的结果。

第一，落后的基础设施条件难以满足经济社会发展需要。"一带一路"大部分沿线国家处于工业化和城市化的加速阶段，但国内交通、能源管道、线网和市政等方面的基础设施仍处于"联而不通、通而不畅"的阶段，基础设施建设滞后于经济增长，甚至对经济发展产生不同程度的制约，亟须通过提高基础设施互联互通质量来推动经济增长，促进资本、劳动力的自由流动，联通市场进而更好地融入经济全球化进程。根据世界经济论坛发布的《2019 年全球竞争力报告》中对"一带一路"沿线各国基础设施水平的测度，分地区整理出沿线各国基础设施情况对比图（见图 1-1、图 1-2）。从图中可以看出，"一带一路"沿线国家基础设施较为薄弱、水平参差不齐，存在较大差距，西亚北非和中东欧国家的基础设施水平相对较高，中亚、东南亚和南亚部分国家的基础设施水平则处于落后状态。除了新加坡基础设施水平较高以外，总体来看，"一带一路"沿线国家的基础设施都有进一步改善的需求。

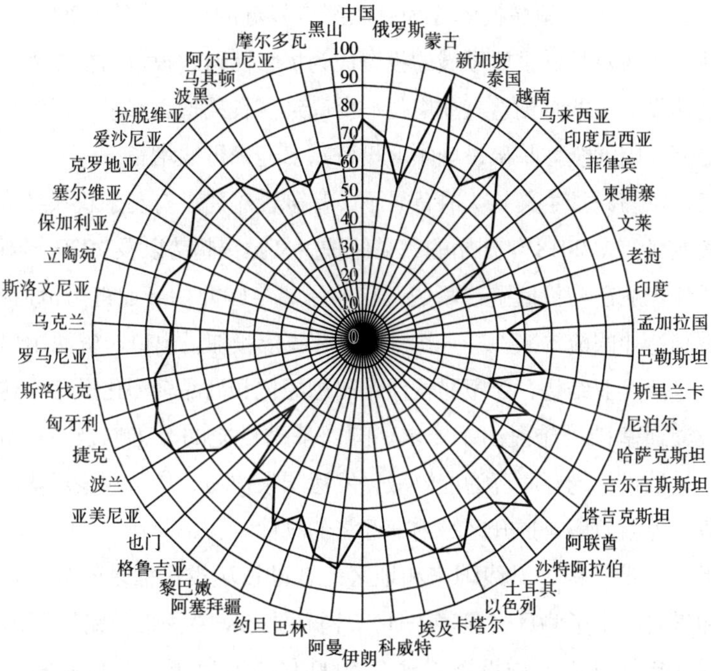

图 1-1 "一带一路"沿线各国基础设施水平

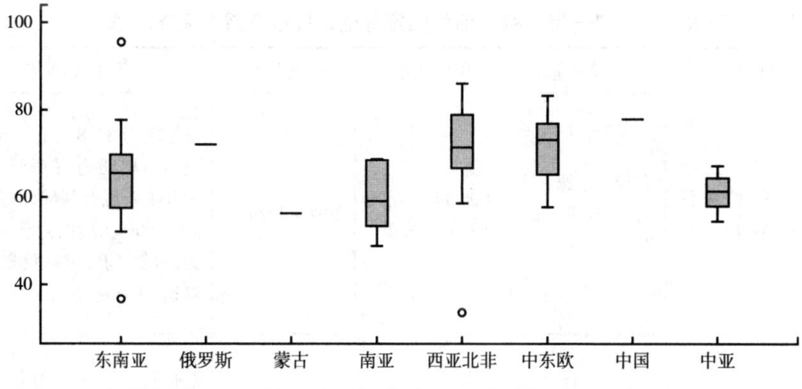

图 1-2 "一带一路"沿线各区域基础设施水平

注:《2019 年全球竞争力报告》统计考察的 138 个国家中不包括"一带一路"区域中的缅甸、东帝汶、马尔代夫、阿富汗、不丹、乌兹别克斯坦、土库曼斯坦、白俄罗斯、叙利亚、伊拉克和巴基斯坦。故这里只统计了"一带一路"54 个国家的基础设施水平。

资料来源:世界经济论坛《2019 年全球竞争力报告》。

第二，基础设施领域投资成为刺激经济复苏的重要引擎。2008 年全球金融危机后，加大对基础设施领域的投资成为扩张性财政政策的重要手段，公共基础设施建设支出能够创造就业岗位、提高经济长期增长水平、促进可持续性的经济复苏，因此全球基础设施领域投资需求迎来迅猛增长。

第三，贸易保护主义抬头的背景下，基础设施建设有利于新兴经济体转变经济增长方式。在 2018 年开始的贸易保护主义抬头趋势以及 2020 年新冠疫情造成的全球产业链与价值链"断裂"风险下，各国开始产业链与价值链重构，企图刺激制造业回流本国。"一带一路"沿线依赖加工出口、资源出口的国家需要调整经济产业结构，走贸易伙伴距离缩短化和商品轻型化道路，这就对区域内跨境交通基础设施提出了要求。国内基础设施的改善以及"一带一路"区域跨境基础设施的互联互通能够减轻发达国家贸易、货币政策对本区域新兴市场的负面外溢效应，提升区域内部经济的韧性。

关于"一带一路"沿线国家和地区的基础设施投资需求的具体规模，许多机构和学者给予了测算（见表 1-1）。总体来看，"一带一路"区域除中国以外的国家年均基础设施投资需求在 5000 亿美元以上，并且随着"一带一路"范围的逐步扩大，区域基础设施投资需求将进一步上升。

表 1-1 "一带一路"沿线国家基础设施投资需求测算汇总

机构	基础设施范围	国家范围	时间区间	需求规模
亚洲开发银行（ADB，2009）	交通、能源、管网、市政等基础设施	亚洲 30 个亚开行发展中成员	2010~2020 年	总需求为 82.8 万亿美元，其中新增能力占 68%，维护和更新现有基础设施占 32%，96% 为境内需求，4% 为跨境需求，年均投资需求达 7300 亿美元
世界银行（World Bank，2016）	交通、能源、管网、市政等基础设施	"一带一路"沿线国家	2016~2021 年	总投资规模为 7 万亿~9 万亿美元，年均投资额为 1.1 万亿~1.5 万亿美元；不包括中国在内的"一带一路"64 个国家累计基建投资规模为 2.5 万亿~3.5 万亿美元，年均投资额为 0.4 万亿~0.6 万亿美元

续表

机构	基础设施范围	国家范围	时间区间	需求规模
中国人民银行金融研究所(2016)	交通、能源、管网、市政等基础设施	"一带一路"沿线国家	2016~2020 年	年均投资需求为 1.3 万亿~1.9 万亿美元,除了中国外,其他国家和地区每年的投资需求为 0.6 万亿~0.8 万亿美元
袁佳(2016)	交通、能源、管网、市政等基础设施	"一带一路"沿线国家	2016~2020 年	区域总需求将达到 8 万亿~10 万亿美元,年均投资额 1.6 万亿~2 万亿美元;不包括中国在内投资总额将达到3.6 万亿~4.8 万亿美元,年均投资额 0.62 万亿~0.96 万亿美元
中国社会科学院世界经济与政治研究所(IWEP,2017)	交通基础设施	"一带一路"沿线国家	2016~2030 年	总投资需求达到 2.9 万亿美元,其中 16% 来自无评级国家,35% 来自投机级国家,50% 来自投资级国家
国务院发展研究中心(2017)	交通、能源、市政等基础设施	"一带一路"区域(不含中国)	2016~2020 年	总投资需求达到 1.4 万亿美元
张丽平和蓝庆新(2016)	交通、能源、市政等基础设施	"一带一路"沿线国家	2016~2020 年	总投资需求至少为 10.6 万亿美元,除中国以外的其他国家和地区需求接近 1.4 万亿美元

2. "一带一路"区域现有基础设施建设资金供给不足

虽然"一带一路"区域基础设施资金需求规模庞大,但供给却严重不足,面临资金缺口大、技术经验缺乏的困境。

根据 Bhattacharya、Romani 和 Stern(2012)以及 Bhattacharya 和 Romani(2013)等人的研究,2020 年之前世界新兴经济体和发展中国家的年均基础设施融资缺口高达 10000 亿美元以上,其中亚太地区的缺口占比最大。目前基础设施主要资金来源包括政府财政预算、私人资本、国内政策性金融机构和多边开发性金融机构等,分别占比 27%、11%、4% 和 3%,受各自经济特性的影响均无法满足区域基础设施融资需求。政府财政资金对基础设施投入的占比最高, 但由于"一带一路"区域部分发展中国家财政基础薄弱, 国家财政赤字及宏观杠杆率的约束制约了基础设施建设的政府资金投入总额。据亚洲开发银行公布的相关数据推测, 2010~2020 年亚洲国家在基础设施领域的财政预算投资占 GDP 的比例为 5%左右, 即各国财政投入约能覆盖近 6000 亿美元的亚洲基础设施投资需求, 每年融资需求缺口约为 1300 亿美元。私人资金在基础设施建设过程中的地位日益提升, 但由于社会资本具有明显的"顺周期性", 在经济萧条需要加大基础设施投资以刺激经济复苏的时期反而会缩减私人资本投入量; 且相比于发达国家的成熟资产, 具有前期投资规模大、成本回收周期长、收益不确定性高等特性的"一带一路"地区基础设施项目较难吸引全球私人资本的注入。而受制于发达国家主导的多边金融机构减贫宗旨和社会民主化改革要求的约束, 以亚洲开发银行和世界银行两大金融机构为首的多边开发金融机构每年在亚洲地区基础设施领域的投资总计仅有 300 亿美元左右 (Biswa Nath & Bhattacharyay, 2018), 即使把发达国家对发展中国家的经济援助考虑在内, 仍无法满足"一带一路"区域基础设施建设的资金需求。

二 "一带一路"基础设施投融资合作面临的问题与挑战

(一)"一带一路"基础设施投资分布不均衡

目前"一带一路"区域跨境基础设施投资存在地区和领域布局不均衡的问题, 基础设施供需出现不匹配情况。

一是跨境基础设施投资地区分布不均衡。中国对"一带一路"沿线基础设施投资主要集中在以下两类区域: 与中国地理距离和经济距离①相近的国家, 以及资源能源丰富的国家。东南亚地区与中国地理区位相邻, 经贸往来紧密, 成为我国跨境基础设施投融资合作的首要地区。其次是南亚、中亚和俄蒙, 中东欧国家由于占中国对外贸易比重较低、地理位置较远, 跨境基础设施投融资合作也较少。同时, 叠加东南亚印尼、西亚卡塔尔和阿联酋、中亚哈萨克斯坦以及俄罗斯等国丰富资源和能源优势, 获得了中国资本的青睐。但是,

_____

① 这里的经济距离主要指两国贸易的紧密程度。

由于"一带一路"其他地区与中国经贸联系不紧密，存在巨大的基础设施资金缺口却很难吸引有效投资，跨境基础设施建设资本在"一带一路"沿线各国存在错配现象（见表1-2）。

表1-2 中国对"一带一路"各区域基础设施投资额、贸易额和各区域基础设施资金需求情况

单位：亿美元

区域	基础设施项目投资总额	2017年与中国的进出口贸易额	区域基础设施融资需求
俄蒙	92.4	742.8	1019.54
东南亚	156.0	4554.3	2002.91
南亚	98.0	1115.1	2446.18
西亚北非	72.9	2152.0	2466.87
中亚	81.0	300.4	199.78
中东欧	39.0	671.3	1281.23

注：基础设施项目投资总额是根据美国传统基金会数据整理的2005~2016年中国对"一带一路"沿线各区域的大型基础设施投资数额，区域基础设施融资需求是根据1994年世界银行提出的基础设施投资占GDP比重不少于5%的政策，按照IMF对各经济体2020年GDP的估计值，乘以6%的比重计算得出。

资料来源：IMF World Economic Outlook Database，The Heritage Foundation，中国商务部。

二是基础设施领域投资不平衡，主要集中在能源基础设施等领域。从美国企业研究所数据库公布的数据整理得出，2005~2019年，我国对"一带一路"地区的投资主要集中于能源基础设施、房地产和交通基础设施领域，在金融、高科技和旅游等领域投资较少（见表1-3）。根据Dealogic数据库数据，基础设施类贷款合同数量占中资银行向沿线国家提供银团贷款数量的29%，涉及的银团贷款金额份额达到19%。能源等基础设施领域的投资集中使得"走出去"企业易遭受东道国保护主义的限制，也难免遭到外媒和某些发达国家的恶意解读。

表1-3 2005~2019年中国对"一带一路"地区及世界其他地区直接投资和建设合同行业分布

单位：%

行业	"一带一路"地区国家	欧美发达国家	其他国家	所有地区
能源基础设施	46.54	12.68	40.78	100
交通基础设施	38.53	22.00	39.47	100

行业	"一带一路"地区国家	欧美发达国家	其他国家	所有地区
农业基础设施	32.60	36.68	30.72	100
旅游	14.82	75.73	9.45	100
高科技	19.04	65.81	15.15	100
有色金属	29.18	3.18	67.64	100
房地产	40.90	32.24	26.86	100
娱乐	20.67	72.39	6.94	100
金融	9.72	72.76	17.52	100

资料来源：American Enterprise Institution 数据库。

（二）"政府失灵"：基础设施投资效率较低

根据 20 世纪 70 年代以布坎南为首的公共选择学派提出的"政府失灵"概念，当前"一带一路"基础设施投资存在政府或国有资本过度参与和合作规则缺位等问题。

第一，基础设施投资预期收益较低。由于"一带一路"跨境基础设施投资具有公共产品属性，其收益不仅具有明显的外部性，还具有投资回报周期长、未来现金流不稳定等特点，社会资本投资意愿不强，政府依然是主要投资方。中国主要通过直接投资和国有企业对外承包工程的方式对"一带一路"沿线国家基础设施进行投资，在项目招投标阶段，受美日等国恶意竞争和不公平竞争环境的影响，很多项目在极低的利润空间下获得立项。很多基础设施项目工程建设过程中，只能通过降低劳动力成本、压缩项目材料价格、缩短工期等方式压缩成本，跨境基础设施项目投资的预期收益处于较低水平，甚至存在亏损风险。目前我国"一带一路"投资主体主要是国有企业，具有低息贷款、预算软约束等"得自政治体制的异质性资源"（裴长洪等，2010）。这种"国家特定优势"，使得国有企业具有更强的风险偏好，投资偏向能源等领域，对东道国的经济金融环境有更高的"容忍度"，也就容易降低项目预期。

第二，政治因素考虑多于经济可行性。大多数"一带一路"跨境基础设施项目由政府主导确定，对外承包工程主要由国有大中型企业承担。由于投资决策过程缺乏科学的可行性论证和充分的风险评估，"成本—收益"分析不足，甚至仍然以对外援助思维对待跨境基础设施投资问题，导致部分基础设项目经济效益低下。地方政府参与"一带一路"基础设施投资过程中，缺乏事前尽职调查，决策不够谨慎。在供给侧结构性改革的大背景下，各省市寄希望于通过参与"一带一路"建设为地方经济发展提供新的动力。但由于缺乏协调，各地在短期政绩观促使下，出现"一哄而上"争抢项目的情况，片面地认为参与"一带一路"基础设施投融资就可以实现促进地方经济发展的目标，存在投资决策失误和因缺少地区间协调导致资源配置低效的风险。同时，由于"一带一路"沿线部分国家政治民主化程度不高，存在政治腐败现象，寻租和官僚主义使东道国政府在基础设施跨境合作上忽略经济收益和社会整体福利目标，阻碍跨境基础设施投融资合作进程。

第三，各国政府参与率不高。"一带一路"沿线东道国作为外部收益的主要获得者，没有承担跨境基础设施项目的主要投资成本。沿线东道国约一半的国家外债与GDP之比超过60%的国际警戒线，吉尔吉斯斯坦、乌克兰、格鲁吉亚和蒙古等国甚至已经超过100%。"一带一路"沿线大多数国家政府财力不足和危机后国际金融机构业务收缩，导致在跨境基础设施建设过程中政府缺位，主动参与"一带一路"基础设施共同融资、共担风险的沿线国家政府较少，使中国成为融资压力和风险的主要承担国。目前开工建设的"一带一路"大型基础设施项目，近半数由中国主要出资甚至唯一出资，中国成为沿线国家基础设施项目的主要出资人，却无法享受项目的外部性经济和社会收益，"成本—收益"结构出现扭曲。

（三）市场失灵：私人资本不愿进入

"一带一路"跨境基础设施的投资主体可分为公共部门和私人部门。公共部门主要包括政府、国有企业和国际经济组织，私人部门主要包括民营企业和私人资本。按照"一带一路"倡议构想，以私人部门为主、市场化运作模式是区域跨境基础设施投融资主要模式，但从"一带一路"基础设施投融资进展来看，政府财政资金、世界银行、国际货币基金组织、亚投行等国际经济组织和国家开发性金融机构、国有商业银行是资金的主要来源方，基础设施的公共产品属性和较强的正外部性造成"市场失灵"，私人部门缺乏投资积极性。由于"一带一路"沿线以发展中国家为主，政府财政资金有限，中国不得不成为目前的主要出资方，私人部门的低参与率导致资金来源不确定性问题突出，成为"一带一路"基础设施投融资合作进程的主要障碍之一。造成市场失灵问题的主要原因，除了基础设施本身正外部性因素之外，还包含以下几个"一带一路"区域特有的因素。

一是融资渠道单一，投融资成本偏高。目前，由于"一带一路"区域资本市场发展不完善，区域内部基础设施建设融资模式相对单一，以主权借款或者抵押贷款为主，能够广泛吸引私人资本的国际资本市场作用有限，债券融资规模较小。根据 Dealogic 数据库，截至 2020 年底，我国金融机构和少数企业在境外市场发行"一带一路"债券的融资总额 200 多亿美元（见表 1-4）。信贷方面，"一带一路"沿线国家和地区内部的银行美元信贷利率或政策性贷款利率普遍较高，导致企业面临较高的境外融资成本。尽管我国进出口银行会为企业"走出去"建设大型基础设施项目提供两优贷款，商业银行也会发放优惠贷款支持"一带一路"基础设施投资，但是这些贷款在贷款机构资质、政府担保、资金投向、利率和期限等方面都有严格的限制，审批手续烦琐，客观上提高了民营企业的融资门槛，打击了民营企业参与积极性。

表 1-4　中国金融机构和企业在国际资本市场发行"一带一路"债券的情况

发行人	发行时间	融资规模	上市地点
中国银行	2015 年 6 月	20 亿美元，含人民币、美元、欧元和新加坡元	香港、台北、新加坡、伦敦、迪拜
	2017 年 4 月	30 亿美元，含美元、欧元和人民币	香港
	2017 年 5 月	6 亿美元	香港
	2018 年 4 月	32 亿美元	香港
	2019 年 4 月	38 亿美元	香港
国家开发银行	2015 年 9 月	10 亿美元和 5 亿欧元	伦敦
	2017 年 11 月	30 亿美元，含美元和欧元	香港
中国建设银行	2015 年 11 月	10 亿元人民币	香港、吉隆坡
	2016 年 9 月	10 亿元人民币	新加坡
中国进出口银行	2016 年 11 月	20 亿欧元	新加坡
广州富力地产有限公司	2016 年 12 月	2.65 亿美元	新加坡
	2017 年 1 月	4.6 亿美元	新加坡

资料来源：Dealogic 数据库。

二是部分国家抵制基础设施市场化运作。"一带一路"沿线各国经济发展水平和投融资环境差异较大，部分地区地缘政治形势复杂、社会矛盾尖锐、缺乏战略互信，市场开放程度普遍较低，对私人资本参与基础设施建设缺乏支持配套政策。由于基础设施尤其是能源基础设施属于部分国家的敏感性领域，在向民营资本和外资开放方面存在顾虑，许多沿线国家和地区的基础设施包括前期投资、建设以及后续维护等仍主要依赖政府财政拨款。同时，"一带一路"沿线国家和地区普遍缺少在基础设施投融资渠道、投融资规划、投融资准入条件等方面的有效配套政策，没有充分发挥政府在引入私人资本方面的指导作用，导致私人资本参与基础设施投资的互利合作进程受到阻碍。

三是缺乏可持续盈利模式。目前"一带一路"跨境基础设施盈利微薄是私人资本参与融资积极性低的关键因素。一般来说，基础设施投资的盈利来源主要有三种：使用者付费，财政资金支付，基础设施改善带来的周边区域商业升值。上述三种盈利模式均存在一定的风险：对于使用者付费模式，"一带一路"经济欠发达国家的基础设施市场发展低于预期的可能性较大，导致基础设施的私人建设方和运营方面临经营风险；对于财政资金支付模式，"一带一路"沿线很多国家存在严重的财政赤字，东道国整体财政能力限制了政府补偿力度；对于周边区域商业升值模式，大多数"一带一路"沿线国家实行土地私有制，第三方开发的收益不一定会与基础设施建设运营方分享。对未来投资收益的不确定性降低了私人资本对"一带一路"基础设施建设进行可持续性投资的热情。

四是私人部门信息不对称问题。虽然我国大型国有银行和丝路基金都建立了"一带一路"项目储备库，但部分信息并不向民营机构开放。目前政府资金主导的"一带一路"基础设施融资支持更偏向国有企业，针对民营企业和中小企业的融资机制尚未形成（李向阳，2017）。虽然少数民营企业开始参与"一带一路"的投资基金建设，但是目前我国的民营基金在数量和规模上都与官方性质的基金存在较大差距。而"一带一路"基础设施政府性投资基金存在对民营企业开放程度不高、资金使用情况不透明等问题，难以有效撬动民营资本参与（梁志兵，2017）。同时，在国有政策性银行和大型商业银行主导的"一带一路"基础设施项目贷款体系中，民营企业受规模和业绩的限制以及信息不对称等市场缺陷的制约，也很难获得有力的资金支持以参与"一带一路"沿线基础设施合作项目。

（四）"一带一路" 基础设施投资风险事故频发

　　"一带一路" 基础设施项目资金需求庞大、投资周期较长、涉及资本跨境合作，投资的潜在风险较大，叠加我国对 "一带一路" 区域基础设施投资地区分布集中、行业分布敏感、投资主体单一的特性，基础设施项目投资风险发生的概率大大提升。

　　从目前对 "一带一路" 沿线地区的投资实践来看，投资主体对风险认识不足、风险化解滞后，导致部分投资失败案例发生。根据前文分析的 "一带一路" 投融资现状及其特点，造成 "一带一路" 投资风险案例发生的原因主要有三点。第一，"一带一路" 沿线地区投资环境不优。由于 "一带一路" 沿线国家在经济发展水平、政治制度、宗教信仰和民俗文化等方面存在巨大差异，某些国家还是传统安全和非传统安全威胁的多发地区，"一带一路" 沿线的东道国政治风险尤为突出。而基础设施领域尤其是能源行业对于一些东道国属于敏感性领域，投资项目易受到东道国政策变更影响，"一带一路" 国家偏高的政治风险则加剧了投资的不确定性。第二，投资主体风险防范意识不足。在 "一带一路" 倡议背景下，我国部分地方政府和国有企业风险意识不足，对风险缺乏全面评估，使对外投资存在决策失误和资源低效配置风险。缺乏完整的风险预警机制和风险评估机制，项目前期的风险控制工作不到位。第三，风险管理和防范机制滞后。目前 "一带一路" 投融资过程中金融机构的风险管理仍然有 "唯抵押物" "唯大企业" "唯政府担保" 导向，前期风险量化技术比较落后，后期缺乏风险对冲和风险分散手段，风险补偿和风险分担规则没有建立。

（五）"一带一路" 基础设施投融资合作规则没有完整搭建

　　尽管 "一带一路" 沿线国家和地区之间建立了多个合作框架协议，且我国已累计与 151 个国家、32 个国际组织签署了 200 余份共建 "一带一路" 合作文件[①]，但是，关于 "一带一路" 沿线基础设施投融资合作，"一带一路" 区域尚未达成一个国际公约或者协定框架，沿线国家可以选择积极参与合作，也可以选择坐享其成成为 "搭便车者"，由于缺少统一的契约约束，"一带一路" 基础设施投融资合作具有极大的不确定性。沿线各国在经济、政治、社

---

① 数据截止到 2023 年 2 月。

会和文化等方面的差异使得国家层面沟通不足，区域合作和协调机制不完善，无法对全域形成较强的约束力，尤其在基础设施项目对接、跨区域基础设施投融资合作等方面缺乏平等磋商机制、成本平衡机制、收益保护机制、风险防范机制和投融资担保合作规则等。

同时，通过梳理目前"一带一路"区域内存在的众多有关基础设施建设的次区域合作规则发现，合作规则存在"重贸易、轻投资"现象，"一带一路"区域现有合作规则以贸易类为主，而由于各国在投资领域尤其是基础设施等敏感性领域的开放程度较低，整个区域的投融资合作规则严重缺乏，基础设施供给机制存在制度化水平低和复杂程度高的特点（见表1-5）。一方面，从制度化水平来看，仅东盟及其"10+1""10+3"合作规则是低水平制度化合作，其余合作规则大多是松散的论坛性质，对参与国没有实质性约束力。在"舒适性原则"指导下，目前多数次区域基础设施投融资合作规则运作机制简单、规则标准偏低，执行力较弱，缺乏强有力的落实机制和惩罚机制，导致一些成员合作动力不足、参与热情不高。另一方面，尽管"一带一路"现有合作规则制度化水平较低，但与北美、欧洲等地区合作相比，地域交叉、机制平行、互相嵌套的众多次区域合作框架使区域内基础设施投融资合作规则出现"制度过剩"（李巍，2011）。平行、嵌套、分散的合作框架虽然在一定程度上有助于满足不同国家的利益诉求，降低投融资合作的谈判成本，但也成为"一带一路"地区基础设施投融资合作规则整合的障碍。

表1-5 "一带一路"区域现有的主要国际多边合作规则

合作规则	发起时间	内容	作用
东南亚国家联盟（ASEAN）	1967年	内容广泛,基础设施方面包括四大重点:电网、输气管道、公路网和铁路项目	建设综合的能源、交通和通信网络,促进区域内贸易和投资
太平洋岛国论坛（PIF）	1971年	制定了区域旅游市场和投资计划,加强区域交通设施建设	加强16个太平洋岛国的合作与经济一体化
南亚区域合作联盟（SAARC）	1985年	由亚洲开发银行提供资金和技术援助进行区域多式联运建设,确定了公路、铁路走廊和海空港建设项目	建设南亚自由贸易区,实现经济一体化

合作规则	发起时间	内容	作用
亚太经合组织（APEC）	1989 年	制定了《亚太经合组织互联互通蓝图（2015—2025）》	保持经济增长；促进成员间经济相互依存；加强开放的多边贸易体制；减少区域贸易和投资壁垒，维护本地区人民的共同利益
亚信会议（CICA）	1992 年	已经制定军事政治、新威胁挑战、经济、生态和人文五大领域信任措施	在亚洲国家之间讨论加强合作、增加信任的措施，促进亚洲和平、安全和稳定
大湄公河次区域（GMS）	1992 年	涵盖贸易和基础设施，重点是交通、能源和电信	增强次区域的连通性，促进贸易便利化，实现经济一体化
亚洲陆路交通基建发展计划（ALTID）	1992 年	三大支柱：亚洲公路计划（AH）、泛亚铁路计划（TAR）和多式联运的陆路交通便利化项目	跨境公路、铁路建设以及港口、机场等关键物流节点建设
印尼—马来西亚—泰国增长三角区	1993 年	实施区域基础设施项目，确定了 5 条经济联通走廊	改善基础设施联通条件和连通性，促进贸易投资便利化
亚欧会议（ASEM）	1994 年	加强亚欧在贸易、投资、金融、科技、农业、能源、交通、文化、人力资源开发、消除贫困和环保等方面的合作	亚欧两大洲之间建立促进增长的新型全面伙伴关系，加强相互间的对话、了解和合作，为经济和社会发展创造有利条件，维护世界和平与稳定
上海合作组织	1996 年	鼓励成员国在政治、经济、科技、文化、教育、能源、交通、环保和其他领域的有效合作	维护地区安全，促进共同发展
中亚区域经济合作（CAREC）	1996 年	制定了《2008—2018 年交通领域战略框架》；建立横跨次区域、有竞争力的交通运输走廊；人员、货物和车辆方便过境；安全、人性化、可持续的交通运输系统	以合作求发展，建设长期战略框架和综合行动计划
中非合作论坛	2000 年	中非在产业促进、设施联通、贸易便利、绿色发展、健康卫生、人文交流、和平安全等方面展开合作，尤其是推动非洲国家铁路、公路、港口、电站、通信设施等基础设施建设	在南南合作范畴内建立集体对话机制，构建更加紧密的中非命运共同体

续表

合作规则	发起时间	内容	作用
南亚次区域经济合作(SASEC)	2001 年	批准了信息高速公路项目,正在实施或筹备6个能源和交通项目	建立、利用和优化能源联系
亚洲合作对话(ACD)	2002 年	以经济合作为重点,包括能源、农业、生物技术、中小企业合作、旅游等20多个领域。中国牵头农业和能源领域合作	唯一面向全亚洲的官方对话与合作规则,就重大问题进行沟通、交流,加强合作
中南亚次区域经济合作(SECSCA)	2003 年	建设高效的交通走廊,将中亚各内陆国通过阿富汗和阿拉伯海及波斯湾等各个港口连接起来	增强交通的连通性,为中亚和南亚的人员和货物流动提供便利
中阿合作论坛	2004 年	涵盖政治、经贸、能源、科技、文化、教育、卫生、环保等诸多领域	加强对话与合作,促进和平与发展
中国—中东欧"16+1"合作机制	2012 年	在双方互联互通平台、欧洲投资计划和泛欧交通网络、深化经贸投资、金融科技、农业科研、环境保护等方面开展项目务实合作	保持合作开放性,共同推进更有活力、更加包容、更可持续的经济全球化进程
欧亚经济联盟	2015 年	商品、服务、资金和劳动力的自由流动	终极目标是建立类似于欧盟的经济联盟

第二章 "一带一路"基础设施投融资
合作的理论与实践基础

一 "一带一路"基础设施投融资合作理论基础

（一）公共产品供给理论

1. 公共产品理论

经济学上的公共产品是与私人产品相对的概念，早在 18 世纪中期，大卫·休谟（1739）在《人性论》中就提出了"搭便车"理论，随后瑞典经济学家林达尔（Lindahl，1919）首先提出了公共产品的概念。萨缪尔森（Samuelson，1954）的公共产品理论标志着现代公共产品理论形成，他首次将产品分为"集体消费品"和"私人消费品"两大类。随后，马斯格雷夫（1959）提出，按照是否具有"排他性"和"竞争性"来划分公共产品和私人产品，"非排他性"指公共产品"不能通过任何手段排斥任何消费者免费消费该产品或从中获益"；"非竞争性"指一个消费者对公共产品的消费"不会影响其他消费者对该产品的消费数量和质量"。布坎南（1967）针对现实中公共产品存在的不纯粹性和复杂性，创造性地提出"俱乐部产品"概念，对俱乐部外成员的排他性和非竞争性是其产品特性。总结学术界关于公共产品的研究，经济学家按照非排他性和非竞争性的程度将产品分为三类：纯公共产品、准公共产品和私人产品，其中准公共产品又细分为俱乐部产品和公共池塘资源两类（见表 2-1）。

表 2-1 公共产品属性分类

属性	竞争性	非竞争性
排他性	私人产品	俱乐部产品
非排他性	公共池塘资源	纯公共产品

典型的纯公共产品包括国防、环保治理等，在现实生活中并不多见。公共池塘资源包括地下水、公共渔场、公共草场和灌溉渠道等。俱乐部产品则包括收费公路、桥梁公园等典型产品。学者们在产品三分法基础上，提出了更细的产品分类方法。陈国庆等（2007）提出，用公共产品的"纯度"来衡量该产品"公共性"的程度，非排他性和非竞争性是判断公共产品属性的根本因素：既具有非排他性又具有非竞争性的产品纯度最高，属于纯公共产品；对于具有非竞争性但非排他性程度不同的产品，产品消费的可分割性越强、供给公共产品的收益越高、对公共产品属性的制度要求越低，该公共产品的"纯度"就越低；对于具有非排他性但非竞争性程度不同的产品，则根据拥挤程度适度收费以保障供给质量。收益性是造成不同类型公共产品间相互转化的可变因素，当由政府完全出资建设的纯公共产品引入私人资本并开始收费时，该公共产品就变成了准公共产品。

2. 国际公共产品理论

跨境基础设施实质上属于国际公共产品。国际公共产品理论属于国际政治经济学领域的新发展，它不仅局限于国际经济学领域，还涉及国际政治、国际关系领域。国际公共产品的概念由国内公共产品的含义引申而来，最早由曼瑟尔·奥尔森（Mancur Olson，1971）提出。之后英奇·考尔（Inge Kaul）等在联合国开发计划署（UNDP）的报告中将国际公共产品定义为收益扩展到世界所有国家和人民的公共产品，超越国家边界对全球的消费者具有非排他性和非竞争性特征。在国际分工日益深化导致世界各经济体利益与冲突交织加深的情况下，协调和解决相关利益方矛盾的国际组织，即国际公共产品应运而生（黄恒学，2002）。根据联合国有关报告，目前国际公共产品主要包括跨国基础设施、跨国通信、和平、公共卫生、对国家主权的尊重、跨国协调机制和国际经济、贸易、金融和安全体系等（吴志成、李金潼，2014）。综合学术界的共识，国际公共产品可以定义为受益范围超过单一国家，乃至惠及世界各国人民利益的公共产品，由于单一国家不愿或没有能力单独提供国际公共产品，国际公共产品的提供需要国际合作即集体行动。按照公共产品辐射范围分类，国际公共产品包括全球公共产品和区域性公共产品。按照非排他性和非竞争性属性分类，Todd Sandier 和 Daniel G. Arce M.（2010）将国际公共产品分为四大类：纯公共产品、不纯粹公共产品、俱乐部产品和联合产品。

冷战结束后，由于国际公共产品被美国"私物化"供给倾向严重且美国的全球公共产品供给能力减弱，区域化进程不断加快，区域性公共产品产生。区域性公共产品可分为区域内公共产品和区域间公共产品，指那些只服务于特定区域或跨区域、其成本由区域内或区域间国家共同分担、收益由区域内或区域间国家共享的机制或制度（黄河，2015）。欧盟和东盟是区域内国际合作的成功例证，有关国家以地理区位为界限，通过区域内合作，联合共同生产和提供符合本地区发展需求的、能够促进本地区经济社会发展的各种区域内公共产品。"一带一路"横跨东亚、中亚、南亚、东南亚、西亚部分和中东欧等多个区域，可以说是区域间公共产品的典型代表。20 世纪 90 年代以来，随着经济全球化与区域化进程的不断加快，区域与区域之间的互动逐渐频繁，区域间主义（interregionalism）理论出现，该理论聚焦区域组织与区域组织之间、区域组织与其他区域单个国家之间的互动与合作，基于区域间主义的区域间公共产品则是各国跨区域合作提供的一种国际公共产品。借鉴查尔斯·泰勒（Charles Taylor）提出的"嵌入公共领域"（nested public sphere）概念，区域内公共产品和区域间公共产品较全球公共产品有以下优点：多个国家在其共处的区域或跨区域中存在独具个性的共同需求和共同利益，能够有效克服全球公共产品的供给不足或无法满足地区个性化需求的问题；区域性公共产品由相关国家基于共同利益共同提供，遵循"受益人支付"原则，各国获得的收益与付出的成本紧密相关且界定清晰，能够避免全球公共产品存在的"搭便车"现象；由于区域性公共产品有地域限制，通过建立成本分摊规则能够有效地防止该产品被"私物化"。总体来说，区域性公共产品实现供给的条件是共同利益和成本分摊。从目前各区域合作的现状看，除特定区域外，一般不存在区域性公共产品被某个大国"私物化"的可能（樊勇明，2010）。区域性公共产品是为了弥补全球公共产品的供给不足和供给质量不高而产生的，各国的共同利益是区域性公共产品供给的基础和前提。在共同利益基础上的区域内部或区域间合作，要求各国成本共摊、利益共享、风险共担，将较小的公共区域嵌在较大的公共区域里，能够提高公共产品的供给效率和使用效率。

"一带一路"倡议横贯欧亚大陆，由于其地理界线在亚太地区，其所影响的行为体基本也集中在亚太地区。"一带一路"基础设施建设旨在以交通互联互通为纽带促进沿线国家经济、贸易、金融等领域的合作和区域经济社会共同发展，因此"一带一路"基础设施包括跨境桥梁和管线、电网、道路、机场、港口等，属于区域性公共产品；又因为高铁、无线通信、光纤网络、枢纽机场、深水港口和电力等基础设施均有较强可经营性，未来可产生较为明确和持续的现金流，所以大部分属于区域性俱乐部产品。基于布坎南的理论，对区域性俱乐部产品实施排他性措施是可行的。例如，高速公路通过向消费者收取过桥费而排除非付费者的消费，进而将拥挤的外部性"内部化"了。为了实现"一带一路"各国互联互通的目标，沿线的大型基础设施会比某一个国家或地方的基础设施项目具有更大的空间覆盖范围、更大的生产规模和更高的资金投入，对规模经济和范围经济也有着更高要求，这往往会超越一国的生产和供给能力，需要加强国际合作，通过集体行动共同供给区域性基础设施。但是，"一带一路"基础设施带有区域性或区域间公共产品属性，虽然社会效益高，但经济效益偏低。与国内基础设施相比，跨境基础设施具有国际性特点，空间范围上横跨多个国家或区域，涉及多种交叉组合的多国政府主体，各国间的利益和政策协调较为复杂。但根据曼瑟尔·奥尔森的集体行动理论，当单个国家单独提供公共产品的能力不足时，会通过集体行动共同提供公共产品，因为集体行动提供公共产品的成本低于单独提供的成本。集体行动的基础包括各成员的共同利益、集体协商与统一制度安排，各成员以共同利益为目标进行协商进而为区域基础设施建设投融资做出决策的过程和具体方式，即"一带一路"基础设施投融资合作规则。根据上述理论，"一带一路"沿线国家经济基础薄弱，基础设施资金缺口大，各国通过区域基础设施投融资合作以集体供给区域性公共产品是有合作基础的。与国家内部区域基础设施投融资合作不同，"一带一路"基础设施投融资合作没有类似中央政府的权威政府的强制约束力，即政府机制在基础设施建设上也失灵了（托马斯·普格尔和彼得·林德特，2001），陷入"威斯特伐利亚困境"。综上，"一带一路"基础设施投融资合作不仅面临公共产品普遍面临的"市场失灵"风险，还面临国际公共产品特有的"政府失灵"风险，需要各国协商安排区域内部的一整套合作规则。这些准则虽然不具有国内法的强制效力，但能为相关行为主体建立一种对他人行为模式的稳定期待，并由此建立较为稳固的合作关系（黄河，2015）。

3. 跨境基础设施投融资理论

基础设施作为一种典型的公共产品，由于具有较强的正外部性，其供给模式问题一直是公共经济领域的重点和难点问题。基础设施投融资理论的本质是公共产品供给理论，学术界争论的焦点主要在于政府与市场在基础设施供给中的作用和关系，相应地，政府与市场的关系也是基础设施投融资机制设计的核心问题。政府主导论、市场主导论、多供给主体联合理论等是基础设施投融资理论中的主要流派。

（1）政府主导论

20世纪70年代以前，"市场失灵"理论认为，市场机制运行的关键是收益与成本对等，产品供给方能够从产品使用者身上获得收益以抵扣成本，但基础设施的非排他性导致价格机制在使供给量达到"帕累托最优"上失灵（马斯格雷夫，1959），边际消费为零必然招致"公地悲剧"（加雷特·哈丁，1968），市场对基础设施的配置效率不佳，从而产生"市场失灵"问题。基于公共产品供给的"市场失灵"理论，西方福利经济学家们认为公共产品应当由政府提供，基础设施作为公共产品，政府投资和建设是最有效的模式。亚当·斯密在其著作《国民财富的性质和原因的研究》中主张基础设施的建设和运营是国家的重要职能之一。凯恩斯也在《就业、利息和货币通论》中论述了基础设施建设的政府投资模式，认为这是促进就业和经济复苏的有效手段。国家和政府可以通过税收获得财政收入，进而为基础设施提供资金，通过政府干预经济优化资源配置，解决基础设施私人供给不足的问题，因此政府主导基础设施投融资比市场更具效率。发展经济学家罗森斯坦·罗丹（Rosenstein-Rodan）在"大推进"理论中强调，基础设施供给的"不可分性"和"规模的初始集聚性"要求必须依靠政府进行投资建设。但是，政府对基础设施建设的投资垄断增加了财政压力，20世纪六七十年代福利国家出现危机，且在信息不对称条件下，容易产生产业结构扭曲、融资制度不完善、资金使用效率不高、监管措施无效等"政府失灵"情况，经济学家开始怀疑政府垄断基础设施供给的合理性，并开始探索市场化基础设施投融资的可能性。

（2）市场主导论

20世纪六七十年代以后，面对基础设施投融资"政府失灵"问题，一批自由主义学派的学者支持私人主导公共产品的供给，并论证了公共物品私人供给的可行性。Leibenstein（1966）首次提出，政府提供公共产品实际上造成供给垄断，在丧失追求成本最小化与利润最大化的动力之后，公共产品供给可能出现数量不足或质量低下。戈尔丁（Goldin）提出可以通过人为施加排他性而实现公共物品"选择性进入"的消费方式，针对准公共物品的"拥挤性"和私人供给问题提出了解决方法。Kirvan（1989）将市场、竞争、私人部门、商业化原则等因素引入基础设施投融资领域的研究，改变了以往仅由政府进行基础设施投资的传统认识。公共选择理论认为，基础设施投资额度大、回收周期长且正外部性高的特征决定了政府是基础设施投资的主体，但政府在追求预算最大化、改善办公条件、权力寻租等目标下，倾向通过政治过程来决定公共产品供给这一经济过程，可能会出现政府为了追求政绩而重复建设基础设施或者基础设施供给不足等情况。学者们提出将私人供给模式应用到准公共产品的供给中来，通过将公共产品的外部性内部化实现公共产品私人供给的可能性（Andreoni，1990），建议采取市场化运营来改善基础设施投融资状况。布坎南（Buchanan，1965）提出俱乐部理论，基于俱乐部产品特性，从产权角度解决了基础设施消费过程中的"搭便车"问题，论述了市场化手段供给准公共产品的模式。Demsetz（1970）指出，如果能够排除不付费消费者对基础设施的消费，则市场可以有效提供公共产品。Coase（1974）考察英国灯塔发现，私人提供灯塔比政府提供更有效率，因为私人资本在拥有明晰的产权界定和基础设施专营权条件下，投融资成本低于政府，有利于提高基础设施的供给效率。20世纪80年代开始，在诸多西方国家严重的财政赤字压力和私有化改革浪潮背景下，政府开始鼓励和扶持社会资本进入基础设施供给领域，以降低生产成本、提高供给质量。但在实际操作中，基础设施的特性要求投融资主体初期投资规模巨大，且在长时间的建设周期内能够提供稳定的现金流，这对私人资本的实力要求很高，也是阻碍私人资本进入基础设施建设领域的主要原因。

（3）多供给主体联合理论

基于对大多数基础设施准公共产品属性的认识，学术界认为：政府可以保证基础设施前期投资量巨大的规模性，推动社会福利增长和经济发展的正外部性；引入市场机制通过设置适当的排斥性手段可以保证产品供应质量的竞争性。政府与市场作为基础设施投融资主体各有优势和不足，因此在基础设施投融资理论和实践中逐渐出现将两种模式进行整合的趋势。科斯在《经济学中的灯塔》一文中提出了一个以建造灯塔为例的小型公私合营实例，可以看作BOT模式的雏形。Barrett（1994）证明政府与社会资本联合进行基础设施投融资具备更高的供给效率。Ostrom等（1988）提出了"多中心"基础设施投融资模式，政府、企业、社会组织或公民均可以成为基础设施投融资主体，利用各投融资主体的差异性和互补性，针对不同的基础设施特点选择合适的投融资主体组合与投融资模式。针对私人资本进入基础设施领域积极性不高的问题，Andreoni（1990）等认为政府补贴可以对社会资本进入基础设施供给领域产生"挤入"效应。在多主体联合供给理论中，政府和社会资本之间呈现既有竞争也有互补的"有限竞争"关系，如何确定二者的作用边界以提高基础设施投融资效率是学术界关注的焦点。可销售理论通过构建可销售评价体系，将基础设施按照可销售性的高低进行分类，可销售性越高越能吸引私人资本参与（Kessides，Christine，1993）。该理论用定量方法衡量基础设施的可商业化程度，并指导制定相应的投融资方案，可商业化部分由市场承担，不可销售部分由政府承担。但是将基础设施的"可销售部分"和"非可销售部分"分开考虑本身就违背了基础设施商业化属性和非商业化属性不可分的特性。我国学者结合项目融资理论和可销售理论，提出了项目区分理论（罗东坤，1991）。该理论按照是否有收费机制将基础设施项目分为三类：经营性项目（完全市场化运营）、准经营性项目（经营收入不足以弥补成本，需要政府进行资助补贴）和非经营性项目（投资运营完全由政府承担）。

"一带一路"基础设施属于区域性公共产品，其供给主体不仅要考虑政府和市场的关系，还要考虑各国家间的关系，国际普遍认同不同国家在承担国际公共产品供给上"共同但有区别的责任"。学术界关于区域性公共产品的供给方式主要有四种：简单累加、最优环节、最弱环节、加权总和。简单累加是指跨境基础设施成本由各国平均分配、共同承担；最优环节即"强者供给"，跨境基础设施的整体层次由出资份额最大的国家决定；最弱环节即"短板效应"，是指出资份额最小的国家的供给水平决定了整体区域性公共产品的有效水平；加权总和则是以各出资国的基础设施外溢系数为权重规划出资份额（樊勇明，2010）。在实践中，完全的平均分配或完全由单方提供的案例在区域性公共产品的供给和消费上较为罕见。

所以，本书对"一带一路"基础设施投融资规则的研究，不仅关注市场与政府之间的关系，还要关注"一带一路"沿线各国家之间的关系。

4. 基础设施投融资模式

总结西方国家基础设施理论和实践经验发现，基础设施投融资理论经过从"国有化"到"私有化"，再到目前"公私合作制"的发展，投融资方式也经历从财政投融资方式、市场化投融资方式到组合投融资方式。

（1）政府主导的基础设施投融资模式

早期基础设施基本由政府①进行投资建设，所以政府主导的基础设施投融资模式也可以称为传统基础设施投融资模式。

一是以财政资金为基础进行投融资。政府及其代理机构通过财政拨款、特种税费征收、专项基金、行政性收费和事业性收费等方式为基础设施的建设和营运筹集资金。财政拨款包括中央和地方财政拨款，一般针对性较强，主要投资于重大基础设施项目或特定地区的工程，如民航、铁路、电力、邮电等；特种税费是政府针对相关受益者征收的，用于指定项目的资金筹集，如城市维护建设税；行政性收费和事业性收费主要针对准公共产品特性的基础设施，如广播电视、医疗保健、市政基础设施使用等；专项基金是政府为加强某一方面的建设而主导建立的专门基金，依据基础设施类别可分为邮电基金、水利基金、铁路基金、通信基金、港口建设基金等。

二是债务融资。债务融资主要包括两种方式：银行贷款和发行债券。国内政策性银行国家开发银行，商业银行如中国工商银行、中国建设银行等均可为基础设施建设提供贷款业务。其中政策性银行贷款在基础设施投融资中发挥了主要作用，同时，政府设立基础设施投融资平台向商业银行申请商业性融资，激发了商业银行在基础设施投融资中发挥重要补充作用。近年来，外国出现了银团贷款，即由一家政策性银行或商业银行牵头，多家银行组成银行集团向基础设施建设贷款，具有分散风险的优势。债券包括企业债券和政府债券：企业债券主要是基础设施投融资平台发行的债券，所募资金用于基础设施建设但不指定固定项目；政府债券信用来自政府税收或收费担保，无固定收益的项目主要由政府税收偿还，有固定收益的项目如机场、电网、收费公路、港口等则利用项目建成后的运营收入来偿还。除此之外，还有一种政府担保投融资模式，即政府为企业提供信用担保，由企业以银行贷款、发行债券等方式为基础设施

---

① 这里的政府指代表国家的中央政府、地方政府、事业单位和国有企业。

建设进行债务融资。

三是利用国外资金。国外资金来源包括国际金融机构如世界银行、亚洲开发银行和亚洲基础设施银行等提供的贷款，外国政府贷款以及外国企业投资等。这些贷款利率较低、期限较长，还贷义务由国家承担或让渡基础设施的部分股权作为抵押。外国企业投资主要是收购基础设施部分存量资产。

四是股权融资。政府主导的基础设施股权融资包括 IPO 与 "借壳" 上市等方式。政府设立基础设施投资股份有限责任公司，通过 IPO 融资基础设施建设资金然后再上市融资，程序复杂且限制较多。"借壳" 则是国有企业通过购买一家上市公司一定比例的股权取得上市资格，进而通过再融资为基础设施建设筹集资金。利用股票市场融资必须以企业上市为前提，这给基础设施股权融资增加了一定难度。

政府主导的基础设施投融资模式相对简单，且在政府强制力和高度集权决策下，投融资效率高，但会增加国家的财政负担，增加偿债风险，且不利于提高基础设施运营质量和效率。

（2）市场主导的基础设施投融资模式

由于政府提供基础设施建设资金的能力有限，随着基础设施准公共产品属性中的商业化性质逐渐显现，20 世纪 70 年代后，各国开始尝试吸引社会资本参与基础设施投融资。基础设施项目融资模式开始流行。现代意义上的项目融资最早出现在 20 世纪 60 年代末，是一种新兴的融资模式。目前，国际上对于项目融资没有一个统一的定义，Peter K. Nevitt（1995）指出项目融资是指针对特定项目组建的公司，并以该项目公司的现金流量和经营收益为偿还贷款的资金来源，以该项目公司的资产为贷款抵押的一种融资方式。中国国家计委与外汇管理局对项目融资给出的定义是："以境内建设项目的名义在境外筹措外汇资金，并仅以项目的预期收入和资产对外承担债务偿还责任的融资方式。"[①]综合来看，项目融资指主要针对需要大量资金的基础设施项目，且债权人的收益依赖基础设施本身的效益和资金流情况的融资模式。与传统企业融资模式不同的是，项目融资风险由项目所有参与者共担，贷款对象是项目公司而不是项目发起人，拥有结构更为严谨的担保体系，债权人具有无追索或有限追索权

---

① 资料来源：国家计委、国家外汇管理局 1997 年 4 月 16 日颁布的《境外进行项目融资管理暂行办法》。

利，这大大降低了基础设施项目发起人的风险和责任，是一种更加多元化的资金筹集方式（Clifford Chance，1995）。基础设施项目融资模式又细分为很多具体模式，如特许权经营投融资模式、资产证券化模式和公私合作模式（PPP）等。

一是基础设施特许权经营投融资模式。即通常所说的 BOT（Build-Operate-Transfer）融资模式，政府向私人机构特殊授权，由其承担基础设施项目的建设、开发、运营和维护资金的同时，允许其在一定时期内享受基础设施运营收益，特许权到期后需转交给政府。该模式的核心是特许权，即政府与企业通过特许权协议方式进行基础设施的投资、经营及收益权的转让，优点是利用私人资金进行基础设施建设，既有效地筹集资金，又转移了公共部门的风险，同时还保障了政府对基础设施的最终所有权。根据基础设施投资、经营及收益具体协议的不同，BOT 模式衍生出 BT、BTO、POT、TOT 等多种模式（见表 2-2）。每种 BOT 项目都有各自的特点和特定操作流程，但一般来说，BOT 项目都必须经历项目确定、招投标、特许权合同谈判、项目融资合同签订、项目建设和运营等阶段。

表 2-2 各种 BOT 项目投融资模式

模式	全称及含义	模式特点
BT	Build-Transfer 建设-移交	私人资本融资建设,项目建成后立即移交给政府,政府根据合同向投资者分期支付回报
BTO	Build-Transfer-Operate 建设-移交-运营	私人资本融资建设,建设完成后移交给政府,政府授予投资者一定时期的经营权让投资者收回投资
BOO	Build-Own-Operate 建设-拥有-运营	政府授权私人资本融资建设、拥有并经营基础设施,最后无须将基础设施所有权移交给政府
BLT	Build-Lease-Transfer 建设-租赁-移交	私人资本融资建设基础设施,建设完成后租赁给政府经营与管理,租金作为其投资回报,租赁期结束后项目移交给政府
BOOT	Build-Own-Operate-Transfer 建设-拥有-经营-移交	私人资本融资建设基础设施,建成后在规定期限内拥有所有权并取得经营回报,期满后移交给政府
PFI	Private Finance Initiative 私人主动参与融资	私人资本根据政府规划主动申请基础设施项目融资,负责开发、融资、建造和运营,运营收入作为投资回报,期满后可与政府协商续租运营
POT	Purchase-Operate-Transfer 购买-经营-移交	政府出售已建成的基础设施并授予特许经营权,私人资本购买股权并运营,期满后移交给政府

续表

模式	全称及含义	模式特点
ROT	Renovate-Operate-Transfer 改造-经营-移交	对老旧的基础设施进行技术改造,私人资本在合同期内通过运营获得收益回收投资,期满后移交给政府
TOT	Transfer-Operate-Transfer 移交-运营-移交	政府将已建成的基础设施项目移交给私人资本获得资金,私人投资者在合同期内负责运营并取得收入,期满后移交给政府
TOO	Transfer-Own-Operate 移交-拥有-运营	政府将已建成的基础设施移交给私人资本获得资金,私人投资者拥有并运营该项目取得投资收入

二是公私合作模式。此类模式可以分为两类,一类是政府与私人合作的项目融资模式,即 PPP 模式;另一类是私人主动申请融资建设基础设施的模式,即 PFI 模式。PPP 模式兴起于 20 世纪 90 年代,是政府和企业基于某个基础设施项目而形成的相互合作关系形式,公私两部门发挥各自优势,共享收益、共担风险。广义上,有学者也将 BOT 模式算作公私合作的一种形式,但狭义上二者有所区别,PPP 模式政府并不把项目的责任全部转移给私人企业,而是通过扶持项目与企业共同承担建设责任和投融资风险,公私主体相互合作又相互监督。PPP 模式广泛适用于社会效益突出、经济效益不足、外部风险较高的"准经营性"基础设施投融资。PPP 的形式非常灵活多样,包括设立合资企业、合同承包、管理合同、国有企业的股权转让或者对私人开发项目提供政府补贴等,不同形式下私人部门的参与程度不同。PPP 模式下存在多元化基础设施项目的参与主体:政府是项目的主要发起者和保障者,私人投资者是合作伙伴,项目公司是合作载体和项目执行者,银行则承担融资贷款、担保和风险管理等职责。PPP 模式可以实现多方共赢:其一是减轻了政府的财政预算压力和债务负担;其二是借助政府公信力和影响力增强投资者信心、提高项目经济强度、降低项目风险;其三是通过安排有限追索贷款,吸引更多投资者参与大型基础设施项目投融资,保证了资金来源;其四是通过"有限追索"剥离了基础设施项目风险与投资母公司的其他业务,能够有效控制跨国公司在海外的基础设施投资风险。PFI 模式是私人部门主动投资建设并运营基础设施项目,由政府购买其产品或服务,旨在有效解决公共基础设施项目建设的低效率问题。

三是资产证券化模式。资产证券化即 ABS 投融资模式,以基础设施项目资产为基础，以其预期收益作担保，通过机制设计将资产风险与收益要素重组，转化为可在资本市场发行的证券来筹集资金的一种融资模式（孔祥清等，2005；徐飞等，2003）。随着资本市场的发展和金融工具的创新，基础设施投融资呈现金融化趋势，进而出现 ABS 投融资模式。ABS 的运作过程就是项目发起人将要证券化的资产出售给一个信用评级机构已经做出信用评级的特设机构，由其向投资者发行债券进行融资，然后用该基础设施产生的资金流偿还债券本息。ABS 投融资模式的特点是通过在证券市场发行债券筹集资金，能够以较低的成本筹集到期限较长、规模较大的资金，对于基础设施项目建设来说比较理想。ABS 投融资模式有三个优点：其一是有利于聚集社会分散的小型投资者和小额资金，众多投资者共同分散投资风险；其二是其清偿债券本息的资金仅与基础设施未来的现金收入有关，大大降低了项目原始权益人的风险；其三是借助专业金融担保公司、证券承销商等中介机构，一些没有获得信用评级或信用评级较低的项目发起人获得了在更大平台上融资的机会。

四是融资租赁模式。融资租赁是依附于传统租赁的融资融物模式，指承租方将资产出售，然后向买方租回使用，或向出租人要求购买某种特定资产并承诺租用的融资方式。融资租赁的标的物通常是寿命期限比较长的大型设备和具有稳定预期收益的基础设施资产，其中保养由承租人负责，出租人只提供金融服务。融资租赁对企业资信和担保的要求不高，国家对其准入性限制较低，资金来源主要是民间资本，比较适合中小企业融资。基础设施项目可以采用以下三种融资租赁方式：直接融资租赁以缓解资金紧张；对成本特别高的大型建设设备采用杠杆融资租赁方式；预计会有稳定收益的基础设施采用售后回租方式融资。

五是信托融资模式。信托融资指基础设施建设方设计"资产包"，直接寻找信托公司或委托合作银行寻找信托公司，信托公司在向社会投资者募集后，投资该基础设施项目。投资者将资金交给信托投资公司，由信托投资公司以自己的名义投资基础设施建设项目，投资者从中分享投资收益。

六是 URM 投融资模式。URM 投融资模式即"使用者付费模式"（User Reimbursement Model），指政府通过招标方式选择私人投资主体，由私人投资主体进行基础设施项目的开发、建设，在运营过程中政府负责收取费用或保证收费，并通过一定的技术和合同设计将收益转移给投资者作为投资回报。URM 模式与 BOT 模式的不同点在于运营收费是由政府完成的，适用于不太适合私人进行收费的基础设施项目。

七是捆绑组合投融资模式。将可销售性较强的基础设施项目与可销售性较弱的进行捆绑组合，系统开发并集中融资的模式，即捆绑组合投融资模式。由于现代大型基础设施项目常常可分解为若干个子项目，有的子项目可销售属性强，有的则较弱，分开进行融资会增加配套的难度，捆绑组合能够增加项目融资的经济性。如将道路建设与周边土地开发进行捆绑集中投融资，将污水处理设施组合排污收费设备项目等。

八是基础设施混合融资新模式。可转债和优先股为基础设施投资者股权投资提供安全保障。如果股票价格下跌，投资者可将手中的股权转为债券，从而获得一个稳定的收益。相比于普通股，公司清算时，优先股没有投票权但有优先清算权，发行成本较低且不影响未来运营利润分配。可转债和优先股一般被用于基础设施建设中的公司融资，项目融资时运用很少。夹层贷款由次级优先偿付债务组成，是收益较高的债券产品。基础设施项目融资方通过一个特殊目的的机构（SPE）借款，抵押物是该机构对基础设施项目的股东权益。其特点就是夹层贷款的借款人是第三方机构，抵押品的价值则是对基础设施的间接所有权。当股权投资者不愿意稀释自身份额时，夹层贷款就对基础设施项目融资起很大作用，也会在中短期内给投资者提供可靠的收益。

目前主流基础设施投融资主体及融资方式分类情况，可归纳为表2-3、表2-4和表2-5。总结目前的基础设施投融资基础可以发现，政府与市场的关系从相互替代到相互融合转变，政府在基础设施建设中的作用也从主要提供者和投融资主体，变成投融资规则制定者、投融资价值制定者、投融资对象选择者和投融资秩序维护者。随着资本市场日趋成熟，基础设施融资方式呈现"项目融资→专业性基础设施金融机构融资→资本市场融资"的发展趋势。原来以基础设施项目为融资主体的融资模式发生改变，面临项目融资与企业融资相结合的发展机遇，为基础设施投融资模式创新带来巨大空间。

表 2-3　基础设施投资主体

国有资本投资	政府投资	中央政府
		地方政府
	国有企业投资	
	政策性银行	

续表

非国有资本	国外	外国政府
		外国金融机构和国际组织
		外国企业
		外国公众
	国内	民营企业
		社会公众
		商业金融机构

表 2-4　基础设施融资渠道分类

分类	融资渠道	特点
非资本市场	财政拨款	国家强制力为保证,经营效率不高
	专项基金	资金针对性强
	银行贷款(政策性银行、商业银行)	借贷程序规范,融资成本较低,资金提供量较大,但银行信贷风险较大
	融资租赁	融物与融资结合
	外国政府贷款或援助	资金来源小且稳定,便于引进先进技术和管理经验,但对政府政策环境要求较高
资本市场	债券融资	资金提供规模大,融资费用较低,但易造成负债率上升,影响再融资
	股权融资	投资主体多元化,无须偿还本金,资金成本较低,管理风险较低,对收益要求较高,但易造成所有权结构分化
	资产证券化	增加基础设施存量资产的流动性,可获得大量资金,但资产评估和运作程序复杂
	信托融资	程序简单,利于吸收大量民间资本和多元化投资主体,对资本市场发达程度要求高

表 2-5　投融资模式与适用的项目特征

主导方	融资渠道	项目特征
政府	以财政为基础	投资额大,外部性强,商业收益率低且现金流不稳定,回收周期长,维护成本高
	银行贷款	多为配套投资,投资额大,收益率比较低但现金流比较稳定
	外国政府贷款或援助	贫困地区基础设施建设项目,外部性强,收益率较低,需要政府信誉作为担保
	股权融资/债权融资	

续表

主导方	融资渠道	项目特征
市场	BOT	投资规模适中,商业属性强,适用寿命长、维护成本较低、收益率比较高且稳定的经营性项目
	PPP	投资规模较大,项目属性较为复杂,寿命周期适中,维护成本适中,收益水平和稳定性适中
	PFI	规模较大的经营性项目或非经营性项目,对收益要求适中
	ABS	投资规模适中,项目有明确边界现金流,虽不要求稳定但总体收益水平尚可,风险略高,使用寿命较长
	URM	投资规模适中,收益较好,维护较为复杂,存在强制性收费性质,不适合私人出面收费
—	融资租赁	多用于基础设施建设或运营所需的大型设备融资,该设备寿命周期长,一次性投入高,维护成本可能不大,但对专业技术性要求高
—	信托融资	项目投资规模较小,商业收益率较高,对项目管理要求高,本地发展水平较高或总体水平不高但存在高收入人群,金融市场较为发达
—	捆绑组合	项目投资规模较大,属性复杂,相互关联性强,易于分解为子项目分别评估其成本收益,各子项目收益水平差异大

（二）西方国际合作理论

1. 合作的定义

根据现代汉语词典的解释，合作是指"为了共同的目的一起工作或共同完成某项任务"。资源禀赋差异与比较优势的不同使合作成为必要，通过自愿联合和协同努力，达成合作多方共赢并且收益最大化是合作的最终目标。基础设施投融资合作则是指不同的经济主体基于共同的利益，共同参与基础设施的投融资过程，成本共摊、风险共担、收益共享，在确定各自承担的资金份额的前提下，共同进行基础设施的建设经营活动，以获取经济效益和社会效益的最大化。通过投资合作，提高投资效率、提升投资效益，实现合作双方的互利共赢。

研究发现，在跨境区域合作中，较差的基础设施会抵消发展中国家和地区低廉劳动力成本优势，成为吸引高质量投资的重要障碍（Fujimura et al.，2006）。因此，重视跨境基础设施建设及基础设施的投融资合作，对促进区域经济发展和跨境区域经济合作具有重要意义。由于"一带一路"基础设施属于国际公共产品，同时面临"市场失灵"和"政府失灵"问题，"一带一路"区域利益交织的复杂性和巨大的基础设施资金缺口决定了依靠单个国家无法独立承担投融资任务，而"超国家政府"在短期内也无法建立，只能通过构建合作规则，协调各主体的利益，促进各国形成"平等自愿共赢"的合作关系。

"一带一路"基础设施投融资合作则属于区域投融资合作。区域投融资合作是指不同国家（地区）的政府、非官方机构、跨国公司和私人投资者基于共同利益，按照自愿协商、平等互利、资源互补的原则，实现资本要素的跨国流动和重新配置，以获取经济收益的跨国经济协作活动。区域投融资合作是经济全球化和国际分工发展到一定阶段的产物。区域投融资合作是区域经济合作的重要部分，通过建立区域投融资合作规则，提供互利高效、协商透明的投融资保障体系，整合各国国家利益结成利益共同体，减少国家间的利益冲突与投融资壁垒，使得合作各方在资金、资源、技术和管理等方面取长补短，实现区域各国经济社会共同发展。

2. 西方国际合作理论

借鉴国际政治学关于国际合作的理论思想，目前主要有三大主流学派：新现实主义学派、新自由主义学派和建构主义学派。

新现实主义理论基于国家追求权力最大化和国际社会无政府状态的假设，认为国际关系中竞争冲突是必然的，国际合作是暂时的。国际合作规则也只是霸权主义国家谋求或维持其对全球经济政治的主导地位的一种手段。20世纪70年代，以Edward Morse（1970）为代表的相互依存理论则认为国际合作是可以克服国际社会无政府状态而实现的。

与新现实主义相反，新自由主义则认为国际合作是国际关系中的常态，可以通过国际合作制度的构建而达成。新自由主义学者假设，无政府状态中的国家也是"理性经济人"，国际合作能够达成的前提条件是合作带来的国家利益大于合作成本，而这个条件需要通过建立符合合作各参与国国家利益、能够降低合作成本和约束个体行为的国际合作规则来实现。以基欧汉为代表的新自由制度主义学派在吸收新现实主义基本假设的基础上，提出了关于如何实现国际合作的观点，即"国际机制理论"，得到了国际公共产品学者的普遍认可，具有重要借鉴意义。制度主义学派认为稳定的国际合作制度是国家间博弈的结果，符合各国国家利益的合作规则有助于形成对其他国家稳定行为模式的预期，降低谈判的交易成本，增强各国的信息对称性，减少外部环境风险。基欧汉以新制度经济学的公共选择理论为分析工具，提出在世界多极化背景下，国际社会的无政府状态、信息不对称性会阻碍国际合作进程，但以各国的共同利益为基础建立国际合作规则能够促进国际合作。国际合作规则的作用也通过新自由主义学者构建博弈论模型进行了阐释（Robert Axelrod and Douglas Dion，1988）。

新现实主义和新自由主义均将国家利益作为主权国家行动选择的决定因素，从根本上借鉴了经济学思想；而建构主义借鉴了社会学思想，认为一国的社会文化、观念和习惯是国家行为决策的决定因素，强调整体主义和国家在国际社会中的身份认定在构建国际合作规则中的重要作用。建构主义强调了社会因素在国际合作中的作用，弥补了新现实主义和新自由主义的不足，但忽略了各国对政治经济利益的追求，因此只能作为国际合作分析中的辅助理论。

本书主要借鉴新自由主义的前提假设和理论思想，分析"一带一路"基础设施投融资合作规划的构建。"一带一路"跨境基础设施投融资涉及多国政府，更易存在"搭便车"现象，难以形成一个统一的促进不同利益主体利益最大化的目标，"集体行动困境"在国际投融资合作中更加凸显，国际合作十分困难，这也是导致跨境基础设施资金缺口巨大的重要原因之一。基于新自由制度主义学派的理论，"一带一路"跨国基础设施投融资合作能够在理性国家间开展，关键是如何明确各国利益相关方的责任和分工，如何设计和构建合作规则以保证各国广泛参与并保障基础设施建设资金的有效供给。Barrett（1994，1999）认为，国家个数越少国际合作越容易达成，国家个数越多，合作成本越高，合作越难实现。但他也指出，尽管国际公共产品领域的国际合作比较困难，但在一些领域依然取得了成功，关键要看合作成员国对国际产品的需求程度、各国的预期收益、提供公共产品的成本与风险等。此后，迈克·菲勒斯等（2006）将动态博弈引入国际合作规则的构建中，分析了国际合作规则的动态变化。以上理论应用在"一带一路"基础设施领域，即建立"资金可获得、融资可持续、收益可主导、风险可控制"的投融资体系制度是国际合作成功的关键。

李向阳（2006）指出，外部性、约束性和非中性构成了国际合作规则的三大特征，外部性是指国际合作规则作为一种国际公共产品，会对所有合作缔约国产生影响；约束性是指国际合作规则关于国家行为约束的条款，包括惩罚性措施等，会对所有国家的行为形成约束力；非中性是指具有不同政治、经济和社会特点的国家从国际合作规则中获得的收益有所不同，往往国际合作规则的制定国能获得额外的利益。根据国际合作规则约束程度的差异，国际合作规则可以分为自愿约束型、协商约束型与强制约束型三种类型：自愿约束型是各主权国家基于"成本—收益"分析，在符合本国利益的前提下自愿选择国际合作，这种情况下国际合作规则要保证遵守合作规则的各方获益并使违反合作规则的国家承受相应损失；协商约束型是各国通过协商谈判制定合作规则，国家信誉和报复机制是约束各国遵守规则的重要因素；强制约束型则通过条约明确了各方的权利义务，并制定争端解决机制（李向阳，2007）。三种机制是递进关系，自愿约束型是协商约束型的基础，强制约束型则是国际合作最为深入稳固的形态。

（三）新制度主义

20世纪70年代，美国经济史学家道格拉斯·诺斯等人创立新制度主义。他将制度因素引入经济史研究之中并发现了制度与制度变迁在长期经济增长与停滞中所起的作用，建立了一套"制度—选择—经济和社会结果"的新制度经济学的分析框架和方法。该理论与方法在80年代被运用于政治学、社会学等诸多领域。美国斯坦福大学詹姆斯·马奇和伯根大学约翰·奥尔森合著的《新制度主义：政治生活中的组织因素》被西方一些政治家看作"近年来最重要的著作"。新制度经济学认为，个体"表现出来的"偏好与真正的偏好是存在距离的，集体决策不是个体偏好聚集的结果，而是决策规则影响下的产物，而且集体决策无法还原为个体偏好。新制度主义者认为放弃对制度的研究是行为主义的一个主要缺陷。新制度主义强烈反对把行为确定为政治分析的基础要素；他们不相信行为能够为解释"所有政府现象"提供足够的基础，因为行为发生在制度环境中。因此，必须考虑制度因素（Ellen Immergut，1998）。

20世纪90年代以来，新制度主义分析范式已经变成超越单一学科，遍及经济学、政治学、社会学乃至整个社会科学的分析路径。豪尔和泰勒（1996）认为，在政治科学中就至少有三种不同的新制度主义，即"历史制度主义、理性选择制度主义和社会学制度主义"。美国学者彼特斯（1999）也概括了新制度主义分析范式的各种流派：规范制度主义、理性选择制度主义、历史制度主义、经验制度主义、社会学制度主义、利益代表制度主义和国际制度主义。

这些不同学科、不同流派的制度研究共同建构了新制度主义的理论体系。其中，对本书研究有理论指导意义的是理性选择制度主义。

理性选择制度主义的分析路径起源于对美国国会制度的研究，关注国会的规则如何影响立法者的行为。理性选择制度主义首先坚持把"理性的个人"作为理论分析的起点。其次，理性选择制度主义认为要对政治现象提供充分的解释，就必须对制度进行分析，因为所有的政治行为都发生在一定的制度背景下。理性选择制度主义在方法论上是个人主义的。它将个人作为基本的分析单元，把制度安排作为主要的解释变量来解释和预测个人行为及其导致的集合结果；个体追求效用最大化的偏好是外生于制度的；个体的行为以计算"回报"为基础；制度的功能在于增进个体的效用，因此，人们通过对制度的重新设计实现制度的变化。

在理性选择制度主义看来，制度就是某种规则，该规则界定、约束了政治行为者在追求自身效用最大化时所采用的策略；遵守制度不是道德、义务使然，而是经过计算认为符合自身的利益，即"结果性逻辑"的结果；制度是可以设计的，其结果主要取决于所设计制度内含的激励与约束。在个人与制度之间，一方面，制度通过塑造人的行为影响政策结果，制度构成了个人的"策略背景"；另一方面，个人也塑造了制度，制度是基于个人的需要才被创造出来的，即个体通过制度的创新提高收益水平。本书将主权国家作为"个体"进行分析，认为"一带一路"基础设施投融资合作是基于各行为体"结果性逻辑"的结果，进而达成符合其自身利益的合作规则。通过沿线各国平等协商，通过对基础设施投融资规则的不断改造而实现福利的增进。

（四）博弈论

博弈论由冯·诺伊曼（Von Neumann）和摩根斯坦（Morgenstem）在 1944年提出，研究在特定外界环境下的行为参与者如何根据自身掌握的信息进行策略选择并取得相应收益。Tucker（1950）提出了著名的"囚徒困境"，论证了博弈双方从个人利益最大化出发做出的策略选择，与集体利益最大化的选择通常是矛盾的，个人利己主义会做出损害集体利益的策略选择。在此基础上，纳什（1950）提出了"纳什均衡"的概念，即博弈各方最优策略组合形成的均衡状态，任何参与人都不能通过改变策略达到提升自身效用水平的目的。Shapely（1953）提出了非合作博弈理论，但主要集中在静态博弈分析，20 世纪 70 年代后,学者逐步将纳什均衡引入动态博弈分析。20 世纪 80 年代开始,博弈论与经济学关系日益密切,成为西方经济学的重要组成部分,成为经济学研究的重要方法之一。按照博弈参与者指导理念分类,博弈论可分为非合作博弈理论和合作博弈理论,前者强调个人利益驱动,后者强调整体利益驱动;按照参与者行动顺序分类,博弈论可分为静态博弈和动态博弈,前者指参与人同时行动且提前不知道彼此的策略选择,后者指参与人行动有先后顺序,后行动者可以根据观察到的先行动者的策略选择对自己有利的策略;按照博弈各方掌握信息的程度分类,可分为完全信息博弈和不完全信息博弈,前者指参与人完全了解彼此的能力、偏好等信息,后者则不完全了解相关信息。具体分类及均衡情况见表 2-6。

表 2-6　博弈论分类及均衡情况

分类	静态博弈	动态博弈
完全信息	完全信息静态博弈 (纳什均衡)	完全信息动态博弈 (子博弈精炼纳什均衡)
不完全信息	不完全信息静态博弈 (贝叶斯纳什均衡)	不完全信息动态博弈 (精炼贝叶斯纳什均衡)

博弈论在公共产品理论研究中广泛适用,尤其是在俱乐部产品理论分析、基础设施投融资合作、基础设施项目定价及风险分担等领域。从博弈论角度来看,解决集体行动困境达成"一带一路"基础设施投融资的国家间合作实际上就是促进各国从非合作博弈向合作博弈演变,而要达成合作博弈需要满足两个条件:$R(\xi) \geqslant \sum r_i$ 和 $R_i \geqslant r_i$,即"一带一路"沿线国家进行基础设施投融资合作的整体利益 $R(\xi)$ 不小于各国单独行动的利益之和 $\sum r_i$;单个国家选择参与投融资合作获得的收益 R_i 不小于不参与合作时的收益 r_i。

(五)开发性金融理论

1816 年法国成立了国家储蓄基金,标志着政府应对市场失灵的开发性金融诞生,如今已走过百年历史。从各国的实践来看,开发性金融配合国家的宏观战略,充分利用国家信用筹集资金重点支持基础设施建设,有效缓解了资金瓶颈问题,对促进经济结构调整、带动区域资本形成聚合、推动区域经济发展有重要作用。20 世纪 50 年代，学术界开始研究开发性金融，其中日本学者奥田英信和小滨裕久正式提出政策开发性金融的概念，即为了某个政策性目的而提供政策性融资优惠以保证资金充足。目前，学术界对于开发性金融并没有形成明确统一的定义，一般来说是政府以国家信用为基础设立金融机构，为达到宏观调控或产业政策调整的目的而为国民经济长期建设提供优惠资金的一种金融方式。除了开发性金融，学术界尤其是我国政策实践中还有"政策性金融"这一概念。基于开发性金融学派的观点，开发性金融是对政策性金融的延伸，是政策性金融的高级阶段，相较于政策性金融偏重依靠财政资金提供信贷支持，开发性金融的资金来源和运营机制更为灵活自由，更偏向依靠市场化融资手段，通过与政府财政部门合作解决基础设施资金短缺问题（王绍宏，2008）。开发性金融为政府与私人资本联合进行基础设施投融资提供了一个平台，政府介入市场融资，但是"补位"而不"越位"，在尊重市场规律的基础上融入国家政策导向，引导社会资金、注重资产质量、严格防控风险、放大政府信用杠杆，有效把市场与政府力量结合起来，避免"市场失灵"和"政府失灵"（程鹏，2016）。

开发性金融的理论基础包括市场失灵理论、经济起飞理论和组织增信理论等。市场失灵理论认为，外部不经济性、市场信息不完全性和参与主体非理性等因素使经济偏离均衡状态，而政府建立的开发性金融是对民间金融市场投融资机制的完善和补充，通过引入政府信用、进行机制设计减少市场中出现逆向选择和道德风险的可能性，能有效填补金融市场"信用缺口"并产生"信息溢出"效应（贝冢启明，1983）。经济起飞理论认为，欠发达国家的工业化进程有一定的产业发展次序，基础设施是优先发展产业（Rostow，1960），开发性金融能够帮助克服欠发达国家市场机制不健全的问题，有效协调政府与市场配置资源的关系，为基础设施发展提供充足资金。组织增信理论强调制度建设在弥补市场缺陷、规范市场行为、增强市场主体信用意识和信用能力等方面具有的优势（李志辉、崔光华，2008）。开发性金融以国家信用为基础，促进政企银结合，能够凭借信用制度建设和融资制度弥补金融市场不健全的不足，防范投融资风险。从国际实践来看，典型的全球性开发金融机构如世界银行旗下国际复兴开发银行（IBRD）和国际开发协会（IDA），区域性开发性金融机构亚洲开发银行（ADB），国家内部的开发性金融机构如我国的国家开发银行等，均可以服务世界或国家基础设施建设战略。开发性金融为基础设施建设提供中长期信贷支持，并在投、贷、债、租、证等综合金融服务领域撬动社会资金参与投融资，通过建设和培育中长期投融资市场和机制，在市场资源配置、组织协调、融资平台等方面发挥国家信用优势，弥补商业金融支持基础设施建设过程中的瓶颈不足和薄弱环节。"一带一路"基础设施建设具有项目周期长、资金需求大、经济收益低等特点，开发性金融以市场化运作、财务可持续和注重长期投资等为特点可在其中发挥重要作用。

（六）"人类命运共同体"理念

面对国际关系深刻调整、世界经济复苏乏力等国际政治经济新形势，中国站在全人类发展的战略高度，提出了国际社会日益成为一个"你中有我、我中有你"的"人类命运共同体"的判断。"共同体"概念最早由法国思想家卢梭提出，他从社会契约论角度出发，认为每个人通过缔结社会契约将自己的全部权利转让给结合而成的集体共同体，个人服从集体也就是服从自己。与卢梭的思想不同的是，"人类命运共同体"理念不强调缔结契约并让渡国家主权，而是强调各国互利共赢（赵可金，2017）。党的十八大报告指出："合作共赢，就是要倡导人类命运共同体意识，在追求本国利益时兼顾他国合理关切，在谋求本国发展中促进各国共同发展，建立更加平等均衡的新型全球发展伙伴关系，同舟共济，权责共担，增进人类共同利益。"2017年1月18日，习近平主席在"共商共筑人类命运共同体"高级别会议上发表题为《共同构建人类命运共同体》的演讲时指出："中国将继续奉行互利共赢的开放战略，欢迎各国搭乘中国发展的'顺风车'。中国提出'一带一路'倡议，就是要实现共赢共享发展"，呼吁世界各国共同命运、共生并存、共济发展，充分体现了以合作共赢为核心的新型国际关系的思想内涵。可以说，"人类命运共同体"理念的内涵是：在多种社会制度并存的情况下，各国面对利益竞争求同存异，每一个国家在追求本国利益时兼顾他国合理关切，在谋求本国发展中促进各国共同发展。核心理念是和平、发展、合作、共赢，合作方式是结伴而不结盟，最终目标是增进世界各国的共同利益、整体利益和长远利益（李爱敏，2016）。

中国提出的"人类命运共同体"理念，打破了以往西方国家零和博弈的思维，突破了只考虑自身利益的驱动机制，指明了未来国家间正和博弈的新型国际合作方向，也为重构公正合理的国际经济新秩序设立了原则。与西方发达国家以维护多边利益甚至全球利益为借口、通过掠夺欠发达地区的资源与市场实现本国利益最大化的资本输出进程不同，"人类命运共同体"理念下的"一带一路"倡议不同于"中心—边缘"资本主义剥削链条结构，其以本国利益、他国利益乃至全球利益的总和为出发点，致力于促进推动沿线各国实现经济发展、社会效益提高的目标。"一带一路"不是中国的资本输出，而是通过发挥中国资金和产能优势、撬动沿线资金广泛合作从而实现各国利益最大化。这不仅符合中国发展的根本利益，也有利于增进世界各国人民的共同福祉。按照2015年中国国家发展改革委、外交部和商务部联合发布的《推动共建丝绸之路经济带和21世纪海上丝绸之路的愿景与行动》中的定义，"一带一路"要打造"政治互信、经济融合、文化包容的利益共同体、命运共同体和责任共同体"，其中利益共同体则是构建"一带一路"基础设施投融资合作规则的最终利益驱动目标。

"一带一路"基础设施投融资是一种新国际合作理论的体现，不同于以新古典贸易理论和经济一体化理论为基础的传统西方区域合作理论。新古典贸易理论在完全竞争市场假定下，认为有不同资源特点的国家可以通过减少贸易关卡的阻碍而加强合作，进而有效促进各国经济增长。随着二战以后广泛出现的区域经济合作现象，20世纪60年代经济一体化理论开始盛行。荷兰经济学家丁伯根（Tinbergen，1954）第一次定义了经济一体化，林德特（Peter Lindert，1986）指出，经济一体化是指"通过相同的产品市场、协同的生产要素市场，或两者的结合，获得生产要素价格的均等"。利普赛（Richard Lipsey，1982）按照生产要素的流动程度，将经济一体化分为六种状态：特惠关税区、自由贸易区、关税同盟、共同市场、经济同盟与完全经济一体化，其中关税同盟理论受学术界推崇，且被运用于关贸总协定与世界贸易组织的构建运营实践中，欧盟、东盟、非盟等均是经济一体化理论的具体实践。总之，经济一体化理论主张各国以让渡部分主权的形式参与区域合作，以加速资源跨境自由流通的方式降低生产成本并提升资源配置效率。"一带一路"是不同于传统区域合作理论的一种新型国际合作实践，它主张的跨境区域合作，具有非排他性、包容性和灵活性，降低了合作门槛，更易被参与各方接受，在促进政策民意沟通、扩大辐射外溢影响、凝聚区域合作共识、增进国家战略互信等方面更有优势。"一带一路"基础设施投融资合作的特性体现在两个方面：一是开放性，"一带一路"基础设施投融资合作不是传统封闭的区域金融一体化或者区域货币一体化，而是向世界所有国家和国际组织开放，不设立具有强制约束性的合作规则，而主要以双边或多边合作协议及构建多主体、全方位、跨领域的合作平台为依托，不设门槛，没有壁垒。二是共赢性，"一带一路"框架下的基础设施跨境投资既不是强权掠夺，也不是对外援助，而是以沿线各国政策沟通、民心相通为基础，以资金融通为纽带，推动各国政府、国际组织、企业、社会机构和民间团体等在基础设施投融资领域开展互利合作。因此，"一带一路"基础设施投融资合作规则，是在平等互利的原则下，充分协调整合各国利益，结成利益共同体，促进投资母国与投资东道国在政府、企业与民间三个层次开展有效对接，构建"资金来源广、机构多元化、收益可主导、风险可控制"的投融资合作规则，为"一带一路"区域基础设施建设提供长期的可持续资金。

（七）基础设施与经济增长理论

早在 1976 年亚当·斯密就在其《国富论》中肯定基础设施对经济发展的作用，指出完备的公路、港口和桥梁是发展商业的重要条件，但早期经济学家没有把基础设施单独作为一个要素分析其对经济增长的作用。20 世纪 40 年代之后，学术界开始关注基础设施与经济增长之间的关系。以罗丹的"大推进"理论为代表的发展经济学认为发展交通基础设施是实现经济增长的前提条件；罗斯托（1960）提出的"经济成长阶段理论"则特别肯定了基础设施对于发展中国家经济发展的重要意义，指出欠发达国家应该优先进行基础设施建设。林毅夫提出的新结构主义理论也肯定了基础设施投资对经济发展尤其是金融危机后国家经济复苏起到的积极作用。他将基础设施作为一个新的资源禀赋引入国家宏观经济分析框架，指出随着一国经济发展阶段的变化，交通、能源、通信等硬件和金融、教育、社会服务等软件基础设施禀赋会随着产业结构的调整而变化，增加基础设施投资不仅能满足产业结构升级需求，也将在短期内创造就业和消费需求。

此后，学者展开了一系列实证研究，探讨基础设施建设与经济增长之间的关系。大部分学者肯定了基础设施建设对经济增长的正向促进作用。Aschauer（1989）是第一位从实证角度考察基础设施投资与经济增长关系的学者，其指出交通、电力通信、供水系统等经济基础设施投资对经济增长的作用大于军事、国防等基础设施，并指出美国 1971～1985 年经济衰退的重要原因是基础设施投资不足导致的基础设施发展滞后。Roller 和 Waverman（2001）基于

OECD 国家的数据发现，信息基础设施数量达到一定规模后，会显著地促进国家经济增长。Esfahani 和 Raml'rez（2003）基于世界多国数据实证发现，基础设施投资的收益会超过基础设施建设成本，进而通过增加基础设施投资促进国内生产总值的提高。同时，有部分学者认为基础设施对经济增长的作用并不总是正向的。Bougheas 等（2000）认为，基础设施投资与经济增长呈倒"U"形曲线关系，当基础设施投资增长到一个"顶点"之后，继续增加投资会对经济增长产生负面作用，但目前大多数发展中国家仍处于基础设施投资不足的阶段，属于倒"U"形曲线的上升部分，即正面促进作用阶段。类似地，Riedel 等（2008）指出存在一个基础设施投资的最优规模，过多的基础设施投资会对私人投资产生"挤出效应"，从而抑制经济增长。

总结国内外学者的理论与研究成果，基础设施投资促进经济增长的作用机理体现在国民经济的供给和需求两方面，此外国际层面还涉及区域合作方面。

1. 在需求侧

基础设施投资发挥乘数扩张效应，通过撬动私人投资和提高生产力来促进经济增长。基础设施的庞大资金需求有利于改善一国的低储蓄率情况，吸引社会投资者的闲散资金，进而拉动经济高速稳定增长（Pierre，2010）。Maria 和 Inmaculada（2000）在实证分析的基础上指出私人投资和公共投资是互为互补品的，生产性基础设施投资能够促进私人投资。总体上看，基础设施投资对私人投资存在"挤入效应"（Alfredo，2001）。Joeé 等（2002）认为经济基础设施投资有利于降低企业的生产成本，从而促进私人投资收益率的提高。当然，政府主导的基础设施投资一定程度上会带来税收的增加，这有可能损害一部分私人投资的收益并造成社会福利的损失，因此要审慎进行基础设施投资决策，把握好基础设施投资的适度规模（Andreas，2003）。

2. 在供给侧

从短期看，增加基础设施投资能够创造就业岗位、降低失业率，从而减少贫困，同时，生产性基础设施供给的增加能够带动其他生产资料的投入增加从而增加产品总供给量，扩大经济总产出（Seung and Kraybill，2001）；从长期看，基础设施后期的运营和维护不但能够增加就业、提高收入，还有利于企业降低交易成本、提高生产效率（Buurman and Rietvel，1999）；同时，资金使用效率高的基础设施公共资本投入能够提升人力资本，进而通过提高劳动生产率促进经济增长（Srinivasu and Rao，2013）。在全要素生产力成为决定经济增长主要因素的背景下，一些创新性基础设施建设能够促进科技创新要素集聚，并为科技创新者、产品创新者和产品生产厂商搭建对接桥梁，从而提高社会的全要素生产力，为经济增长提供可持续活力（Shaidullin et al.，2013）。

3. 在区域合作方面

基础设施互联互通不仅能够扩大各国、各地区的经贸合作，形成网络联动效应，还有助于各国发挥各自的比较优势整合生产网络与价值链（Arndt，2015）；基础设施尤其是交通基础设施往往具有正向的空间溢出效应，不仅能够刺激本地经济的发展，还会对邻近的其他国家和地区的经济发展产生促进作用，从而为区域经济增长增添新动力（张学良，2012）。"一带一路"倡议的最终目标是互利共赢，要实现"一带一路"区域经济共同发展的目标，就需要建设突破国家界限、地域界限的跨境基础设施，以实现区域基础设施的整体优化和协调发展，实现生产要素、劳动力和资本的自由流动。同时，"一带一路"沿线国家多为发展中国家，加大基础设施投融资力度有利于解决南北经济不平衡问题，进而为全球经济增长增添新动力和新活力。根据亚洲开发银行研究院（2012）测算，如果2010~2020年每年向亚洲地区投资3200亿美元用于改善交通和通信基础设施，则将平均降低亚洲国家和地区1/5的贸易成本。以泛亚交通、通信与能源基础设施建设为例，如果2010~2020年地区所需投资金额全部到位，按贴现率5%的2008年美元现值计算，亚洲发展中国家作为一个整体将从中获得总净收益12.98万亿美元，包括直接经济收益和间接经济收益。

二　主要经济体跨境基础设施投融资合作实践基础

（一）欧洲睦邻政策

1. 实施背景

2004年，欧盟提出"欧洲睦邻政策"（The European Neighborhood Policy，ENP），是欧盟"边界战略"的一部分，目的是避免扩大后的欧盟新边界出现分裂，通过加强与东部和南部欧洲国家的经济合作，促进欧洲地区经济发展、政治稳定与地区安全，政策主要针对中东、北非、外高加索和东欧的16个邻国。欧洲睦邻政策框架中欧洲各国的合作关系被定义为"伙伴关系""共识目标""共同价值观""共赢共享"（Kristi Raik，2006）。欧盟与每一个睦邻政策对象国签订一份"量身定做"的合作协定，共同划定投资和改革的优先领域。

2. 实施过程与方式

2004~2006年，其资金划拨与分配主要采用"欧盟地中海援助计划"（MEDA）和"独联体国家技术援助计划"（TACIS）等已有的区域合作规则，但覆盖范围有限且缺乏针对性和灵活性。2007~2013年，欧盟委员会推出了综合的专门的援助政策工具，即欧洲睦邻及伙伴关系工具（European Neighbourhood and Partnership Instrument，ENPI）来取代之前的合作工具，它包括欧盟财政和技术援助、资金划拨和对外投资等方面。2014年，欧洲又推出欧洲睦邻工具（European Neighbourhood Instrument，ENI）取代ENPI，一方面加大资金支持力度，另一方面通过政策驱动、区别对待的方式，向最优的项目实施者提供更具差异性、灵活性和激励性的资金支持。ENPI和ENI本质上都是欧洲睦邻政策框架下的援助工具。

欧盟邻国中很多国家基础设施条件落后，严重制约了国家与欧盟经贸合作的深化，欧盟委员会因此建立了针对基础设施的主题援助工具：睦邻投资工具（Neighbourhood Investment Facility，NIF），专门负责欧盟跨境对邻近国家的交通、能源、环境等基础设施项目进行投资。NIF有三个战略目标：一是实现邻国之间互联互通，通过对促进人员、货物、服务、资本和信息自由流动的基础设施进行投资，实现欧洲经济与社会包容性、可持续性增长；二是解决空气、水污染以及谷底废弃物对环境产生的威胁；三是通过在邻国引入创新性的金融机制来解决基础设施融资难问题，促进当地经济的理性、可持续性和包容性增长，以及推动实现全体公民机会均等化。

（1）管理框架

大型基础设施建设的顺利推进需要依托完善的管理体系，负责项目有关的决策、管理、实施、监督和评估等一系列环节，确保资金的使用效率和质量。欧洲睦邻政策下基础设施投融资管理体系是：由欧盟委员会总体指导，对外关系司、扩盟总司、发展援助办公室和欧盟驻第三国使团共同参与，各机构间分工明确又互相合作，共同对欧盟的跨境基础设施建设工作进行管理。欧盟委员会负责定期评估项目运行结果，以便形成改善项目资金运作的建议，评估结果报告以及有关上一年度获得融资的情况以报告形式定期向欧洲议会和理事会提交。同时，在与成员国保持密切沟通的前提下，采取必要的措施确保委员会与多边区域性经济组织展开广泛而高效的合作，例如接受国际金融机构、联合国机构、国际基金和非欧盟捐助者的资金援助。欧盟驻受援国的外交机构负责日常项目管理决策和监督工作，及时对基础设施项目的具体实施进程进行灵活调整以促进欧盟投资效益的最大化。

（2）资金来源与管理

鉴于跨境基础设施对资金需求庞大，欧盟充分利用政府和市场力量对资金进行组合运用。

一是欧共体财政预算资金。欧共体财政预算资金是欧盟在超国家层面实施欧洲睦邻政策的主要资金来源，与欧盟对其他国家的对外援助资金类似，这部分资金会在每次欧盟财政预算的"对外关系"（External Relations）部分列出。2007～2013 年该项预算为 149 亿欧元，2014～2020 年预算增加至 154 亿欧元。这部分资金预算占欧盟整个对外关系预算的比例约为 16%，由于这是超国家机构——欧盟委员会对相关国家的直接资金拨付，带有一定援助性质，资金申请条件较为宽松。利用财政预算资金的较高杠杆率，欧洲睦邻政策撬动了大量社会资金，2007～2013 年，欧盟委员会对 NIF 共计拨款 7.67 亿欧元，相应地撬动了超过 193 亿欧元的项目建设资金。

二是欧盟金融机构的资金。由欧盟及其成员国主导的一系列区域性金融机构，如欧洲投资银行（European Investment Bank，EIB）、欧洲复兴开发银行（European Bank for Reconstruction and Development，EBRD）等，成为除了欧盟财政预算之外的重要资金来源。欧盟金融机构的自由资金一方面来自欧盟各成员国依据相关规定的拨款，另一方面来自金融机构在国际资本市场上的筹集，融资方式包括优惠贷款、债券投资、股权投资以及融资担保等。在跨境基础设施投资方面，欧洲投资银行在欧洲金融机构体系中占据主要地位，其贷款资助的重点领域为基础设施中供水工程、灌溉、交通运输和电信设施等。此外，一些国际性金融机构，如国际货币基金组织（IMF）、世界银行和联合国相关机构，也是 NIF 涉及的基础设施投资领域的补充资金来源，以充实欧洲基础设施资金体系。

（3）资金分配方式

目前，ENI 对基础设施投资的资金来源丰富多样，既有来源于政府的欧盟财政资金，也有来源于各国际金融机构、区域金融机构和社会投资者的资金，不同来源的资金采用不同的资金分配方式。在合作投资情况下，如果能够清晰界定融资用途，则按照事前的约定给予具体项目一定额度的资金；如果不能明确区分资金用途，则由欧盟委员会代表各利益相关方接受和管理这些资金。资金的拨付方式主要有三种，即项目拨款、签订合同协议和预算支持。项目拨款是欧盟对基础设施建设进行直接资金支持；签订合同协议是通过政府采购的形式，与基础设施项目具体承建方签订保证工程顺利完成的协议；预算支持一般是有条件援助，只有受援国政府达到对欧盟的承诺条件或者改革要求后，欧盟才将资金转移到该国账户。

　　欧洲睦邻政策的基础设施投资具有激励性质，不同伙伴国在接受投资的形式和数量上是有差异的，根据伙伴国对基础设施的实际需求、受益群体大小和国家发展水平等指标，参考东道国项目建设的努力程度、进展和对资金的吸纳能力，以及基础设施对经济发展的正向作用程度来决定。最具欧洲特色的是根据基础设施项目进展，多年期、分阶段进行投资。欧盟按照其设置的一整套实施监督和评估程序，根据项目实施的实际进展和达到预期目标的程度，灵活决定增加、减少、暂停乃至取消对该项基础设施建设的投资金额。这种投融资方式具有奖励和惩罚机制，对基础设施项目的资金使用效率和建设质量有激励性作用。

（二）容克计划

　　2014 年 11 月，欧盟委员会主席容克推出容克计划（Juncker Plan），也被称为欧洲投资计划，旨在复兴欧盟经济和增加就业，在欧盟、各成员国和各国地方层面展开。

1. 实施背景

　　2008 年经历国际金融危机和主权债务危机后，欧洲经济复苏乏力，陷入经济增长低迷和失业率高企的困境，其中投资增长乏力是欧盟经济复苏缓慢的重要原因。欧盟的固定资本形成总额一直处于低迷状态，尤其是基础设施建设停滞，这大大削弱了欧洲国家的竞争力和增长潜力（BDI，2015）。经估算，金融危机后欧盟在教育、交通、能源、通信和环保等领域的年度投资缺口为5650 亿欧元（EIB，2018）。虽然欧盟各国的储蓄率和金融流通性处于较高水平，但存贷比却明显下降，货币宽松政策和负利率政策对欧洲各国缓解通缩、促进实体经济发展没有产生明显作用，欧洲经济陷入流动性陷阱（Eggertsson and Kmgman，2012）。一方面，欧盟各国为了巩固财政状况削减公共投资金额，进而对欧盟增加基础设施公共投资预算造成阻力（Schneider，2015）；另一方面，基于对欧洲整体经济形势、公共债务和信用风险的担忧，风险规避倾向导致社会投资减少。为了提振投资者信心、重振欧洲投资尤其是社会投资，欧盟委员会轮值主席容克上任后，提出于 2015 年 6 月正式执行高达 3150 亿欧元的欧洲投资计划，即"容克计划"。

2. 实施过程与方式

欧盟最初计划到 2018 年吸引至少 3150 亿欧元的投资，随后在 2016 年提出修正案，在不增加公共债务的前提下，将目标提升至到 2020 年吸引至少 5000 亿欧元的额外战略投资。该投资计划的目标是：在不加重成员国公共财政负担或增加公共债务的情况下，满足欧盟各国基础设施建设所需的长期投融资需求，拉升投资总量，以促进就业和经济复苏。"容克计划"由欧盟委员会和欧洲投资银行（EIB）共同推动实施。"容克计划"主要内容包括：建立欧洲战略投资基金（EFSI）并撬动私人资本参与弥补欧洲在基础设施投资方面的缺口；与欧洲投资银行合作，建立一套包括项目信息共享、投资咨询中心和技术援助支持的项目通道系统，以确保资金的合理分配和有效使用，保证基础设施投资收益；尽量消除欧洲各国投资壁垒，改善金融环境和商业生态。该计划是欧盟在国际金融危机后，以"欧盟委员会+私人资本"的模式最大限度提高公共资金使用效率并释放私人投资潜力，扭转经济颓势的一次尝试（陈莎莎，2014）。

（1）资金来源及运作方式

容克计划以欧洲战略投资基金为投融资主要载体，作为"种子基金"通过为 EIB 和欧洲投资基金（EIF）提供信用担保对基础设施项目进行融资，由此提高项目风险承受能力，并带动私营部门对实体发挥调动公共资本、私人和外国资本参与投融资的作用。EFSI 由欧盟委员会和 EIB 共同发起，设立于 EIB 内部，由欧洲投资银行集团①负责运营。基金初始规模为 210 亿欧元，其中欧盟委员会在预算内安排 160 亿欧元，EIB 以自有资金出资 50 亿欧元。欧盟委员会鼓励各成员国通过提供资本金的形式向基金投入资金，给予基金理事会席位和投票权等作为激励手段。欧盟评估认为，该基金能够发挥 15 倍②的杠杆

---

① 欧洲投资银行集团包括两大机构：一是欧洲投资银行，主要从事贷款业务；二是欧洲投资基金，主要为中小企业提供担保和股权投资。

② 根据欧盟和 EIB 的历史经验，1∶15 的杠杆是一个较为审慎的水平，EIB 根据自身投资经验得出的杠杆效果为 18~20 倍。

效果，即 1 欧元基金可以吸收平均 15 欧元的投资进入实体经济，从而使总投资规模达到至少 3150 亿欧元。其资金来源及运行机制如图 2-1，先是基于欧盟预算担保通过在资本市场发行债券进行外部融资，实现 3 倍的资金杠杆；然后以自有业务如贷款、担保和股权投资等工具引入私人资本，实现 5 倍的挤入效应。

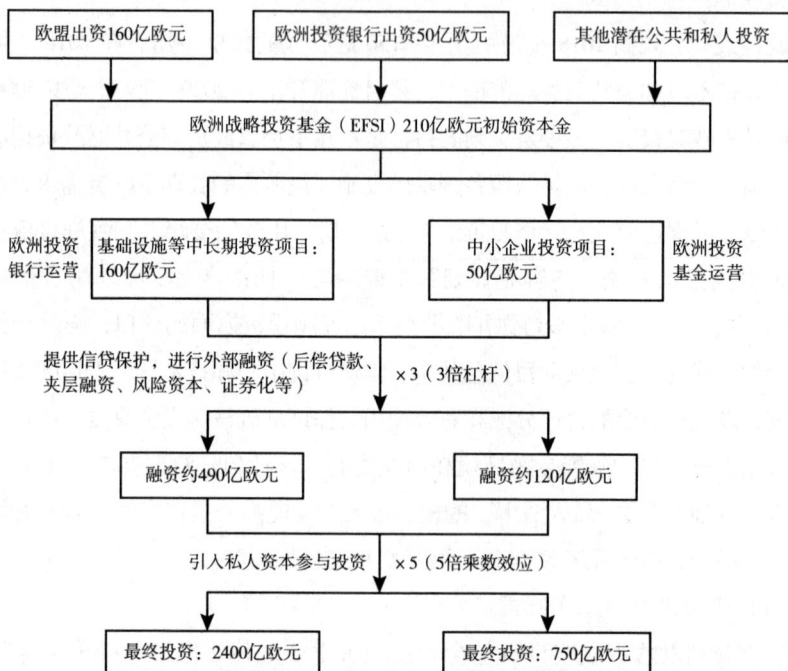

图 2-1　"容克计划"下欧洲战略投资基金的资金来源及运作模式

资料来源：EIF Annual Report 2015, http：//www. eif. org/news_ centre/publications/eif_ annual_ report_ 2015. pdf。

欧洲战略投资基金主要由指导委员会、投资委员会和总经理管理。指导委员会是最高治理机构，决定基金的投资方向和运营流程等，成员由欧委会和欧洲投资银行集团任命和委派。投资委员会由八名独立专家和基金总经理组成，负责审查拟投资基础设施项目是否符合指导委员会的投资政策，并负责审批获得欧盟担保资金支持的项目。基金总经理负责基金的日常运营和管理，准备和主持投资委员会会议，并按季度向指导委员会汇报基金运营情况。

EFSI 重点支持欧洲基础设施建设，包括宽带电信网络、能源网络、交通基础设施与教育研究和创新等。该基金将针对不同国家和不同需求灵活运行，对项目和地域不设投资额度限制，最大限度地提高基金附加值。在中长期投资领域，EFSI 为 EIB 对"基础设施投资的连接欧洲基金"（Connecting Europe Facility）的新增投资项目提供信贷保护并承担更大的项目风险，从而吸引私人资本进入基础设施投资领域，扩大项目融资的资金来源。

（2）项目投融资通道系统

为了解决基础设施项目信息不透明和投资收益不确定对私人资本吸引力的影响，欧盟委员会针对容克计划特别设立了"欧盟投资特别工作组"、"欧洲投资咨询中心"（European Investment Advisory Hub，EIAH）和"欧洲投资项目门户网站"（European Investment Project Portal，EIPP），尝试构建包括项目信息共享、投资咨询中心和技术援助支持的项目投融资通道系统（沈丁丁，2015）。欧盟投资特别工作组负责帮助意向投资方识别和筛选有价值的投资项目并定期向投资者通报项目进展情况。EIAH 由欧盟委员会和 EIB 共同出资支持，由 EIB 负责日常管理，与其他专业机构合作为基础设施项目发起人、政府部门和私人投资机构提供包括项目结构、创新性融资工具及公私合营模式运用等在内的专业技术支持与咨询，进行独立、透明的可行性研究和评估，帮助基础设施项目获得可持续资金支持并有效运行。EIPP 通过在网站上发布项目信息，为基础设施项目发起人和投资人提供信息对接平台，吸引潜在投资方，有效达成投融资合作。EIAH 和 EIPP 均于 2015 年 9 月 1 日正式运行。

3. 计划实施的效果和影响

目前，容克计划正有序推进。截至 2017 年 9 月，28 个欧盟成员国近 500 个项目获得了批准，欧洲战略投资基金本身共投资 437 亿欧元，并触发约 2430 亿欧元的总投资，占容克计划最终目标的 49%，创造了超过 10 万个就业岗位（European Commission，2018）。根据裕信银行对容克计划 20 个月的运行成效评估，该计划在促进和拉动欧洲投资方面发挥了积极作用，特别是对于正在经历通货紧缩或银行信贷不足的国家。根据安永公司对容克计划实施的审计报告，EFSI 的实际乘数为 9.1，低于该计划设计的 15 倍，主要由于计划初期多采用低杠杆的贷款工具，高杠杆的股权和担保工具运用较少，预期后期将逐步达到目标乘数。欧洲战略投资基金大部分融资资金投入基础设施项目和能源项目，投资金额比重分别为 27% 和 23%。

一方面，通过投资推动欧洲经济复苏和可持续增长。容克计划对此轮欧洲经济复苏产生了积极作用，有效促进了投资、生产与就业，失业率大幅降低，同时在一定程度上通过撬动私人投资弥补了欧洲各国大型基础设施尤其是跨境基础设施建设的资金缺口。另一方面，深入推进单一市场建设、改善投融资环境、完善社保体系与劳动力市场，以及协调各国财政政策等措施，促进了欧洲各国经济一体化进程。

4. 容克计划的经验与不足

（1）经验

第一，通过设立欧洲战略投资基金为项目提供风险担保。作为容克计划的核心，EFSI 在撬动私营部门投资方面有显著成效。EFSI 通过为项目和企业提供"第一风险担保"，将风险转移到自身，有效提高了基础设施项目的风险承担能力，叠加其自身参与投资产生的市场信号效应，提升了私营部门的投资意愿，充分发挥了投融资杠杆作用（Gregory et al.，2014）。欧洲投资银行采用部分资助而非全部资助、利用金融中介延长业务链条等做法，增加了私人资本进入基础设施投融资领域的节点，为扩大私人资本引入的总量规模做出了巨大贡献。

第二，统筹欧洲各种政策性金融机构开展联合融资。在目前容克计划批准支持的项目中，超过三成的项目由 EFSI 与成员国的国家开发银行进行联合投资。同时，EFSI 还与"连接欧洲基金"（主要支持欧洲基础设施投资）、欧洲结构和投资基金（ESIF）等就基础设施投融资展开项目投融资、投融资平台与工具等多方面的合作，扩大吸引私人投资的乘数效应。联合投融资不仅使 EFSI 在资金运作设计和法律上与其他基金形成互补，还扩大了 EFSI 的投资领域，尤其是金融欠发达地区的基础设施项目。

第三，以促进投资为契机完善欧洲投融资环境。容克计划除了设立专门投资基金发挥撬动私人资本的杠杆效应外，还致力于推动单一市场建设、统一市场标准、消除区域投资壁垒，为基础设施降低融资成本。一是以目前的"银行业联盟"为基础，构建欧洲"资本市场联盟"，推动建立简单、透明、一致性的证券化市场标准，通过区域内部金融市场分割为基础设施投融资提供多元化筹资渠道。二是就能源与交通基础设施产业的国际合作方面进行改革，重点构建"欧洲能源联盟"，通过整合相关跨境投资与贸易、人员流动、产品市场及技术创新等规则，加强国际合作以推动投资。

（2）不足

容克计划对基础设施的资金供给与欧盟各国的融资需求存在错配问题。虽然理论上 EFSI 对项目的支持是需求驱动的，但资本更倾向于西欧大国，因为这些国家利用杠杆的经验丰富且具有较强的政治经济影响力。从项目情况来看，西班牙、意大利、法国和英国四个国家接受的融资额占 EIB 总项目融资的一半。而许多基础设施投资存在巨大缺口的欧盟小国，如斯洛文尼亚、塞浦路斯和匈牙利，较难吸引到 EFSI 和私人资本的投资。

（三）东盟基础设施互联互通合作

2010 年 10 月，第 17 届东盟领导人会议通过了《东盟互联互通总体规划》，对未来五年实现东盟区域互联互通的战略目标、主要任务、关键项目和投融资合作等内容做出了总体安排，以进一步加快东盟区域一体化进程。

1. 实施背景

东盟区域内部多国存在基础设施水平低下的问题，在高质量公路及公路网、港口、内河航运及航空等方面存在严重的基础设施短板，基础设施新建和升级改造需求庞大。东盟各国基础设施尤其是跨境基础设施条件落后导致区域内资本、生产资料、劳动力和服务的区域间流动受阻，严重阻碍了东盟经济一体化进程。

2. 实施过程与方式

为了建立一个运转良好的集运输、信息通信和能源于一体的基础设施网络，《东盟互联互通总体规划》对区域内 7 个跨境基础设施战略项目进行了安排，包括东盟公路网、泛亚铁路、内陆河道运输网、航海运输网络、航空运输网络、综合运输走廊，以及通信和能源基础设施。优先选择这些项目是考虑到它们能够对东盟内部的互联互通产生及时有效的正面作用。

（1）管理框架

东盟成立了互联互通协调委员会，成员由东盟常驻代表和成员国的特别代表组成，专门负责协调东盟各成员国在基础设施领域的合作。该委员会的职责有：一是定期向东盟协调委员会、东盟政治安全共同治理委员会、东盟经济共同体理事会和东盟社会文化共同体理事会汇报规划的实施进展情况；二是定期组织由各成员国企业、金融机构等基础设施项目利益相关方参加的座谈会，以加强信息透明化。为了科学评估区域内互联互通的合作成果、监测可能遇到的风险，东盟还建立了"积分卡制"，筛选真正符合各国基础设施发展需要的政策和行动优先实施。另外，通过建立联络和宣传机制，对区域内跨境基础设项目进行市场调研和推广宣传，以确保各利益相关者的有效合作。

（2）资金来源及分配

鉴于东盟各国政府财政空间的限制，东盟的基础设施投融资更多地依靠金融机构和其他国家的力量。多边开发银行如亚洲开发银行、世界银行和伊斯兰开发银行等机构提供的贷款，以及日本和中国提供的优惠贷款和援助资金，成为基础设施建设的主要资金来源。为了强调东盟在互联互通项目中的独立自主和中心地位，2012 年 4 月，在东盟倡导下，亚洲开发银行成立了东盟基础设施基金（AIF）。AIF 以增加贸易、推动投资、促进就业和消除贫困为目标，通过充分调动东盟各国超过 7000 亿美元的外汇储备和大量私人储蓄，推动区域跨境基础设施建设，是东亚创新性次区域融资合作规则的典范。东盟基础设施基金的资本金为 4.852 亿美元，在给予基础设施项目贷款时，AIF 出资 30%，亚洲开发银行配套出资 70%，贷款通过亚洲开发银行的运作具有杠杆效应，预计到 2020 年，东盟基础设施基金可带动 130 亿美元的贷款投向成员国基础设施建设。AIF 的决策机制力图照顾每一个出资国利益：每个出资方都是董事会的成员，所有正式的董事会会议决策需获得 50% 以上投票权和至少 50% 股东的同意；重大决策则需 2/3 以上投票权和 2/3 以上股东的同意（竺彩华等，2013）。

（四）大湄公河次区域合作规则

大湄公河次区域（GMS）合作规则是 1992 年亚洲开发银行发起的，澜沧江—湄公河流域周边的中国、泰国、越南、柬埔寨、老挝和缅甸六个国家共同参与的次区域经济合作规则，是区域经济合作比较成功的典范。

1. 实施背景

湄公河次区域由亚洲开发银行划定，区域覆盖澜沧江—湄公河主要流经的国家和地区，包括中国云南省、广西壮族自治区和柬埔寨、老挝、泰国、缅甸、越南。湄公河次区域蕴含丰富的水能资源，且随着经济的发展，沿线区域对水能资源的需求日益扩大。但 20 世纪 50 年代地区冲突阻碍了能源开发和基础设施建设合作。冷战结束后，尤其是 20 世纪 90 年代东南亚和东亚区域合作进程的加快为湄公河次区域合作提供了契机。

2. 实施过程与方式

（1）建立过程

1992 年，由亚洲开发银行牵头主导，第一次 GMS 经济合作会议确定了

"亚行倡导的 GMS 经济合作的总体构架"后，伴随着历届 GMS 部长会议的召开，加强次区域基础设施联系成为未来十年战略发展重点，并确立了交通、能源、电信、环境、资源开发等基础设施建设为区域投融资优先合作领域（Yann Duval，2008）。2014 年 11 月，李克强总理提出在"10+1"框架下建立"澜沧江—湄公河对话合作机制"，随后 GMS 各国在高官会上就机制构建、合作目标以及合作重点领域等内容达成了一致，通过了进一步加强区域互联互通的"2014~2018 年区域投资框架执行计划"（RIF-IP），"澜湄合作规则"正式建立。

（2）资金来源与运作方式

与其他国际投融资合作规则不同的是，亚洲开发银行——这一国际经济组织，作为 GMS 的牵头人，在 GMS 合作中充当了出资方、融资方、协调者和技术支持者等多重角色，在促进区域各国参与合作并达成协议方面发挥了关键作用。作为湄公河次区域经济合作规则的牵头人和协调者，为各国搭建了一个开放性的、非正式的多边合作规则和对话平台，决策机构包括领导人会议和部长级会议，其中部长级会议是 GMS 合作规则中的主要决策机构，包括基础设施项目评价标准、项目优先顺序、机构设置等所有决议均在部长级会议上进行磋商，亚行负责从中协调各国利益、促进合作协议达成；政策实施机构包括司局级高官会议、各种基础设施领域的论坛和工作组会议。GMS 合作规则的组织管理机构如图 2-2 所示。

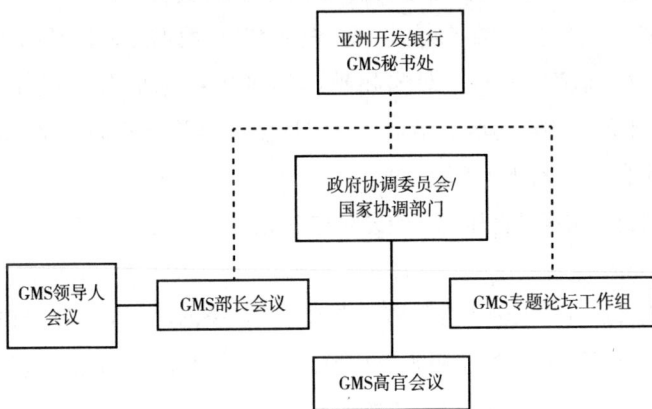

图 2-2 GMS 组织管理结构

作为 GMS 基础设施合作项目的出资方和融资方，亚行已经联合 GMS 合作国的国家政府、其他国家政府及其他国际组织实现开放式融资合作。截至 2017 年底，GMS 共给予涉及公路、铁路、机场、电力、水利、旅游等国内和跨境基础设施建设项目高达 150 亿美元的贷款和援助，其中亚行自身提供资金约占 30%；GMS 国家政府配套资金约占 30%，来自其他国际组织和国家的联合融资约占 40%（ADB, 2011）。其中，对 GMS 提供了贷款的其他域外国家和国际组织包括：世界银行、欧洲投资银行（EIB）、石油输出国组织（OPEC）、北欧开发基金（NDF）、日本国际协力银行（JBIC）、日本国际协力机构（JICA）以及马来西亚、澳大利亚、泰国、韩国、法国政府等（刘闯等，2009）。

作为技术支持方，亚洲开发银行向 GMS 合作项目提供了技术支持和项目咨询服务。为了筛选出对区域经济发展有重大作用、对投资国家和区域形成明确经济收益的基础设施项目，亚行组织了包括农业、交通运输、能源、环境保护等在内的 10 个专业工作组，通过组织专家对话与评审、召开 6 个成员国和国际金融组织参加的项目优选投资研讨会，为 GMS 寻找可行的合作开发项目提供技术支持。

3. 计划实施的效果和影响

持续了 20 多年的大湄公河次区域经济合作效益显著，初步建成了区域内跨国的南北走廊、东西走廊和南部走廊三大物流交通通道，不仅使区域内各国实现基础设施互联互通，还大大促进了沿线各国经贸合作，实现了经济优势互补，构筑起大湄公河流域的经济走廊。根据 CEIC 数据库，2002～2017 年，我国对缅甸、柬埔寨、老挝、泰国和越南的进出口总值分别以 18%、22%、27%、19% 和 26% 的年均增速增长，一定程度上得益于 GMS 合作加强了我国与湄公河其他五国之间的互联互通。

4. 大湄公河次区域合作规则的经验与不足

（1）经验

从跨境基础设施投融资合作模式来看，大湄公河次区域经济合作是相邻国家间的一个非正式多边合作规则，欢迎任何国家参与区域内部的基础设施投融资合作，其目的不是推动地区主义的发展，也不是实现地区经济一体化，而是通过促成各国基础设施领域投融资合作和区域贸易与投资自由化，使沿线各国摆脱落后的经济状况（Shalmali Guttal, 2003）。GMS 合作规则以项目为主导、以项目的收益结果为导向设计投融资合作模式，且在基础设施项目建设过程中注重监测资金运行状况和项目取得的初步收益，以便增强各国对项目投资的信心和继续合作的动力。各参与国针对基础设施领域的项目开展自主合作，具有完全的决策自主权和话语权，亚洲开发银行只充当合作协调者的角色，并预付一定的合作成本，并不是超国家行为体的存在。

GMS 合作选择亚洲开发银行这一国际金融机构作为区域基础设施投融资合作的发起人、协调者和融资方，这种机制在全球范围内并不常见，为内外部环境复杂、大国竞争明显的区域开展国际投融资合作提供了范例。首先，亚行作为区域内各利益相关方均认可的中间人，能够发挥协调各国开展基础设施投融资合作的作用。其次，区域内基础设施项目尤其是跨境基础设施项目争取到亚行的贷款，不仅能够减轻资金压力和风险，还能在一定程度上减轻跨境资本投资过程中面临的公关压力和东道国的警惕和质疑。

（2）不足

GMS 较为松散的合作模式将降低参与国深化合作的主动性。作为 GMS 合作规则主导方的亚行对各国的约束力较低，既没有决策权，也没有强制执行权。由于亚行承担了一部分促进基础设施投融资合作的成本，从一定程度上来说，其工作成果对于区域各国来说是一种公共物品，难以避免地出现各参与国"搭便车"现象。各国从自身国家利益出发，在关注其他国家和亚行的政策行动基础上，根据自己的资源禀赋和经济基础情况讨价还价，不利于区域基础设施投融资合作的达成。

作为大湄公河次区域经济合作规则的设计者和主导者，亚行自身的运行机制会加剧该地区合作的不平衡。亚行机制一个比较重要的特点是决策授权制：亚行目前有 68 个成员，包括区域内各国和区域外部分发达国家等。亚行决策以各国股金多少决定投票权，美国和日本分别占全部股权的 15.57%，并列为亚行的第一股权国，中国以 6.429% 的股权比例排在第二，大湄公河次区域内的国家投票权总和仅有 8%。在域内其他国家本国财政资金对基础设施建设支撑不足的情况下，外部利益主体的加入导致 GMS 合作规则中的利益博弈更加复杂，资金流向较多地体现了日本等发达国家的决策意向。

第三章 "一带一路"基础设施投融资主体博弈

一 "一带一路"基础设施投融资主体及主体目标

"一带一路"基础设施大部分属于国际准公共产品,需要各国开展跨国集体行动进行基础设施投融资以实现各国的共同利益。在现代主权体系下,各国是独立、平等的行为主体,所以"一带一路"基础设施合作也是建立在平等自愿基础上的。主权国家依然是国际合作中最基本的行为主体,同时包括一些国际经济组织在内的国际非政府组织,在跨国投融资问题上也发挥着日益突出的作用。下文先从宏观层面以国家为基本单位分析国家间基础设施投融资的合作博弈。

1. 博弈主体

鉴于本章内容是从国际领域对"一带一路"基础设施投融资合作问题的分析,研究重点在于无世界政府状态下各国开展博弈能够实现合作共赢,以及采取怎样的投融资机制安排能够保障基础设施建设的可持续资金。所以先忽视国家内部各利益集团博弈对该国行为的影响,将一个主权国家视为一个整体,做人格化假设,并假设国家是"理性经济人",即以追求自身利益的最大化为行动目标,能够在"成本—收益"分析的基础上,追求本国利益最大化和风险最小化。在国际政治经济学领域,国家利益有绝对利益和相对利益之分,为了便于计算,本书所指的国家利益是绝对利益。

2. 主体目标

对于主权国家的政府来说,实现国家利益最大化是最终目标。而对于区域内的投资母国和基础设施所在东道国政府，其主体目标有所不同。投资母国首先追求投资商业收益最大化；其次是将改善欠发达地区基础设施条件视为补齐"一带一路"互联互通和国际合作的"短板"，有助于区域内各国基础设施的配套与衔接，有助于自身过剩产能的转移。基础设施是沿线国家资源、能源合作的基础，也是国际贸易货物运输的基础，基础设施的改善有利于降低投资母国与沿线国家开展进出口贸易的成本；同时，还能密切与东道国的关系，增强其在地区的政治经济影响力。对于"一带一路"沿线的东道国，这些国家多为发展中国家，经济基础较为薄弱，基础设施条件不佳，东道国政府希望通过基础设施建设改善本国生产生活条件，进而形成相关产业集聚效应，为国家创造更多的就业机会，推动本国经济发展；基础设施条件的改善有助于与周边国家实现互联互通，有利于本国吸引外国资本，使本国在接受发达国家产业转移和产能输出过程中占据有利地位；具有可经营性属性的基础设施能够增加国家财政收入，为政府履行经济和社会服务职能积累资金；有助于改善社会福利条件，满足当地民众的生产生活需要。投融资主体从各自国家利益出发，其目标呈现既相互耦合又相互冲突的关系。

二　基于国家同质性的基础设施投融资博弈模型

假定需要各国合作建设的"一带一路"基础设施属于准公共产品，具有俱乐部产品属性，即可以通过对使用者收费来施加排他性，参与博弈的各国是同质的。下文建立博弈模型（模型1）[①]。

1. 相关定义

博弈参与者集合：$N = \{i = 1, 2, \cdots, n\} \subset R^n$，有 n 个国家参与"一带一路"基础设施投融资合作。

策略集：$S = \{C_i \geq 0, i = 1, 2, \cdots, n\} \subset R^n$，$C_i$ 表示第 i 个国家承担的跨国基础设施建设成本，也表示该国在该项基础设施中的出资额度。

博弈信息集：每一个合作参与国均掌握其他合作国家的收益函数的完全信息，所有国家同时做出投融资决策，各国彼此不知道对方做出的策略选择。

---

① 这个博弈模型的构建参考了庞珣在《国际公共产品中集体行动困境的克服》一文中运用的模型，并对模型进行了改进。

收益函数：由于对基础设施施加了排他性，各国只有在支付一定建设成本 C_0 之后才可以消费该基础设施，因此代表性国家 i 的收益函数为：

$$U_i = f\left(\sum_{i=1}^{n} C_i\right) - C_i, C_i \geqslant C_0 \qquad (3-1)$$

$$U_i = f(0) - C_i = -C_i, C_i < C_0 \qquad (3-2)$$

参与国 i 的收益函数 U_i 是该国从基础设施中获取的净收益减去其所支付的成本。$f: R_{\geqslant 0} \to R_{\geqslant 0}$ 是递增函数，$f(0) = 0$。实际上，$f\left(\sum_{i=1}^{n} C_i\right)$ 是复合函数，完整表达式为 $f\left(\sum_{i=1}^{n} C_i\right) = f_2[f_1\left(\sum_{i=1}^{n} C_i\right)]$，$f_1(\cdot)$ 是基础设施生产函数，$f_2(\cdot)$ 是消费收益函数，这里先采用一般化形式来代表。

2. 博弈假设

基础设施是俱乐部产品，国家 i 进入俱乐部必须支付的成本 C_0 是外生给定的，不由参与国选择决定。

假设所有国家面临的策略集、信息集以及对基础设施的效用函数均相同。

国家之间关于该项基础设施的收益是互相独立的，即一国从该项基础设施中获得的收益仅取决于其从基础设施中获取的利润及付出的成本，不存在收益的外部性。

各国总收益随 C_i 的增加而增加，但增速比小于1，即 $0 < \dfrac{\partial f\left(\sum_{i=1}^{n} C_i\right)}{\partial C_i} < 1$，$\forall C_i > 0$。这种情况下，$\dfrac{\partial U_i}{\partial C_i} < 0$，各国边际收益小于边际成本。

3. 博弈均衡分析

纳什均衡解1：均衡策略组合为 $S_1^* = \{C_1^* = 0, C_2^* = 0, \cdots, C_n^* = 0\}$；均衡收益为 $U_1^* = \{U_1^* = 0, U_2^* = 0, \cdots, U_n^* = 0\}$。在这个策略组合下，没有国家能够改变策略获得更高的收益，因为根据假设 $\dfrac{\partial U_i}{\partial C_i} < 0$，任何国家投入成本即 $C_i > 0$ 时，其增量收益为负，该国利益会受损。

纳什均衡解2：$S_2^* = \{C_1^* = C_0, C_2^* = C_0, \cdots, C_n^* = C_0\}$，均衡收益为 $U_i' < U_i^*$。在这个策略组合下，没有国家有单独改变其策略的动机，因为：第一，若 i 国独自追加 c 单位投资，则其成本贡献量为 $c + C_0$，此时总收益 $U_i' =$

$f(nC_0+c) - (C_0+c)$，假设 $\dfrac{\partial U_i}{\partial C_i}<0$，导致 $U'_i<U_i^*$，i 国不会单独增加资金投入；第二，若 i 国独自减少 c 单位投资，即成本贡献量下降为 C_0-c，收益将变为 $U'_i=f(0) - (C_0-c) \leqslant 0 \leqslant U_i^*$。故合作成员国不会将其出资数额偏离 C_0。

上述博弈分析表明，如果能够成功对基础设施施加排他性，则基础设施能够达到有效供给。当施加排他性的成本足够小，并允许基于使用拥挤程度对使用者收取一定费用时，该项基础设施就成为俱乐部产品，不付费者将被排除在外。为了将基础设施的外部性内部化，每次收费价格需等于边际拥挤成本，而使用次数和付费情况能够反映出不同国家对基础设施的偏好差别，即对基础设施需求越大的国家需支付越多的费用。因此，对各成员国的收益函数掌握越精确，越能够使基础设施的供给接近帕累托最优水平。

三 基于国家异质性的基础设施投融资博弈模型

前文的分析建立在国家基本同质基础上，但是如第 1 章所述，"一带一路"沿线国家的经济基础、金融市场完善程度和基础设施水平差距较大，需要基于国家异质性[①]分析"一带一路"各国在采取联合行动参与基础设施投融资中的行为模式。为此，构建一个异质性国家基础设施投融资博弈模型（模型 2）[②]。

1. 博弈假设

有三个国家参与"一带一路"基础设施投融资合作，针对基础设施建设进行投融资。I_i 代表第 i 个国家的国内生产总值，是外生约束变量，其中 $i=1$，2，3。

每个国家均消费基础设施产品 Q 和私人产品 x_i 这两种最终产品。其中对私人产品的生产与消费决策是独立的，而基础设施是各国合作共同建设的，总供给量等于所有国家份额之和，即 $Q = \sum_{i=1}^{n} Q_i$。[③] 假定每个国家在该项基础

---

① 国家的异质性包括资源禀赋、政治制度、经济发展水平、社会风俗等多方面，本书只从经济水平角度考虑国家的异质性，简单地用一国的国内生产总值来衡量。

② 这个模型构建借鉴了朱宪辰、李玉连的《领导、追随与社群合作的集体行动——行业协会反倾销诉讼的案例分析》中的模型，并进行了适当改进。

③ 这里假设基础设施可以采用总和加总这一简单的类型进行总量综合。

设施中的贡献量相同，$Q_i=g$。这种情况下，成员国只有两种选择，一是参与投融资，投资贡献量为 g；二是选择"搭便车"，投资量为 0。假设一国的收入全部用于私人产品支出和基础设施投入，则有：$I_i=x_i+Q_i$。

每个国家的效用由消费私人产品 x 和基础设施 Q 决定，效用函数设为：$U_i=f(x_i, Q)=x_i+\eta_i Q+x_i Q$，其中 η_i 表示各国对基础设施的需求偏好特点，$x_i Q$ 表示国家消费的私人产品与基础设施之间不是简单的线性替代关系。将 $I_i=x_i+Q_i$ 带入上述效用函数，得 $U_i=f(x_i, Q)=(I_i-Q)+\eta_i Q+x_i(I_i-Q)$，这里国家的经济水平差异与偏好差异被引入国家的博弈决策模型中。

"一带一路"基础设施投融资合作过程可以分为两个阶段：发起阶段和实现阶段，这两个阶段均有相应的领导者和跟随者。所以每个国家所面临的策略集合为：（领导，参与）、（领导，不参与）、（不领导，参与）和（不领导，不参与）。

"一带一路"基础设施合作倡议的发起者需要付出一定的领导成本，包括信息交流、政策沟通、协商谈判以及建立和维持正式合作关系所发生的成本，这里用 c 表示。通常来说，这部分成本由选择发起基础设施投融资合作的国家承担。本书假设领导组织成本低于其承担的基础设施生产成本，即 $c<g$。

2. 博弈均衡分析

按照基础设施投融资合作各过程的阶段顺序，首先分析一国是否会选择领导合作行为。国家作为理性经济人，会根据国家收益的多少来做出决策。当一个国家选择领导基础设施投融资合作，则其国家收益存在以下三种可能情况：一是该国选择领导，其余两国均选择跟随并参与合作，此时该国的收益为 $U_i=(I_i-g)+\eta_i(3g)+(3g)(I_i-g)-c$；二是一个国家选择跟随参与而另一个国家选择"搭便车"，则该国收益为 $U_i=(I_i-g)+\eta_i(2g)+(2g)(I_i-g)-c$；三是其余两国都不跟随，则该国收益为 $U_i=(I_i-g)+\eta_i g+g(I_i-Q_i)-c$。如果该国也不领导基础设施投融资合作，则基础设施无法建设，此时 i 国的收益为 I_i。

因此，在无法确认其他国家是否选择参与基础设施投融资合作的情况下，一个国家选择发起基础设施投融资合作并承担领导成本的条件是：

$$(I_i-g)+\eta_i g+g(I_i-g)-c>I_i,\ 即\ \eta_i+I_i>\frac{c}{g}+g+1 \qquad (3-3)$$

当式 3-3 的条件满足时，会有国家选择发起并领导基础设施投融资合作，那么各国就进入实现阶段即其他国家选择是否参与合作。如果除了合作发起国之外，另一个国家选择参与合作（2个国家参与投融资），则第三国 i 选择参与合作的收益为 $U_i = (I_i - g) + \eta_i (3g) + (3g)(I_i - g)$；不参与合作的收益为 $U_i = I_i + \eta_i (2g) + I_i (2g)$。如果后者大于前者，即 $3g+1 > \eta_i + I_i$ 时，国家 i 会选择不参与合作。如果只有发起国（1个国家）参与合作，则国家 i 选择参与的收益为 $U_i = (I_i - g) + \eta_i (2g) + (2g)(I_i - g)$；选择不参与合作的收益为 $U_i = I_i + \eta_i g + I_i g$；当后者大于前者，即 $2g+1 > \eta_i + I_i$ 时，国家 i 会选择不参与合作。当缺乏关于对方国家如何决策的有效信息时，任何一个国家不参与基础设施投融资合作的条件需同时满足以上两个不等式。

因此，在存在"一带一路"基础设施合作发起和领导国的前提下，一国选择参与投融资合作的条件是：

$$\eta_i + I_i > 2g + 1 \qquad (3-4)$$

在分析了各国领导和参与基础设施投融资合作条件的基础上，下文针对国家的异质性来分析实际的互动博弈过程。先对各国的经济水平和偏好情况进行定义，为了简化分析，假设三国的国民经济收入和其对基础设施的偏好是依次递减的，即 $I_1 > I_2 > I_3$，$\eta_1 > \eta_2 > \eta_3$，$I_1 + \eta_1 > I_2 + \eta_2 > I_3 + \eta_3$，且上述假设情况均存在于各国的信息集里。由于三个国家的效用函数形式是一样的，所以无论基础设施最后建成规模多少，或者无论基础设施是否建成，国家1获得效用都是最大的。由式3-3，在其他国家参与合作与否不确定的情况下，一个国家经济水平越高、对基础设施的偏好越强或者需求越大，即 $\eta_i + I_i$ 的值越大，则它扮演基础设施投融资合作领导者和发起者的可能性就越大。而相较于国家1，国家2跟随参与合作的可能性较大。每个国家在充分考虑自身需求和经济情况的基础上，会形成不同的策略集即行为预期，进而决定在"一带一路"基础设施投融资合作中如何行动。

当各国确定角色之后，"一带一路"基础设施投融资问题可以用一个博弈过程来表示（见图3-1）。该博弈行动顺序是：国家1首先行动，选择发起或不发起；国家1做出决策后，由国家2选择参与或不参与合作；在观测到国家1和2的决策后，国家3最后决定参与或不参与合作。

利用逆向归纳法求解纳什均衡解。首先关注第三阶段国家3的决策：如果 $(I_3 - g) + \eta_3 (3g) + (I_3 - g)(3g) > I_3 + \eta_3 (2g) + I_3 (2g)$，即 $\eta_3 + I_3 > 3g+1$，

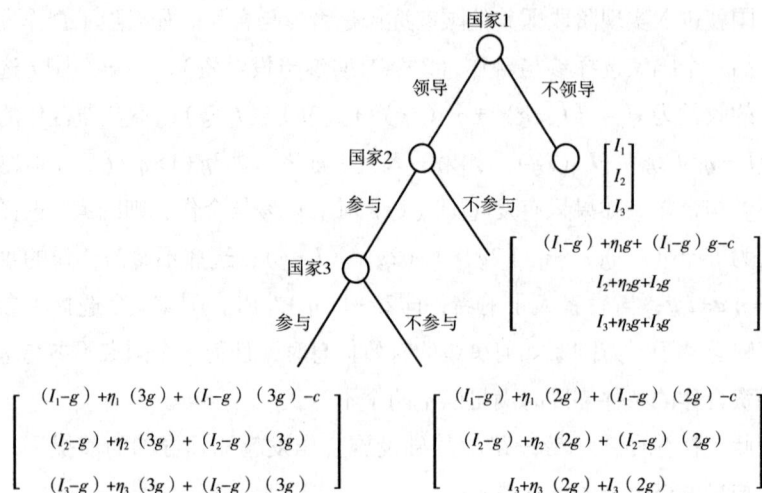

图 3-1　"一带一路"国家异质性下三国基础设施投融资合作博弈

则国家 3 选择参与合作，但如果满足 $\eta_3+I_3>3g+1$ 这个条件，鉴于 $\eta_2+I_2>\eta_3+I_3$，肯定满足国家 2 参与合作的 $\eta_2+I_2>2g+1$ 这个条件，此时两国均会参与合作。再关注第二阶段国家 2 的决策，国家 2 知道如果自己不参与合作，那国家 3 也不会参与合作，因为国家 2 不参与合作的条件是 $\eta_2+I_2<2g+1$，而 $\eta_3+I_3<\eta_2+I_2$，所以 $\eta_3+I_3<2g+1$，国家 3 不参与合作，此时国家 2 的收益为 $I_2+\eta_2g+I_2g$，低于国家 2 参与时的可能收益 $(I_2-g)+\eta_2(3g)+(I_2-g)(3g)$ 和 $(I_2-g)+\eta_2(2g)+(I_2-g)(2g)$。因此，只要满足 $\eta_2+I_2>2g+1$ 的条件，参与合作对于国家 2 是最优选择；但如果 $\eta_2+I_2<2g+1$，则国家 2 选择不参与合作，同时国家 3 也选择不参与合作。最后关注第一阶段国家 1 的选择，国家 1 将面临四种情况。

①如果 $\eta_1+I_1>\dfrac{c}{g}+g+1$，且 $\eta_3+I_3<\eta_2+I_2<2g+1$，国家 1 会预测到即使自己发起基础设施投融资合作倡议，国家 2 和国家 3 都不会参与合作，但国家 1 仍然可以从跨境基础设施的投资中获利，此时国家 1 独立投资，基础设施投资规模为 g。

②如果 $\eta_1+I_1>\dfrac{c}{g}+g+1$，$\eta_2+I_2>2g+1$，且 $\eta_3+I_3<3g+1$，国家 1 预测国家 2 会参与合作而国家 3 选择"搭便车"，当 $(I_1-g)+\eta_1(2g)+(I_1-g)(2g)-c>I_1$ 条件成立，即 $I_1+\eta_1>\dfrac{c}{2g}+g+\dfrac{1}{2}$ 时，国家 1 会发起基础设施投融资合作倡议并承

担领导者责任，此时基础设施总的投资规模为 $2g$。

③如果 $\eta_1+I_1>\dfrac{c}{g}+g+1$ 且 $\eta_2+I_2>\eta_3+I_3>3g+1$，国家 1 预测到国家 2 和国家 3 都会参与合作，此时只要满足 $(I_1-g)+\eta_1(3g)+(I_1-g)(3g)-c>I_1$，即 $I_1+\eta_1>\dfrac{c}{3g}+g+\dfrac{1}{3}$，国家 1 就会发起基础设施投融资合作倡议并承担领导者责任，此种情况下基础设施总的投资规模为 $3g$。

④如果 $\eta_1+I_1<\dfrac{c}{g}+g+1$，且 $\eta_3+I_3<\eta_2+I_2<2g+1$，国家 1 知道当它提出建设跨境基础设施倡议时，国家 2 和国家 3 都会"搭便车"而不参与合作，同时国家 1 的投资建设的收益低于不建设的收益，则国家 1 也会选择不发起基础设施建设倡议，基础设施建设项目会搁浅。

综上，"一带一路"国家经济异质性背景下的基础设施投融资合作博弈存在以下四种纳什均衡解，如表 3-1 所示。

表 3-1　"一带一路"国家异质性下基础设施投融资博弈均衡

序号	国家 1 的均衡条件	国家 2 和国家 3 的均衡条件	纳什均衡策略
1	$\eta_1+I_1>\dfrac{c}{g}+g+1$	$\eta_2+I_2>\eta_3+I_3>3g+1$	（领导,参与,参与）
2	$\eta_1+I_1>\dfrac{c}{g}+g+1$	$\eta_3+I_3<\eta_2+I_2<2g+1$	（领导,不参与,不参与）
3	$\eta_1+I_1>\dfrac{c}{g}+g+1$	$\eta_2+I_2>2g+1$ 且 $\eta_3+I_3<3g+1$	（领导,参与,不参与）
4	$\eta_1+I_1<\dfrac{c}{g}+g+1$	$\eta_3+I_3<\eta_2+I_2<2g+1$	（不领导,不参与,不参与）

上述博弈过程的分析可得出以下结论：一是"一带一路"沿线国家的经济实力对其在基础设施投融资合作中做出的决策有着重要决定作用。国家经济实力的差异以及对基础设施的需求偏好程度会影响一国在投融资合作中扮演领导者、跟随者或是搭便车者的角色：国民收入较高、对跨境基础设施条件改善偏好强的国家，更有可能成为"一带一路"基础设施投融资合作的领导者，因为能够从基础设施投资中获取更多的国家收益，因此愿意承担领导合作的成本，且合作参与国越多，领导国家主动承担合作发起成本的条件就越低。二是各国经济基础与对基础设施的需求程度也会影响基础设施的建设规模，或者说

基础设施建设的总融资量。参与国家越多，基础设施的总融资规模越大，基础设施最后的建成规模越能够满足各国的需求。而其中大国的作用至关重要。我国是"一带一路"倡议的发起国，也在倡议提出的几年间身体力行地增加对"一带一路"沿线国家的基础设施投资，以改善沿线国家基础设施条件，为沿线国家贸易便利化和投资便利化清除互联互通方面的障碍。目前，中国是世界第二大经济体，基础设施建设技术先进，在世界其他国家兴建港口、机场、铁路、高速公路、高速铁路等基础设施的经验丰富，有能力弥补由主要发达经济体经济复苏乏力导致的区域基础设施供应缺口，并担任"一带一路"区域基础设施投融资合作甚至"一带一路"整体合作规则的领导国。习近平总书记也明确表示："欢迎大家搭乘中国发展的列车，搭快车也好，搭便车也好，中国与发展中国家的合作将照顾各方利益。"三是"一带一路"基础设施投融资合作的目的是尽可能多地吸引各国共同参与投融资，而根据上述分析，当满足 $\eta_2+I_2>\eta_3+I_3>3g+1$ 条件时，各国才都愿意跟随参与合作。那么如何设计投融资合作规则以激励更多国家参与、吸引更多资金注入基础设施建设，则是我们需要解决的问题。

四　"一带一路"区域国家基础设施投融资合作存在政策协调时的纳什均衡分析

"一带一路"沿线国家在基础设施投融资方面协调国家利益进而开展合作博弈过程中，占优策略是不存在的，即国家间的策略是依存的，博弈主体的策略是其他博弈主体采取策略的基础上做出的最优策略即可。图 3-2 简单地显示了国家间的动态博弈过程。为简化分析，假设只有两个国家 X 国和 Y 国参与基础设施投融资合作，X_1、X_2、X_3 代表 X 国的无差异曲线，Y_1、Y_2、Y_3 代表 Y 国的无差异曲线，离原点越远表示经济收益越大。X 国和 Y 国的无差异曲线的切点形成的轨迹即 B_1B_2 线，依据帕累托最优状态的定义，B_1B_2 连线即"帕累托最优曲线"，在这条曲线上的均衡点均达到了区域合作的帕累托最优状态。任何一个国家改变策略，都会导致福利受损：当 X 国将投资政策改为保守型 X_α（减少投资或者施加对外投资限制政策）时，Y 国根据 X 国的政策变化会按照新产生的一条"反应曲线"来采取对策，即 X_α 与无差异曲线 Y_2 的交点 S_1 与 B_Y 的连线 S_1B_Y，因为 Y 国出于本国利益最大化的原则一定会经过自己的无差异曲线。同理，当 Y 国将投资政策变为 Y_β 时，X 国对应的"反应曲线"是 B_X Q_1。两条反应曲线相交于 E_1 点，即 E_1 点就是双方改变政策之后利益协调后的纳什均衡点。当 X 国将投资政策改为扩张型 X_γ（增加投资或设立对外投资鼓励政策）时，由于基础设施总的经济收益是一定的，所以 Y 国的投资政策会相应收缩到 Y_χ 产生新的反应曲线，两国的对应曲线 S_2B_Y 和 B_XQ_2 相交于 E_2 点，即投资改变之后利益协调后的纳什均衡点。连接 E_1 和 E_2 点的曲线则是投资调整后两国利益协调的"纳什均衡曲线"。纳什均衡曲线 E_1E_2 与帕累托最优曲线相交于 E_3 点，故 E_3 点既是帕累托最优点，也是区域国家利益协调的纳什均衡点，此时区域利益协调的纳什均衡可以达到帕累托最优。

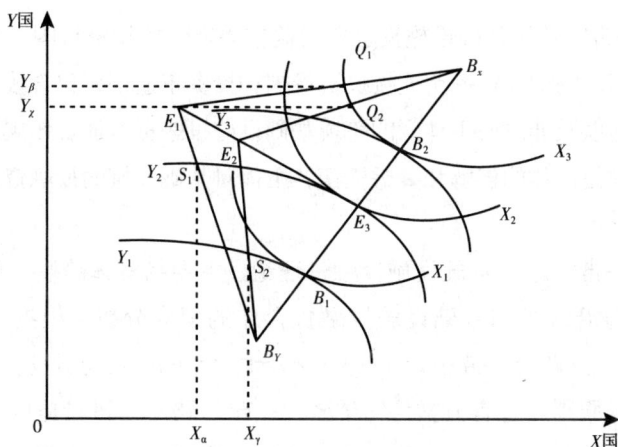

图 3-2　"一带一路"区域国家利益协调博弈纳什均衡

如图 3-2 所示，E_3 点不仅同时是帕累托最优点和区域利益协调的纳什均衡点，还是 X 国和 Y 国的两条"反应曲线" E_3B_X 与 E_3B_Y 的交点，只是这两条曲线在 E_3 点的斜率是相同的。也就是说，在 E_3 点两国的共同利益和政策目标是一致的，两国基于共同利益和自己的部分收益，采取了协调一致的策略行为。在区域利益协调的纳什均衡点上，每个博弈主体的策略均是对自己和对手的最佳利益选择。要冲破各国利益固化与竞争的藩篱，找到"一带一路"区域基础设施投融资合作的纳什均衡点，就需要制定一个多方共赢的合作规则，协调各国利益与政策。因此，制定"一带一路"基础设施投融资合作规则的首要目标就是让各国对基础设施的投融资互动运行在区域纳什均衡线上。

第四章 "一带一路"基础设施投融资合作规则框架

"一带一路"跨境基础设施投融资利益相关者包括投资母国、东道国乃至整个区域，因此需要建立一个连接投资母国和投资东道国，包含政府间、政府与非政府主体以及非政府主体间的跨境基础设施投融资沟通合作规则，从制度层面消除各利益主体的误解和疑虑，使各主体对基础设施的投融资互动运行在纳什均衡线上。

基于"一带一路"基础设施投融资理论、主要经济体跨境基础设施投融资合作实践与沿线各国基础设施投融资合作的博弈分析，根据已经发布的《推动共建丝绸之路经济带和21世纪海上丝绸之路的愿景与行动》《"一带一路"融资指导原则》等官方文件，结合"一带一路"基础设施的项目特点和投融资特点，本书提出构建"资金可获得、融资可持续、收益可主导、风险可控制"的"一带一路"基础设施投融资合作规则的基本构想。其体系框架包括构建原则、构建目标、子规则的构成以及每个规则的作用。

一 "一带一路"基础设施投融资合作规则

（一）"一带一路"基础设施投融资合作规则构建原则

1. 平等参与、共享收益、共担风险

本着"共商、共建、共享"原则，在照顾各国利益的基础上，挖掘共同利益，加强各国政府间的政策沟通，巩固合作意向，并针对基础设施投融资可能面临的风险，与各投资主体共担风险，保障各国收益，释放欢迎和鼓励来自

各国的各类投融资主体参与"一带一路"基础设施投融资的积极信号。

2. 坚持市场化运作为主体，政府与市场有效结合

综合运用多元化基础设施投融资模式，充分调动沿线各国国家政府、金融机构、企业、社会资本和国际各类经济组织共同参与基础设施投融资，发挥包括金融机构在内的企业的投融资主体作用，积极拓宽基础设施建设资金的来源渠道，保证区域基础设施资金来源长期、稳定、可持续。

3. 本国为主，外资为辅

完善域内基础设施需要"一带一路"沿线各国的共同合作，但应以基础设施所在的东道国为主。应充分调动东道国自身的国内储蓄、社会资本，充分利用当地的资本市场，这些金融资源是各国发展其国内基础设施的基础性资金来源。以东道国为主、将投资母国与东道国利益互嵌才能形成更加紧密的基础设施投融资合作关系。

4. 秩序推进，区别对待，统一性与差异性相结合

由于"一带一路"沿线国家经济发展水平、金融市场成熟程度和对基础设施的需求程度存在较大差异，在坚持各国平等的前提下，在客观论证的基础上，要针对每个国家的特点，制定有区别的梯度政策，保证各国在基础设施建设过程中承担"共同但有区别"的责任，允许各国根据自身国情选择加入基础设施投融资合作的时机，这也有利于"一带一路"区域基础设施投融资合作的达成。

（二）"一带一路"基础设施投融资合作规则构建目标

根据投资与融资的一般理论，本书构建的"一带一路"基础设施投融资合作规则的目标分为根本目标和直接目标。根本目标就是以打造利益共同体为指导，畅通资金支持"一带一路"沿线基础设施建设的渠道，进而改善区域内部基础设施状况，促进区域内国家设施联通、贸易畅通和资金融通，最终"一带一路"沿线各国产业升级、经济增长和福利改善。直接目标是通过规则设计，克服区域内部经济金融发展不平衡的环境及潜在风险，加强投融资国际合作与对接。具体分为四个分目标：投融资主体多元化、投资成本分担合理化、投资收益最大化和投融资风险最小化。

（三）"一带一路"基础设施投融资合作子规则

依据前文博弈分析，"一带一路"沿线各国通过参与跨境基础设施投融资合作达到纳什均衡是存在理论基础的,而实现由非合作博弈到合作博弈的"跨越",需要合理的制度安排重塑博弈各方的"成本—收益"结构。综合庞珣(2012)、杨海燕(2015)、李娟娟(2015)等学者的研究成果,从非合作博弈走向合作博弈的路径主要有以下三方面:增加供给收益,降低供给成本,妥善处理利益相关性。因此,按照"一带一路"基础设施投融资合作规则的构建目标,建立以下四个子规则:成本分摊规则、私人资本引入规则、收益保障规则和风险防控规则,以重塑各方博弈基础。图4-1 显示了合作规则的基本框架。

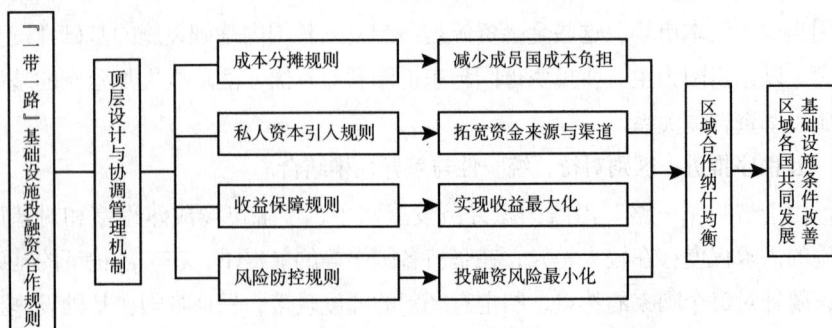

图4-1　"一带一路"基础设施投融资合作规则框架

1. 成本分摊规则

由于"一带一路"跨境基础设施具有国际公共产品属性,如果没有适当的激励机制,易产生"搭便车"现象而使各国合作陷入"囚徒困境"。奖励和惩罚规则易产生"二次囚徒困境"且易造成区域各国总体社会福利损失,可代之以成本分摊规则,通过确定区域内对基础设施有需求的国家必须承担的成本份额,统一国家利益与区域整体利益,消除各国"搭便车"动机,并确保相关国家在衡量基础设施投资的收益和成本之后选择参与投融资合作。

2. 私人资本引入规则

单纯依靠政府财政难以负担巨大的区域基础设施资金需求,随着社会资本进入基础设施投融资领域,各国政府的责任逐渐转变为搭建多边或双边保障机制为企业投融资提供良好环境和有力支持。社会投资者参与跨境基础设施投融资需要付出更多成本,包括与当地政府沟通协商、项目评估以及项目谈判等沉没成本,阻碍了境外投资者参与"一带一路"建设的积极性。需要建立私人资本引入规则，有效利用开发性金融机构和资本市场等平台引导跨境私人资本与项目对接，从而拓宽"一带一路"基础设施建设资金来源，提高社会投资者参与"一带一路"建设的积极性。

3.收益保障规则

目前跨境投资基础设施项目存在盈利效益不如预期、对合作国或东道国利益照顾不周的问题。"一带一路"基础设施的跨境投资不仅可带来商业收益，还会为投资母国和东道国带来宏观经济收益和社会收益，要建立以商业利益、国家利益、合作国利益以及区域总体利益四者的综合收益最大化为目标的收益保障规则，形成相对完善的收益评价体系，帮助选择优质基础设施项目，以保障投融资参与主体的收益，巩固投融资合作。

4.风险防控规则

"一带一路"区域横跨世界多宗教、多文明交界处，政治社会问题复杂，传统安全和非传统安全威胁突出，叠加基础设施投资规模大、建设周期长、行业分布敏感的特性，投资风险发生的概率大大提升。一些突发事件如政府换届政策变更、汇率大幅波动、民众抗议、领土争端等，都会造成项目的停滞甚至终止，使企业、金融机构和国家利益遭受严重损失。需要建立各国参与的风险防控规则，加强投资风险识别、项目风险评价、征信信息共享、重大风险防范与化解等方面的合作。

二 "一带一路"基础设施投融资合作顶层规划 与管理机构

（一）"一带一路"基础设施投融资合作的制度基础

为有效协调"一带一路"各国政策与行动、使各国间的博弈保持在区域纳什均衡线上，需要从顶层设计方面入手，设立区域基础设施投融资协调管理机构。制度集体行动理论是近几年备受学术界关注的新兴理论，其致力于解决无政府状态下的区域合作困境问题和整合目前跨区域国际合作的碎片化合作规则。制度集体行动理论从分析目前存在的各种国际合作规则入手，在考量合作成本和合作风险的基础上，寻求适合特定经济发展水平、区域特点的，有利于实现收益最大化和风险最小化的有效合作管理机制。

基础设施投融资合作涉及的合作方越多、集体行动决策和合作规则越复杂，相应的合作风险就越高。总体来看，"一带一路"基础设施投融资合作风险包括以下三种：协调不充分、分配不公平和成员国背弃合作。协调不充分主要指对各国基础设施发展战略、投资计划信息等没有进行及时有效的对接，导致在合作中出现基础设施重复建设或者基础设施供应不足，进而导致经济效益不高、社会福利受损。分配不公平可以分为成本分摊和收益分配不公平，基础设施准公共物品属性时期具有一定的正外部性和经济溢出效应，当成本分摊和收益分配不均导致一国负担的成本、风险与收益不符时，不仅容易使成员国产生"搭便车"的想法从而使合作难以为继，还会导致国际争端。背弃合作风险是指在国际社会无政府状态下，由于惩罚机制和合作协议约束力不具备较强的强制力，各国违背合作所付出的成本是较低的。鉴于各国国家利益存在一定的竞争性，当一方的行为导致另一方国家利益受损时，另一方可能随时退出合作。尤其是各主权国家面临信息非对称、收益不确定、其他国家行为体有可能采取机会主义行动时，背弃合作的风险很高。针对以上合作风险，需要一个作为第三方监督的更具权威性的合作规则来保证合作的稳定性和各国承诺的可靠性。

根据合作深入程度，目前国际合作实践主要有以下几种合作形式。

1. 非正式合作规则

非正式合作规则主要采取国家间面对面的协商谈判方式来确定合作关系并制定合作协议。这种合作规则能够最大限度地保留主权国家的主权，通过国家间的信任关系和国家名誉来维系合作关系、减少背信弃义行为的发生，合作制度化程度较低，对成员国的约束能力较小，一般较少设立合作常设机构来协调各国合作关系。

2. 合作协议机制

两个或两个以上的主权国家政府通过协商谈判达成合作共识并签订双边或多边合作协议，合作协议会具体规定该国际合作规则着力解决的问题、合作范围与合作的具体规则及实施步骤。这种合作规则制度化、规范化更强，对签订合作协议的各成员国的约束力有所提升，且按照合作协议关于合作规划的执行程度较高。

3. 工作小组或者工作委员会机制

工作小组成员或委员会的委员由各成员国家代表组成，主席由选举或任命产生。成立的工作小组或委员会是日常管理机构,通过召开非正式会晤来协商解决合作发展中的重大问题、共享合作信息、协调合作活动。其所做出的非正式决策能通过合作成员的集体认可和强化,因此具有较强的约束力。

4. 伙伴关系机制

伙伴关系合作规则主要存在于双边国家针对某一领域或者全面的合作关系,通过国家领导人会晤、政府部门高级官员定期磋商,或者非政府组织间密切联系而自愿结成伙伴关系。伙伴关系的参与方范围较广,既可以是主权国家,也可以是国际组织如欧盟等。

5. 区域一体化合作规则

区域一体化可以说是国际或区域合作最紧密的一种形式,以欧盟为代表,区域内部各成员国以让渡一部分主权为前提,组成区域一体化合作组织,颁布超国家行为体的国际组织宪法,成立正式的立法、行政执行和司法机构,包括欧盟理事会、欧盟委员会、欧洲议会、欧洲法院以及欧洲中央银行、欧洲警察局等,具有相应的区域政治经济职责权力。各成员国实现贸易一体化、投资一体化、货币一体化和人员流通便利化,各国合作组成了政治经济共同体。欧盟是目前世界上最具代表性的区域一体化合作组织,各国的经济政策、基础设施建设、货币政策、对外贸易等方面在欧盟统一框架下运行。

(二)"一带一路"基础设施投融资合作组织机制

结合制度集体行动理论,在充分考虑目前"一带一路"区域内部存在的现有合作规则的基础上,"一带一路"基础设施投融资合作体制的构建宜采取"两步走"的方式:短期建立高峰合作论坛机制,中长期建立工作小组或工作委员会机制。

短期来看,以"一带一路"国际合作高峰论坛为基础,启动论坛活动的机制化安排。论坛进一步设立决策机构、协调机构、执行机构、秘书机构及专职部门等。秘书处在论坛闭幕期间可打造对"一带一路"投融资合作有指导性和影响力的《"一带一路"国家基础设施发展指数报告》《"一带一路"沿线国家投资环境评价报告》等,并借鉴OECD经验,建立"一带一路"沿线国别发展数据库。专职部门中特别设立"一带一路"基础设施投融资工作小组,负责基础设施项目信息发布、投融资主体联络、投融资合作协商、研制"一带一路"基础设施PPP项目谈判模板,以及项目推进等工作。为激发区域各国合作积极性，"一带一路"国际合作高峰论坛和基础设施投融资工作小组由初期中国主导逐渐转向各合作成员国轮值主导。在议题方面，将"基础设施投融资合作"作为固定平行会议主题；在论坛设立方面，逐步增设工商峰会、金融机构峰会、对外承包工程峰会等民间非官方论坛，增强合作的开发性与包容性，激发社会资本参与热情。

中长期来看，在国际合作高峰论坛机制发展成熟之后，需要将"一带一路"基础设施投融资合作规则向纵深推进，提升行动一致化和异质兼容性水平，打造实体性国际合作组织，设立区域合作协调委员会。工作委员会合作规则有以下优点：既不需要各国让渡部分国家主权，又具有比较权威、有一定约束力的机构来保证合作的顺利进行；同时，相对开放的合作架构符合"一带一路"倡议自愿性、平等性和包容性的特点。

建议沿线国家在平等自愿协商的基础上组建"一带一路"区域基础设施建设委员会，总体指导和统筹"一带一路"重大基础设施工程建设和投融资工作，下设战略规划司、协调联络司、项目评估司、资本合作司和争端协调司等部门。区域基础设施建设委员会委员由区域内各成员国家代表组成，主席由选举产生。"一带一路"区域设立定期协商会议机制，是"一带一路"区域基础设施建设委员会的最高决策机制，由各成员国国家代表参会，主要协商解决区域内部基础设施合作发展中的重大问题，比如确定区域基础设施建设的重大方针与原则，商讨确定区域基础设施发展方向、对接各国基础设施发展战略以及协商和达成相关合作的政府间协议。"一带一路"区域基础设施建设委员会是日常管理协调区域内基础设施建设与投融资的最高机构，职责主要包括以下几方面。

第一，负责协调"一带一路"基础设施投融资的国际合作。积极搭建沿线国家基础设施发展战略、投资计划等信息对接与交流平台，协调各国支持政策与融资安排，统筹协商区域内不同国家在经济发展水平、金融市场发达情况、对基础设施的需求程度等多方面差异，充分考虑区域内各合作主体的利益诉求。交流各国基础设施先进技术与经验，制定统一的区域基础设施发展战略或规划，引导和促进区域内基础设施和资金的优化整合。促成沿线各国达成"'一带一路'基础设施建设与投融资合作倡议"并制定"2020~2030'一带一路'基础设施行动计划"，确定各国成本分摊、利益共享、风险共担的合作规则。

第二，建立区域重点基础设施项目储备库。确定重大项目识别和优先选择的原则，建立区域基础设施重点项目库，并按重要性、紧迫性、条件成熟度提出项目选择建议。在前期负责评定基础设施项目建设的预期收益，初步确定融资方案；在建设过程中监督项目是否按照合作条款以及制度安排进行，实时监控基础设施投融资和建设的进展情况并加强风险管理，定期将评估结果向参与投融资的各国政府与社会投资者通报。

第三，协助对接金融机构推动资金融通。争取国际开发性金融机构的资金支持，积极促进"一带一路"区域内亚洲基础设施投资银行、金砖国家新开发银行等多边开发银行与国际经济组织如世界银行、国际货币基金组织、欧洲复兴开发银行、联合国开发计划署等机构的投融资合作，争取更多国际资本投资域内跨境基础设施建设。

第四，引导"一带一路"沿线各国优化基础设施投融资环境。鼓励提升各国资本市场的开放度，督促各国按照合作要求主动减少基础设施投融资壁垒，为基础设施投融资合作创造公平、法治的市场环境。促进区域建立公正、公平、透明、合法的投融资债务争端解决机制和仲裁协议，切实保护债权人和投资人合法权益。中国应成为合作规则的领导推进者、成功经验的积极分享者和基础设施建设的主要参与者。

（三）设立"一带一路"基础设施建设投资公司

根据我国国内基础设施投融资经验，可以将国内"政府投融资平台——城市建设投资开发公司"的实践经验推广到国际领域，由"一带一路"区域基础设施建设委员会发起，组织各成员国出资设立跨国性基础设施建设投资公司——"一带一路"基础设施建设投资公司。公司资本金主要由各成员国政府财政拨款，允许东道国政府以本国土地或矿产资源等优势资源入股。在保证政府控股的基础上可适当吸收民间资本参股，按照现代企业制度规范法人管理体制、法人资源整合方案和资本运营方案。"一带一路"区域基础设施建设委员会通过协商授权"一带一路"基础设施建设投资公司为区域内基础设施项目进行投资，并坚持项目招标、资本运营的市场化运作，按照"政府引导、私人参与、市场化运作"的模式，形成"融资—投入—收益—再融资—再投入—再融资"的良性循环发展机制。"一带一路"基础设施建设投资公司的设立有助于整合各成员国资源，搭建国际投资平台，形成利益共同体，有效降低投资风险并强化融资能力。

第五章 "一带一路"基础设施投融资成本分摊规则研究

一 引入成本分摊规则的国家博弈模型

（一）无激励机制情况下各国合作的"囚徒困境"

根据第三章构建的"一带一路"基础设施投融资国家博弈模型，存在两个纳什均衡解，一个是各国均不出资建设区域内基础设施，各国的最终受益均为 0；另一个是各国均加入基础设施"俱乐部"承担必需的成本份额，继而各国获得收益。由于"一带一路"沿线国家基础设施普遍落后，对基础设施建设的需求较大，怎样避免出现第一种不合作不供给而是各国参与"一带一路"基础设施投融资合作呢？理性选择集体行动理论主张采取"选择性激励"（collective incentives）来鼓励各参与主体增强基础设施合作供给的积极性，防止成员国产生"搭便车"行为倾向。"选择性激励"措施可以分为正面经济激励和反面经济惩罚，即奖励机制和惩罚机制。但是，在实践上，奖励和惩罚机制在刺激基础设施供给方面存在很多障碍。首先，建立奖励和惩罚机制、筹集奖励基金实际上需要各国"二次集体行动"，也就意味着容易陷入"二次集体行动困境"，对于本身就缺乏全球或区域性"中央政府"强制力的国际社会来说，激励性制度对"搭便车"国家约束性低，合作更难达成。其次，激励性机制实施过程中发生的直接或间接的资金转移会导致社会福利损失。最后，激励性机制的建立和执行会产生信息收集、制度制定、实施保障等交易成本，并且合作成员越多成本越高。鉴于此，以 Sandier（1997，2004，2010）为代表的一些学者提出了更实际、有效的替代性激励机制，即成本分摊规则。下文将建立一个简化的成本分摊规则下各国博弈模型来说明成本分摊规则对于增强各国参与"一带一路"基础设施投融资合作积极性的原理。

首先分析没有成本分摊规则的情况。假设有 n 个经济水平相当、资源禀赋相同和对基础设施偏好相同的国家决定是否参与基础设施投资。这里假定区域基础设施对区域每个国家具有正外部性影响，无论该国是否参与投资建设。每个国家都面临两个策略：选择参与投资 1 单位基础设施和不参与投资。假设单位基础设施建设成本为 c，每单位供给能够为所有区域国家都带来收益 r。由于基础设施具有前期投资成本高、收益回收慢、经济效益低的特性，这里假设 $r<c$。Δr 表示净收益，则 $\Delta r=r-c<0$。在没有任何激励政策前，代表性国家 j 的收益矩阵如表 5-1。

表 5-1 无激励机制情况下"一带一路"国家投资基础设施的收益矩阵

分类	除 j 国以外参与基础设施投资建设的国家个数					
	0	1	⋯	i	⋯	$n-1$
j 国不参与投资	0	r		$i \times r$		$(n-1) \times r$
j 国参与投资	$r-c$	$2r-c$		$(i+1) \times r-c$		$n \times r-c$

单元格中的代数式表示国家 j 的净收益，第一行是国家 j 不参与基础设施投资时参与投资国个数不同情况下的净收益，如果国家 j 不投资基础设施而有其他国家投资，则国家 j 可以从每个国家投资的 1 单位基础设施中获取收益 r，当有 1 个国家参与投资时则收益为 r，2 个国家参与时收益为 $2r$，以此类推，$n-1$ 个国家参与投资则收益为 $(n-1) \times r$。表格第二行是国家 j 参与基础设施投资时参与投资国个数不同情况下的净收益，由于国家 j 付出成本 c 参与基础设施建设，则其从新建的 1 单位基础设施中获得净收益为 Δr。从代表性国家 j 的收益矩阵能够看出，对所有国家来说，博弈的占优策略都是不参与基础设施投融资。如果所有国家都不参与基础设施投融资，基础设施规模将为 0，各国最终净收益也均为 0，这是博弈的纳什均衡情况。然而，帕累托最优解应该是所有的 n 个国家都参与基础设施投融资，各国的总收益为 $n \times (n \times r-c)$。于是，"一带一路"各国基础设施投融资合作陷入囚徒困境，整个区域损失了 $n \times (n \times r-c)$ 的收益。

（二）成本分摊规则下各国的博弈分析

其次分析引入成本分摊规则后各国的博弈情况。成本分摊规则是指，基于"一带一路"跨境基础设施的国际公共产品属性，为了对其施加排他性变成俱乐部产品，需要对有基础设施使用需求的国家征收一定使用成本从而排除俱乐部以外国家从该基础设施中获利。无论一个国家是否参与基础设施建设时期的投资合作，只要它对该项基础设施有需求，就需要支付一定的使用成本。在上文的博弈模型和假设的基础上，为简化分析，假设各国平均分摊基础设施成本，即必须支付的成本为 $\frac{c}{n}$，并假设 $r>\frac{c}{n}$。那么各国的收益矩阵会发生变化，如表5-2所示。

表5-2　成本分摊规则下"一带一路"国家投资基础设施的收益矩阵

分类	除 j 国以外参与基础设施投资建设的国家个数					
	0	1	…	i	…	$n-1$
j 国不参与投资	0	$r-\frac{c}{n}$		$i\times(r-\frac{c}{n})$		$(n-1)(r-\frac{c}{n})$
j 国参与投资	$r-\frac{c}{n}$	$2(r-\frac{c}{n})$		$(i+1)(r-\frac{c}{n})$		$n\times(r-\frac{c}{n})$

第一行是国家 j 不参与基础设施投资时的净收益，如果国家 j 不投资基础设施而有其他国家投资，则国家 j 可以从每个国家投资的1单位基础设施中获取收益 r，当有1个国家参与投资时则收益为 $r-\frac{c}{n}$，2个国家参与时收益为 $2(r-\frac{c}{n})$，以此类推，$n-1$ 个国家参与投资则收益为 $(n-1)(r-\frac{c}{n})$。第二行是国家 j 参与基础设施投资时的净收益，因为对于每一增加的基础设施供给量只需支付 $\frac{c}{n}$ 的成本，在他国参与投资个数一定的情况下，j 国参与投资的收益比不参与投资合作的收益增加了 $r-\frac{c}{n}$。那么，在成本分摊规则的约束下，该博弈中每个国家的占优策略都是参与基础设施投资，此时的纳什均衡解为 n 国都参与基础设施投资，每个国家的收益为 $n\times(r-\frac{c}{n})$，各国的总收益为 $n\times$

$\left[n \times \left(r - \dfrac{c}{n}\right)\right]$，同时达到了社会帕累托最优。随着基础设施投融资合作国个数的增加，每个国家承担的成本不断下降，从而更加凸显了激励机制的作用，有利于实现基础设施投融资区域合作。

成本分摊规则的优点在于：一是从客观上促使单个国家从国际社会的整体利益或者区域整体利益出发，基于"收益—成本"的分析做出参与基础设施投融资合作的决策，进而消除了国家"搭便车"的动机，统一了成员利益与集体利益。二是成本分摊规则的构建成本较低，不需要额外筹集资金，也不会因为额外的奖金或罚金的转移而造成国际社会福利损失。目前，成本分摊规则在一些国际公共产品供给中有所应用，比如联合国维和行动的融资就以分摊配额的成本分摊规则为主。[①] 当然，在"一带一路"基础设施投融资合作实践中，由于区域国家异质性特征明显，在采取成本分摊制度时，根据各国的经济水平、对基础设施的需求程度和预期收益偏好不同，其分摊份额应该是不同的，从基础设施中获益较高的国家理应承担更高份额的成本。这样才能确保所有国家的收益大于成本，从而选择参与投融资合作。

（三）"一带一路"国家异质性背景下成本分摊博弈分析

上文的博弈模型是基于各国同质性机制的简单分析，实际上"一带一路"沿线各国存在较大的差异性，无论是在经济发展水平还是对基础设施的预期收益方面。因此，参照第四章的国家间博弈模型，基于国家异质性条件分析成本分摊规则的博弈过程。

1. 相关定义

博弈参与者集合：$N = \{i = 1, 2, \cdots, n\} \subset R^n$，有 n 个国家参与"一带一路"基础设施投融资合作。

策略集：$S = \{C_i \geqslant 0, i = 1, 2, \cdots, n\} \subset R^n$，$C_i$ 表示第 i 个国家承担的跨国基础设施建设成本，也表示该国在该项基础设施中的出资额度。

博弈信息集：每一个合作参与国均掌握其他合作国家的收益函数的完全信息，所有国家同时做出投融资决策，各国彼此不知道对方做出的策略选择。

收益函数：由于对基础设施施加了排他性，各国只有在支付一定建设成本

---

① 参见联合国大会 3101 号决议。

C_0 之后才可以消费该基础设施，因此代表性国家 i 的收益函数为：

$$U_i = f_i\left(\sum_{i=1}^{n} C_i\right) - g_i(C_i), g_i(C_i) \geq C_0 \qquad (5-1)$$

$$U_i = f_i(0) - g_i(C_i) = -g_i(C_i), g_i(C_i) < C_0 \qquad (5-2)$$

其中 f_i（·）代表收益函数，g_i（·）代表成本函数，两个函数均为 C_i 的增函数且 f_i（0）= 0，g_i（0）= 0。

2. 博弈假设

基础设施是俱乐部产品，国家 i 进入俱乐部必须支付的成本 C_0，这是外生给定的，不由参与国选择决定。

各国具有异质性，即每个国家的收益函数和成本函数不同，不同国家对基础设施的收益敏感性和成本敏感性不同。

国家之间关于该项基础设施的收益是互相独立的，即一国从该项基础设施中获得的收益仅取决于其从基础设施中获取的利润及付出的成本，不存在收益的外部性。

由于国家间存在异质性，并不是所有国家收益函数均满足 $\frac{\partial U_i}{\partial C_i} < 0$，$\forall C_i > 0$。

3. 博弈均衡分析

由于国家异质性的存在，国家对基础设施的消费收益函数的单调性出现不同情况，将所有参与博弈的国家分为两个子集：A 子集内的国家满足 $\frac{\partial U_i}{\partial C_i} \geq 0$，$\forall C_i > 0$，$B$ 子集内的国家 $\frac{\partial U_j}{\partial C_j} < 0$，$\forall C_j > 0$，$A$、$B$ 两个子集互补。均衡策略集合为：$S^* = \{C_i^* = C_0 > 0, i \in A\} \cup \{C_j^* = 0, j \in B\}$，其中向量 $C_i^* = C_0$，$i \in A$ 是方程组 $\frac{\partial U_i}{\partial C_i} = \frac{\partial f\left(\sum_{i=1}^{n} C_i\right)}{\partial C_i} - \frac{\partial g_i(C_i)}{\partial C_i} = 0$ 的解。均衡收益集合为：$U^* = \{U_i^* = f_i\left(\sum_{i=1}^{n} C_i\right) - g_i(C_i), i \in A\} \cup \{U_j^* = 0, j \in B\}$。如果给定 f_i（·）和 g_i（·）的表达式，则可以解出该方程组的解，解的个数即为存在的纳什均衡的个数。

以上博弈过程得出，当"一带一路"国家存在经济基础和收益偏好差异时，一部分国家可能通过单独投资基础设施建设或者达成基础设施投融资合作，而其他国家可能选择"搭便车"。如果在"一带一路"区域内只存在一个对基础设施边际收益高而成本敏感性低的国家，就是国际关系领域所说的"良性霸权"。对于经济实力强或对基础设施需求高的国家来说，基础设施的预期收益或者实际收益会在较早阶段超过投融资成本，从而这些国家将会率先发起或参与区域基础设施投融资合作。如果中国满足这些条件，就可以在"一带一路"基础设施投资中"先行一步"，成为"一带一路"基础设施建设的倡议者或者合作的领导者，在基础设施建设初期的高成本、低收益阶段贡献更多，主动开展区域内的基础设施投资和建设，同时容忍其他经济基础薄弱的国家"搭便车"。这也从理论上支撑了习近平总书记的主张："欢迎大家搭乘中国发展的列车，搭快车也好，搭便车也好，中国与发展中国家的合作将照顾各方利益。"同时，如果我们拉长博弈过程，以上博弈会变成一个动态博弈过程，各国的决策变化取决于各自基础设施的收益函数和成本函数的变化情况，即异质的国家先后跨越边际收益小于边际成本阶段而先后参与到合作与贡献中来。在其他国家对基础设施"搭便车"过程中，基础设施的收益和边际成本之间的关系发生变化，且在基础设施建设跨越高投入、低收益阶段之后，这些国家可在能够承担的成本范围内逐渐加入基础设施投融资合作中来。

二　确定"一带一路"沿线各国基础设施成本分摊份额

（一）基础设施成本分担模型

假设有 n 个国家参与"一带一路"基础设施建设合作，共同分担成本，即参与基础设施投融资合作。R 代表某项基础设施投资总收益；E_i 代表第 i 个国家对该项基础设施的投资额，即承担的成本；α_i 代表基础设施对第 i 个国家经济增长的外部性弹性系数；B 代表该项基础设施的总成本预算，为一个常数。

"一带一路"基础设施合作以构建利益共同体为导向，即基础设施投资收益要兼顾各国经济收益，也就是各国从基础设施投资中获得的最大化经济收益的总和为基础设施投资总收益的最大化。因此，设某项基础设施总投资收益函数为：

$$R = E_1{}^{\alpha_1}E_2{}^{\alpha_2}\cdots E_i{}^{\alpha_i}\cdots E_{n-1}{}^{\alpha_{n-1}}E_n{}^{\alpha_n}$$
$$s.t.$$
$$E_1 + E_2 + \cdots + E_i + \cdots + E_{n-1} + E_n = B$$

(5 - 3)

构建拉格朗日函数：

$$R = E_1{}^{\alpha_1}E_2{}^{\alpha_2}\cdots E_i{}^{\alpha_i}\cdots E_{n-1}{}^{\alpha_{n-1}}E_n{}^{\alpha_n} + \lambda(B - E_1 - E_2 - \cdots - E_i - \cdots - E_{n-1} - E_n)$$

(5 - 4)

各国收益最大化的一阶条件为：

$$\frac{\partial R}{\partial E_1} = \alpha_1 E_1{}^{\alpha_1-1}E_2{}^{\alpha_2}\cdots E_i{}^{\alpha_i}\cdots E_{n-1}{}^{\alpha_{n-1}}E_n{}^{\alpha_n} - \lambda = 0$$

$$\frac{\partial R}{\partial E_2} = \alpha_2 E_1{}^{\alpha_1}E_2{}^{\alpha_2-1}\cdots E_i{}^{\alpha_i}\cdots E_{n-1}{}^{\alpha_{n-1}}E_n{}^{\alpha_n} - \lambda = 0$$

$$\cdots\cdots$$

$$\frac{\partial R}{\partial E_i} = \alpha_i E_1{}^{\alpha_1}E_2{}^{\alpha_2}\cdots E_i{}^{\alpha_i-1}\cdots E_{n-1}{}^{\alpha_{n-1}}E_n{}^{\alpha_n} - \lambda = 0$$

$$\cdots\cdots$$

$$\frac{\partial R}{\partial E_n} = \alpha_n E_1{}^{\alpha_1}E_2{}^{\alpha_2}\cdots E_i{}^{\alpha_i}\cdots E_{n-1}{}^{\alpha_{n-1}}E_n{}^{\alpha_n-1} - \lambda = 0$$

解得收益最大化时各国基础设施建设成本即出资额为：

$$E_1 = \frac{\alpha_1}{\alpha_1 + \alpha_2 + \cdots + \alpha_i + \cdots + \alpha_n}B$$

$$E_2 = \frac{\alpha_2}{\alpha_1 + \alpha_2 + \cdots + \alpha_i + \cdots + \alpha_n}B$$

$$\cdots\cdots$$

$$E_i = \frac{\alpha_i}{\alpha_1 + \alpha_2 + \cdots + \alpha_i + \cdots + \alpha_n}B$$

(5 - 5)

$$\cdots\cdots$$

$$E_n = \frac{\alpha_n}{\alpha_1 + \alpha_2 + \cdots + \alpha_i + \cdots + \alpha_n}B$$

由以上模型可知，各国基础设施成本分摊份额主要取决于各国基础设施对经济增长的外部性弹性系数。下文利用地理加权回归（GWR）模型求解各国的基础设施外部性弹性系数。

（二）"一带一路" 各国基础设施外部性弹性系数实证测算

阿罗和库兹（Arrow and Kurz，1970）把公共资本纳入宏观经济生产函数，为研究基础设施投资对经济增长的作用提供了理论基础。大卫·艾伦·阿绍尔（David Alan Aschauer，1989）最早通过实证研究考察基础设施投资与经济增长之间的关系，指出政府公共部门支出对经济增长的边际回报率大于私人投资。之后，他基于美国截面数据，将基础设施投资引入希克斯中性生产函数，实证测算出基础设施投资（高速公路、铁路、机场、供水供电系统等）产出弹性系数在 0.055~0.11。Cazzavillan（1996）基于欧洲 12 个国家的面板数据，测算出基础设施产出弹性系数均值为 0.25，肯定了基础设施投资对经济增长的贡献。埃特热·希奥杰（Etsuro Shioji，2001）则在开放经济增长模型基础上实证测算出基础设施的产出弹性系数在 0.1~0.5。

近年来，我国学者也开始研究基础设施投资对经济增长的作用，多数将基础设施投资纳入生产函数进行回归分析。娄洪（2003）研究了基础设施投资流量对我国经济增长的作用机理，基于我国 1978~1998 年的时间序列数据，实证测算出基础设施投资对经济增长的弹性系数为 0.2347。姜轶嵩、朱喜（2004）和杨艳、罗霄（2009）等学者，将基础设施投资纳入柯布—道格拉斯生产函数，测算出我国基础设施投资的产出弹性系数在 0.1 左右。

以上研究大多是在新古典经济增长理论模型下进行的，忽略了新经济地理等变量的影响。近年来，以克鲁格曼为代表的一大批经济学家将空间地理维度引入国际经济和区域经济研究领域。空间计量经济学的发展为研究基础设施投资与经济增长的关系提供了新思路和新方法。

1. 模型设定

借鉴已有的国内外研究成果与模型构建方法，结合我国的实际情况，本书选取柯布—道格拉斯生产函数建立经济增长模型，并在此基础上实证测算基础设施投资对经济增长的外部性弹性系数。需要说明的是，生产函数中资本投入量 K 代表固定资本投资额，聚焦基础设施投资对经济增长的作用，因此在模型中将基础设施投资从固定资本投资中分离出来。

$$Y = A K^{\alpha} L^{\beta} G^{\theta} \tag{5-6}$$

其中，Y 代表一国的国内生产总值，L 代表人力资本投入，K 代表剔除基础设施投资的固定资本投入，G 代表基础设施资本投入，α、β 和 θ 分别为劳动力、固定资本和基础设施资本的经济产出弹性，A 代表一国的科学技术水平。两边取对数进行函数的线性变换：

$$lnY = lnA + \alpha lnK + \beta lnL + \theta lnG \qquad (5-7)$$

根据公式 5-6，得到研究基础设施对经济增长贡献的基本 OLS 线性回归模型：

$$lnY = ln A_i + \alpha ln K_i + \beta ln L_i + \theta ln G_i + C_0 + \mu_i, i = 1,2,3,\cdots,63 \qquad (5-8)$$

其中，μ_i 代表符合正态分布的随机扰动项，C_0 代表常数项。

2. 变量与数据

根据模型设定，鉴于数据可得性，本书剔除了数据严重缺失的巴勒斯坦和马尔代夫，选取 63 个 "一带一路" 沿线国家的以下指标数据进行实证分析，具体指标含义和数据来源见表 5-3。数据选取了 2009~2019 年的年度平均值。

表5-3　"一带一路"基础设施与经济增长变量汇总

变量类型	变量名称	变量含义	数据来源	符号
被解释变量	国内生产总值	代表一国一段时间的经济产出	世界银行 WDI 数据库	gdp
解释变量	基础设施投资	一国一段时间对本国交通运输、仓储、邮电通信、煤电水等领域基础设施领域的投资	根据世界银行 WDI 数据库、CEIC 各国数据库计算整理得出	Infra
解释变量	固定资产投资	一国的固定资产投资减去基础设施投资	根据世界银行 WDI 数据库计算得出	fix
解释变量	人力资本数量	一国 15~64 岁人口中参加工作的人口总量	根据世界银行 WDI 数据库计算得出	labor
解释变量	国内专利申请数	一国一段时间内国内居民申请的专利总数	世界银行 WDI 数据库	pat

3. 计量模型选取

由于 "一带一路" 包含东亚、东南亚、中亚、俄蒙、西亚北非和中东欧等多个次区域的 65 个国家和地区，各国经济发展水平存在较大差异，但又存在一定的地理空间异质性，块状经济特点较为明显。对于不同地理位置、不同发展水平和不同基础设施需求的国家，其基础设施的外部性弹性系数也不尽相同。已有的关于基础设施投资对经济增长的影响研究大多基于截面数据、时间序列数据或者面板数据，忽略了经济数据之间存在的空间依存关系。如果简单用 OLS 模型对数据进行回归分析，即进行全域回归，"一带一路"沿线国家基础设施投资对经济增长的外部性弹性系数是一个固定常数，不会因为不同地理位置的国家的不同而发生变化，这样就忽略了经济数据的空间依赖性和区域差异性，使分析结果的有效性大大降低。同时，基于前文引入成本分担规则的"一带一路"基础设施投融资博弈模型，不同的国家从基础设施中获得的边际收益是不同的，也就是说，基础设施对经济增长的影响可能是空间非平稳的，应该分别测算各国的基础设施外部性弹性系数，以明确基础设施成本分摊份额，保证获益较高的国家承担更高份额的成本。为了达到以上研究要求，本书选择空间经济计量学中的地理加权回归（GWR）模型进行实证分析。根据公式 5-6 给出的基本的 OLS 模型，构建如下 GWR 模型：

$$lnY = ln\,(u_i,v_i)A_i + \alpha ln\,(u_i,v_i)K_i + \beta ln\,(u_i,v_i)L_i + \theta ln\,(u_i,v_i)G_i + \\ C_0(u_i,v_i) + \mu_i, i = 1,2,3,\cdots,63 \tag{5-9}$$

其中，Y 代表一国的国内生产总值，L 代表人力资本投入，K 代表剔除基础设施投资的固定资本投入，G 代表基础设施资本投入，α 和 β 分别为劳动力、固定资本的经济产出弹性，θ 代表基础设施资本的经济产出弹性，A 代表一国的科学技术水平；μ_i 代表符合正态分布的随机扰动项，满足零均值、同方差、相互独立等球形扰动假定；C_0 代表常数项；(u_i,v_i) 代表国家 i 的地理坐标，u_i 代表国家 i 的经度，v_i 代表国家 i 的纬度，本书中"一带一路"沿线国家的地理坐标来自 google 地图，以国家地理中心点为坐标点选取经纬度数据。

构建 GWR 模型进行参数估计的关键是选取空间权重矩阵 W，空间权重函数用来设定某一观测点到其他观测点的距离，比较常用的空间权重函数有距离阈值法、距离反比法和高斯函数法等，本书选取最为常用且适用性最强的高斯函数确定权重，具体形式如下：

$$W_{ij} = exp\left(-\left(\frac{d_i}{b}\right)^2\right) \tag{5-10}$$

W_{ij} 代表要素 i 和要素 j 之间的空间权重，高斯权重函数的基本思想是用一个连续单调递减函数表示权重与距离之间的关系，d_i 代表距离向量，b 是非负衰减参数，也被称为带宽，用来描述权重与距离之间衰减效应的大小，带宽越大，权重随距离的增加衰减得越慢，反之则权重衰减得越快。带宽的选择一定程度上决定了模型的精准程度，确定带宽的方法主要有赤池信息准则法（AIC）、交叉确认法（CV）等，由于 AIC 方法兼顾了不同模型间不同自由度的差异，故本书选择以 AIC 方法确定最优带宽。

4. "一带一路"沿线国家国内生产总值的空间自相关分析

根据空间计量经济学理论，在运用 GWR 模型分析"一带一路"各国基础设施对经济增长的外部性弹性系数之前，要首先检验被解释变量是否存在空间自相关性，存在空间自相关性才有引入地理加权回归模型的必要。本书采用 Moran's I 指数对沿线各国的 GDP 进行空间自相关检验。Moran's I 指数的取值范围是 $[-1, 1]$，当 $0 < I < 1$ 时，表明该组数据存在正的空间自相关性，即低值或高值在空间上趋向于集聚；当 $-1 < I < 0$ 时，表明该组数据空间自相关性为负，即相似的观测值在空间分布上分散发展；当 I 无限接近期望值时（样本足够大时期望值趋近于 0），表明不存在空间自相关问题，各观测值服从随机独立分布。

Moran's I 指数计算公式为：

$$W_{ij} = \frac{n \sum_{i=1}^{n} \sum_{j=1}^{n} W_{ij}(X_i - \overline{X})(X_j - \overline{X})}{\sum_{i=1}^{n} \sum_{j=1}^{n} W_{ij} \sum_{i=1}^{n}(X_i - \overline{X})^2} \tag{5-11}$$

W_{ij} 代表要素 i 和 j 之间的空间权重，X_i 和 X_j 代表 X 在空间单元 i 和 j 上的取值，$\overline{X}$ 代表 X 的平均值，n 为要素总数。

运用 SAM 软件求"一带一路"沿线国家国内生产总值的 Moran's I 值为 0.182，p 值小于 0.001，说明在 0.001 的水平下通过显著性检验；理论均值为 E[I] = −0.0163，全局自相关 Moran's I 散点图见图 5-1。"一带一路"沿线国家的国内生产总值存在一定程度上的正向空间自相关性，需要利用空间计量中的 GWR 模型进行参数估计。

5. 回归分析与计算

引入地理加权回归模型进行分析，运用 SAM 软件计算，实证结果如下。从图 5-2 显示的结果来看，对比 OLS 模型和 GWR 模型的回归结果，GWR 模型的赤池信息准则（AIC）为 74.719，低于 OLS 模型的 77.168，且 GWR 模型

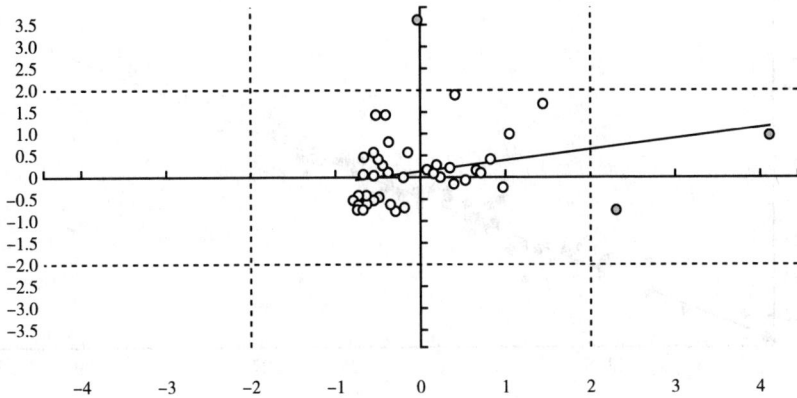

图 5-1 "一带一路"沿线国家国内生产总值全局自相关 Moran's I 散点图

的拟合优度 R^2（0.963）、修正拟合优度 R^2Adj（0.955）均大于 OLS 模型的 R^2（0.944）和 R^2Adj（0.941），说明 GWR 模型回归的拟合效果优于 OLS 模型（见图 5-3）。

```
Diagnostic Statistics:

    Number of Locations to Fit Model (n):       63
    Sigma:                                      0.135   (OLS: 0.418)
    Effective Number of Parameters:            12.899   (OLS: 5)
    Akaike Information Criterion (AICc):       74.719   (OLS: 77.168)
    Correlation Coefficient (r):                0.981   (OLS: 0.972)
    Coefficient of Determination (r²):          0.963   (OLS: 0.944)
    Adjusted r-square (r² Adj):                 0.955   (OLS: 0.941)
    F (r²):                                   108.236   (OLS: 244.29)
    P-value (r²):                               <.001   (OLS: 0)
```

```
Local Regression Parameter Descriptive Statistics:
```

Variable	Minimum	Lwr Quartile	Median	Upr Quartile	Maximum
Constant	5.48471	5.91869	6.00795	6.2944	7.50682
lnfix	0.20569	0.23877	0.24621	0.28184	0.32974
lninfra	0.30127	0.42188	0.44593	0.48629	0.50125
lnpat	0.07143	0.12079	0.14395	0.16176	0.21834
lnlabor	0.0915	0.11531	0.15006	0.17646	0.25864

图 5-2 GWR 模型参数回归结果

根据 GWR 模型实证回归结果，"一带一路"沿线各国基础设施对经济增长的外部性弹性系数 θ 的值如表 5-4 所示。各国的基础设施外部性弹性系数均通过了显著性水平为 5% 的 T 检验；局部拟合优度均在 0.87 以上，回归数据拟合效果较好，数据可以作为基础设施外部性弹性系数参考制定各国参与基础设施投融资合作的成本分担份额。从回归结果来看，"一带一路"沿线各国的

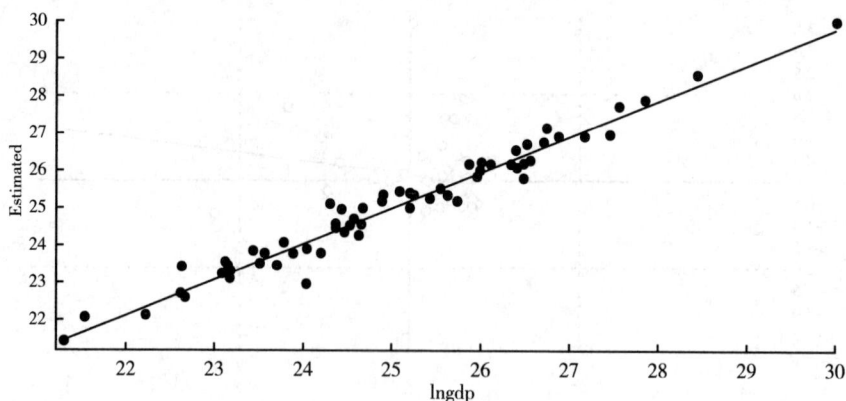

图 5-3 GWR 模型回归结果的拟合情况

基础设施产出弹性系数在 0.301~0.501，中东欧国家普遍基础设施产出弹性系数较高，从单位基础设施投资建设中获得的收益较高；东南亚国家相对来说基础设施产出弹性系数较低。

表 5-4 "一带一路" 沿线国家基础设施对经济增长的外部性弹性系数

区域	国家	基础设施外部性弹性系数	局部拟合优度 R^2	标准差	T 检验统计值
中东欧	阿尔巴尼亚	0.488 ***	0.939	0.058	8.369
	波黑	0.499 ***	0.945	0.058	8.026
	保加利亚	0.485 ***	0.937	0.057	8.563
	克罗地亚	0.498 ***	0.947	0.062	8.001
	捷克	0.501 ***	0.95	0.064	7.867
	爱沙尼亚	0.497 ***	0.951	0.062	8.062
	匈牙利	0.483 ***	0.937	0.058	7.925
	拉脱维亚	0.497 ***	0.95	0.061	8.118
	立陶宛	0.497 ***	0.949	0.061	8.154
	马其顿	0.488 ***	0.938	0.058	8.409
	摩尔多瓦	0.472 ***	0.93	0.06	8.168
	波兰	0.499 ***	0.95	0.062	8.024
	罗马尼亚	0.489 ***	0.94	0.057	8.529
	塞尔维亚	0.425 ***	0.882	0.057	7.418
	斯洛伐克	0.496 ***	9.947	0.061	8.17
	斯洛文尼亚	0.499 ***	0.948	0.063	7.957

续表

区域	国家	基础设施外部性弹性系数	局部拟合优度 R^2	标准差	T检验统计值
中东欧	乌克兰	0.485 ***	0.936	0.055	8.745
	白俄罗斯	0.492 ***	0.945	0.058	8.418
	黑山	0.491 ***	0.941	0.059	8.301
俄蒙	俄罗斯	0.431 ***	0.974	0.065	6.654
	蒙古	0.409 ***	0.976	0.066	6.235
中亚	哈萨克斯坦	0.452 ***	0.934	0.05	8.979
	乌兹别克斯坦	0.449 ***	0.924	0.05	8.998
	吉尔吉斯斯坦	0.44 ***	0.938	0.051	8.593
	塔吉克斯坦	0.441 ***	0.931	0.051	8.74
	土库曼斯坦	0.451 ***	0.915	0.05	9.018
西亚北非	阿塞拜疆	0.461 ***	0.914	0.051	9.051
	巴林	0.457 ***	0.912	0.052	8.682
	埃及	0.448 ***	0.907	0.056	8.054
	伊朗	0.446 ***	0.901	0.051	8.704
	伊拉克	0.436 ***	0.932	0.053	8.316
	约旦	0.482 ***	0.933	0.066	7.863
	科威特	0.443 ***	0.896	0.053	8.397
	黎巴嫩	0.495 ***	0.948	0.063	8.016
	卡塔尔	0.435 ***	0.889	0.054	8.097
	沙特阿拉伯	0.433 ***	0.887	0.055	7.836
	土耳其	0.469 ***	0.92	0.053	8.863
	阿联酋	0.43 ***	0.887	0.054	7.972
	也门	0.413 ***	0.873	0.059	6.946
	叙利亚	0.459 ***	0.91	0.053	8.721
	格鲁吉亚	0.465 ***	0.917	0.051	9.064
	亚美尼亚	0.463 ***	0.914	0.051	9.029
	以色列	0.455 ***	0.908	0.054	8.432
	阿曼	0.426 ***	0.885	0.054	7.842
南亚	孟加拉国	0.422 ***	0.961	0.059	7.186
	印度	0.423 ***	0.935	0.054	7.881
	巴基斯坦	0.463 ***	0.919	0.051	8.593
	斯里兰卡	0.403 ***	0.935	0.058	6.901
	尼泊尔	0.427 ***	0.95	0.055	7.812
	不丹	0.423 ***	0.96	0.057	7.363
	阿富汗	0.44 ***	0.92	0.05	8.748

续表

区域	国家	基础设施外部性弹性系数	局部拟合优度 R^2	标准差	T 检验统计值
东南亚	柬埔寨	0.386 ***	0.981	0.128	2.865
	印度尼西亚	0.368 **	0.986	0.178	2.065
	马来西亚	0.401 ***	0.977	0.104	3.854
	缅甸	0.419 ***	0.969	0.068	6.13
	菲律宾	0.385 **	0.987	0.145	2.662
	新加坡	0.393 ***	0.979	0.119	3.3
	泰国	0.418 ***	0.975	0.077	5.429
	越南	0.414 ***	0.981	0.097	4.244
	老挝	0.42 ***	0.976	0.075	5.58
	文莱	0.385 **	0.986	0.153	2.518
	东帝汶	0.301 **	0.991	0.143	2.238
中国		0.41 ***	0.977	0.068	6.006

注：根据 SAM 软件结果整理得出，** 代表 $p<0.05$，*** 代表 $p<0.01$。

（三）"一带一路"沿线各国参与基础设施投融资合作的成本分摊份额

根据成本分摊模型公式 5-5，以 GWR 模型实证测算的"一带一路"沿线各国基础设施对本国经济增长的外部性弹性系数为各国权重，可确定各国参与基础设施建设的成本分摊份额，即投资份额。因此，建立如下基础设施投融资合作成本分摊规则：

$$E_i = \frac{\theta_i}{\sum_{i=1}^{n} \theta_i} B, n \in (1,65) \qquad (5-12)$$

E_i 代表国家 i 需要承担的基础设施建设成本，即基础设施投资额；θ_i 代表各国基础设施对经济增长的外部性弹性系数，具体数值参见表 5-4；B 代表基础设施总投资额。

根据"一带一路"沿线国家基础设施产出弹性系数和前文的博弈分析，"一带一路"基础设施投融资合作可以先联合基础设施边际收益高的国家，如中东欧各国参与投融资合作，再将合作范围逐步扩展到中亚、西亚北非、俄蒙、南亚和东南亚各国，分批次开展基础设施投融资合作。在基础设施建设投融资初期，由基础设施产出弹性系数高的国家先行参与投资，在基础设施建设跨越高投入、低收益阶段之后，逐渐吸收其他国家参与投融资合作，在拓展基础设施建设资金来源的同时，保障各国从中获得收益。

三　构建"一带一路"基础设施投融资合作成本分摊规则

"一带一路"跨境基础设施作为国际公共产品，无法依靠单个国家承担建设运营成本，成本分摊规则以确定各主权国家出资份额为目的，是"一带一路"基础设施投融资合作规则的重要组成部分，也是保障基础设施资金多元化可持续的手段之一。成本分摊规则主要解决"一带一路"区域内部跨境基础设施建设及运营成本"谁支付""支付多少""何时支付""如何支付"等问题，主要针对的是区域内各主权国家。

1. "一带一路"基础设施投融资合作成本分摊规则构建原则

根据成本分摊理论，"一带一路"基础设施作为准公共产品，其成本应由各利益相关国共同分摊。成本分摊规则应遵循两个原则：一是"收益结构原则"，即根据各主体获得的收益大小来确定分摊的成本份额；二是"能力结构原则"，即经济实力强、资金技术优势突出的国家可以相对多分摊一些，经济发展相对落后的国家少分摊一些。针对"一带一路"基础设施投融资成本分摊规则，参照前文的博弈模型分析，确定以下成本分摊原则。

（1）"共同但有区别的"成本分摊原则

由于"一带一路"沿线各国经济异质性明显，且对基础设施的需求程度、收益偏好不同，基础设施对经济增长的外部性弹性系数也存在地区差异，基础设施投融资合作的成本分摊份额应该"一国一策"，保证负担的成本与获得的收益相符。坚持"共同但有区别的"成本分摊原则，也有助于稳定各国的合作关系，在避免"搭便车"情况的同时，控制单一国家承担的成本负担，实现"共商、共建、共享"。

（2）成本分摊动态化原则

基于前文异质性国家博弈模型，经济实力强或对基础设施需求高的国家会在"一带一路"基础设施投融资合作中"先行一步"，成为领导者或发起者。

一般来说，在基础设施建设初期，投入成本高、收益回收慢，此时应联合区域内基础设施外部性弹性系数高的国家开展投融资合作，这些国家从基础设施中获益较多，投资意愿也较强。同时，一国的经济实力、对基础设施的预期收益和需求是在不断变化中的，随着各国基础设施收益函数和成本函数发生变化，其他国家会逐步加入基础设施投融资合作中来，承担一定的成本份额。实现成本责任的动态变化，是平衡各方利益、维护区域合作稳定的关键。

2. "一带一路"基础设施投融资合作成本分摊规则运作流程

第一，协商确定合作各参与国成本分摊比例。依据 GWR 模型测算的 "一带一路" 沿线各国基础设施对经济增长的外部性弹性系数，参照公式 5-12，通过协商确定各国需要承担的基础设施建设成本，即投资总额，并签署投资合作框架协议。合作协议中要明确各国的成本分摊比例、比例制定方法以及投资资金到位时间表。这里确定分摊的成本指的是基础设施初期建设成本。

第二，监督协调投资进度。在成本分摊过程中，由 "一带一路" 区域基础设施建设委员会下属的协调联络司负责监督各国资金到位情况，设立投资资本信息数据库，向所有合作成员国公布资金到位及使用状况，实现资金信息共享。由资本合作司指导投资国通过向国内和国际金融机构尤其是开发性金融机构借贷、利用国内和国际资本市场、多渠道吸引社会资本等方式筹集资金。对于违约或者逾期参与投资的国家，要制定失信惩戒制度以约束各国遵守成本分摊协议。

第三，建立成本分摊的动态管理制度。由于基础设施投资具有前期投入大、建设周期长、使用运营寿命长的特征，在基础设施建设运营的较长周期内，一国的经济发展水平、对基础设施的收益和成本函数必然会发生变化，需要动态化实时调整各国基础设施弹性系数，并吸收新成员国加入合作。在基础设施建设初期投资成本份额和参与国确定之后，可以在基础设施运营过程中吸收新的国家参与基础设施运营和管理成本的分摊，成本分摊比例系数的确定可参照公式 5-12 和本书运用的 GWR 模型。

第六章　"一带一路"基础设施投融资
私人资本引入规则研究

　　根据林毅夫的新结构主义理论，作为资源禀赋之一的基础设施，需要政府和市场的合力来优化资金配置和实现可持续发展。梳理目前基础设施投融资理论及实践经验可以发现，政府在基础设施建设中的作用逐渐调整，由资金投入转向政策支持、制度构建、风险担保等。尤其是2008年爆发国际金融危机和债务危机之后，政府在提供基础设施建设资金方面的能力大幅下降：一方面，虽然"一带一路"沿线大多数国家国内储蓄率较高，但主要由私人和企业拥有，不受政府支配；另一方面，尽管"一带一路"沿线各新兴经济体积累了大量外汇储备，但由各国中央银行持有，在保证资本总量、保持流动性和尽量降低风险原则的指导下，可用于基础设施建设的外汇储备规模也比较有限。因此，要满足区域内跨境基础设施建设的资金需求，必须充分调动和鼓励私人资本参与基础设施投融资。

　　随着技术的发展，基础设施建设的属性结构也在发生变化，商业化和"模块化"的可能性增强，政府可通过对基础设施施加排他性政策将其变为可经营项目，这就为基础设施公私合作投融资模式创造了发展条件。PPP是学术界和实践中比较推崇的基础设施投融资模式的主要发展方向。2014年10月举行的第21届亚太经合组织（APEC）财长会议通过了《APEC区域基础设施PPP实施路线图》；2017年公布的《"一带一路"融资指导原则》中，也明确了"鼓励有意愿的私营部门和金融机构支持基础设施融资的可持续发展"。但世界银行发布的《全球基础设施PPI投资分析报告（2020）》显示，2020年全年PPI项目投资总额为457亿美元，比2019年全年减少52%，其中2020年私人资本参与基础设施的投资额占全年PPI项目总融资额的59%，比2019年下降 3 个百分点。有学者指出，私人资本对基础设施项目的投资参与度不高，其原因在于基础设施投资项目缺乏有效的机制吸引与偿付私人部门投资（US Treasury and CEA，2010）。因此，要实现"一带一路"基础设施资金的长期可持续，需要构建促进政府和市场力量有效对接、"政府入口、开发性金融孵化、资本市场出口"的私人资本引入规则。通过梳理"一带一路"沿线国家经济金融发展基础可以发现，各国金融结构分为银行主导型和市场主导型。因此，立足各国金融生态环境，分别建立以开发性银行为主的私人资本引入规则和区域资本市场的私人资本引入规则，以尽力实现区域基础设施投融资过程中公平与效率的平衡。

一 构建开发性金融机构对私人资本的引入规则

基于前文对"一带一路"基础设施特点的分析，区域内大型基础设施投融资存在项目短期收益有限和风险较大导致的私人资本和商业信贷投资动力不足的"市场失灵"问题，以及政府在信用缺失和制度落后情况下易导致资金和资源浪费的"政府失灵"问题。开发性金融机构兼顾政策与商业的机构属性，决定了其在搭建政府、私人资本和金融机构协商合作的互信机制和投融资平台中发挥积极作用，从而促进公共部门与私人部门在基础设施投融资领域的合作，有效解决"一带一路"基础设施投融资领域"政府失灵"与"市场失灵"造成的私人资本参与度低问题（姜安印、郑博文，2016）。

"一带一路"开发性金融机构对私人资本的引入规则，主要适用于基础设施项目融资前期。其核心主体包括以亚洲基础设施投资银行等"一带一路"区域多边开发性机构为根基、其他国际开发性金融机构为枝干（包括世界银行和其他区域性开发银行如欧洲投资银行、亚洲开发银行以及次区域开发银行如拉美开发银行和跨区域开发银行如新开发银行），各国国家内部主权开发性金融机构为细胞的多层次机构网络体系。

（一）开发性金融机构引入私人资本的作用机理

根据开发性金融理论，开发性金融机构汇集了融资、融商和融智三方面功能，通过"政府选择项目入口—开发性金融孵化—市场出口"的运作模式，引导商业性金融与社会资本进入基础设施投融资领域，成为政府和社会资本合作的重要探索者。由于基础设施领域公私合作投融资的具体模式存在差异性，开发性金融机构采取的私人资本引入模式也随之调整，但总体来说，开发性金融机构从组织增信、培育市场主体、促进公私对接、多元融资支持和专业技术支持等多方面发挥对私人资本进入基础设施领域的引导和协调作用。

1. 组织增信作用

开发性金融机构以国家信用为基础，优化信用资源配置，协调政府与私人资本构建共同的信用体系和风险分担规则。通过前期向基础设施融资主体进行信用注入并促进公私双方承诺履行合作合约、中期对基础设施项目融资主体进行信用管理和约束、后期建立长期有效的资金退出机制，开发性金融机构帮助减少公共部门与私人部门之间由信息不对称带来的风险，降低政府、社会投资者与基础设施公私合营项目等利益相关者合作的交易与沟通成本，落实双方信用以消除违约倾向和信任缺失隐患。

2. 培育合格市场主体

开发性金融机构在基础设施投资领域具备先发优势和项目投融资经验，在公私合作市场尚未成熟的先期阶段率先进入市场，以股权融资、债权融资等形式进入私人资本部门时，一方面可以通过孵化、培育和提升企业法人资质，成功建设具有充足资本、运营规范的市场化投资主体，以增加社会资本进入基础设施领域的可能性；另一方面通过介入基础设施建设，打造满足低利率贷款条件的项目，为私人资本进入构建盈利机会，以打破基础设施项目融资瓶颈。开发性金融机构以融资为杠杆，在培育合格的私人资本投资方和基础设施项目融资方两方面均发挥了重要指导作用，促成了资金供求双方的有效对接。

3. 引导私人资本流向

一方面，开发性金融机构在把握和落实国家战略领域具有信息优势，当开发性金融机构决定为某项基础设施项目提供资金时，就意味着该项目符合国家长远经济利益和战略规划，客观上对商业性金融机构和其他私人投资者形成信息引导作用，通过提高投资的收益预期、降低风险预期来吸引社会资本参与基础设施投融资。另一方面，开发性金融机构作为"专家银行"承担"融智"角色，将国家战略规划与资金提供方需求进行对接，不仅能够为私人投资者决策提供专业的意见与建议，为私人资本筛选出具有较高盈利性、较低投资风险的基础设施项目，还在为私人资本实现多元化投资拓展投资方向的同时，引导私人资本流入优质的基础设施项目，确保公私双方合作实现利益共赢。

4. 多元化运作资金

大型开发性金融机构集合了各类金融机构业务，下设证券、融资租赁、基金等子公司，除了开展传统贷款业务，还提供融资租赁、商业保险、证券承销、资产证券化等多元化金融服务，不仅拓宽了私人资本参与基础设施投融资的渠道，还有助于建立私人资本退出机制、有效控制信用风险、防控投融资风险，完善了基础设施项目的资金流建设。开发性金融机构依托国家信用发行金融债券筹集社会资本，实现了国家信用证券化，并通过多元化金融运作将机构投资者和私人投资者的短期资金转化为长期、集中的大额资金。

虽然开发性金融机构参与具体基础设施项目的模式多元化，但总体来看，开发性金融机构对私人资本进入基础设施投融资领域的引入机理如图 6-1 所示。

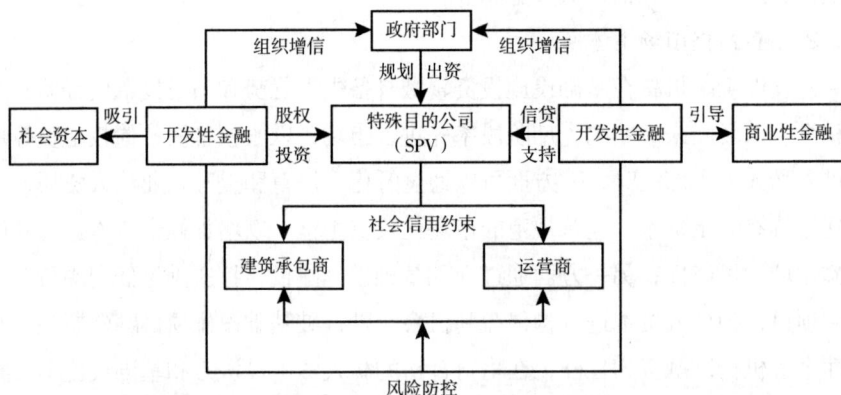

图 6-1　开发性金融机构引入私人资本进入基础设施投融资领域的作用机理

（二）开发性金融机构引入私人资本进入基础设施投融资领域的博弈分析

下文从博弈论角度分析开发性金融机构对政府与私人资本进行基础设施投融资合作的促进作用。

1. 无国际投融资平台情况下政府与私人部门博弈分析

政府部门和社会投资者的利益目标存在耦合与冲突。对于社会投资者来说，以最小的风险获得资本增值的利益最大化是根本目标，一方面希望能够争取更有利的优惠政策降低成本；另一方面尽量控制风险，获得与之匹配的长期稳定的投资收益。政府作为公共产品的主要提供者，则以社会和经济综合效益最大化为目标，从国家或区域的整体利益出发，关注基础设施能否促进地区经济发展和社会福利水平的提高，对商业利益的考量较少。在这种情况下，政府与私人投资者就是否进行基础设施投融资合作存在博弈过程。

（1）博弈假设

①存在"一带一路"沿线国家（以下简称政府）和境内外私人资本投资者（以下简称私人投资者）两个博弈主体。政府和私人投资者均是"理性经济人"，以追求自身利益的最大化为行动目标。

②政府的目标是在总预算约束 B 的条件下，提供的 N 种公共产品的社会效用之和最大化；私人投资者追求投资收益最大化。

③政府从每个公共产品中获得的社会效用是独立的，不受其他公共产品收益外部性的影响。

④政府提供第 i 种公共产品，假设为某项基础设施，投入资本 C_i，$\sum_{i=1}^{n} C_i = B$，其获得的社会效用为 $U_i(C_i)$；对其他公共产品投入的社会效用为 $U_{-i}(B-C_i)$。

⑤私人投资者可用于投资的总资金额度为 K，一共投资 M 种产品，对某项基础设施的投资额度为 k_i，私人投资者的投资收益函数为 $R_i(k_i)$，其他产品的收益函数为 $R_{-i}(K-k_i)$，且投资者为获得项目投资标的，付出了与政府沟通协商成本、项目收益评估成本和项目申请谈判成本等前期沉没成本 c_0。

⑥假设为鼓励私人投资者参与基础设施尤其是跨境基础设施投资，政府会对参与投资的私人投资者给予税收优惠或者补贴 b_i。

⑦私人投资者面临的基础设施投资风险系数为 φ。

（2）博弈均衡分析

由于政府财政预算有限（B），实现所有 N 种公共产品的供需平衡、达到帕累托最优资金投入水平 C_i^* 较为困难。当政府对第 i 种公共产品的投入不足导致基础设施供给落后时，为提高社会总效用，政府需要引入私人投资者，进行基础设施投融资合作。如果引入的私人资本来自其他国家，则是跨境基础设施项目。

从政府角度来看，当政府独立承担基础设施投资时，对第 i 种公共产品的投

入为 C_i, 社会效用为 $U_i(C_i)$, 对其他公共产品投资的社会效用则为 $U_{-i}(B-C_i)$, 此时, 政府提供所有公共产品获得的社会总效用为 $U_i(C_i)+U_{-i}(B-C_i)$。如果社会资本参与基础设施 i 的投融资, 使得公共产品 i 的总投入达到帕累托最优水平 C_i^*, 此时该项基础设施能够满足社会总需求。政府对基础设施 i 的投资金额为 C_i', 私人投资者对基础设施 i 的投资金额为 $C_i^*-C_i'$, 产品 i 的社会效用达到 $U_i(C_i^*)$, 除了基础设施 i 之外其他公共产品的社会总效用为 $U_{-i}(B-C_i')$。此时, 所有公共产品的社会总效用为 $U_i(C_i^*)+U_{-i}(B-C_i')$。从以上分析可以看出, 政府是否引入私人资本参与基础设施投融资, 与其财政预算约束有很大关系。

从私人投资者角度来看, 如果投资者一开始就不参加基础设施投融资, 则其获得的总投资收益为 $R_{-i}(K)$; 如果私人投资者计划参与基础设施投融资, 且与政府进行了一系列沟通谈判, 但政府最终决定独自承担基础设施建设成本, 此时私人投资者的总投资收益为 $R_{-i}(K)-c_0$。若私人投资者与政府的合作谈判成功, 私人投资者参与基础设施 i 的投资, 则投入资金量 $k_i=C_i^*-C_i'$, 此时私人投资者参与跨境基础设施投融资取得的收益为:

$$(1-\varphi)R_i(C_i^*-C_i')+R_{-i}[K-(C_i^*-C_i')]-c_0+b_i \qquad (6-1)$$

综上, 政府与私人投资者参与"一带一路"基础设施投融资合作的博弈矩阵如表6-1所示。

表6-1　政府与私人投资者参与"一带一路"基础设施投融资合作的博弈矩阵

分类		私人投资者	
		愿意参与投融资	不愿意参与投融资
政府	同意合作	$U_i(C_i^*)+U_{-i}(B-C_i'),(1-\varphi)R_i(C_i^*-C_i')+R_{-i}[K-(C_i^*-C_i')]-c_0+b_i$	$U_i(C_i)+U_{-i}(B-C_i),R_{-i}(K)$
	不同意合作	$U_i(C_i)+U_{-i}(B-C_i),R_{-i}(K)-c_0$	$U_i(C_i)+U_{-i}(B-C_i),R_{-i}(K)$

不同条件下上述博弈过程的纳什均衡解有所不同, 下文分情况进行讨论。

（1）政府的策略

①如果 $U_i(C_i)+U_{-i}(B-C_i)>U_i(C_i^*)+U_{-i}(B-C_i')$, 政府单独进行基础设施投融资的社会总效用高于与私人资本进行合作, 此时政府会选择独自承担基础设施资金负担。造成这种情况的原因可能是: 政府与私人资本进行基础

设施投融资合作时的资金投入大于其单独投融资时的资金投入，即 $C_i' > C_i$，且私人投资者进入基础设施投融资领域带来的 i 产品的社会效用增量不能弥补其他公共产品由政府投资减少带来的社会效用损失。

在现实中，如果政府部门有意同私人投资者进行"一带一路"基础设施投融资合作，但是在项目招标或谈判过程中，当股权结构、资本结构的安排超出政府初始预算进而影响了其他公共产品的供给时，独资开展基础设施项目是政府的占优策略。

②如果 $U_i (C_i) + U_{-i} (B-C_i) < U_i (C_i^*) + U_{-i} (B-C_i')$，政府与私人投资者进行基础设施投融资合作产生的社会总效用大于政府单独投资的社会总效用，此时政府会选择公私合作开展基础设施投融资，选择引入私人资本进入"一带一路"基础设施领域。造成这种情况的原因可能有：一种情况是，$C_i' < C_i$，即私人投资者的加入使政府对基础设施的投入减少，进而增加了对其他公共产品的投入，从而提高了社会总效用；另一种情况是，虽然 $C_i' > C_i$，政府随着私人投资者的进入仍然增加对基础设施建设的投入，但合理的资本结构安排使产品 i 的社会效用增量大于其他公共产品由政府投资减少带来的社会效用损失，从而提高了社会总效用。此时，引导和吸收私人资本参与基础设施投融资是政府部门的占优策略。

（2）私人投资者的策略

①当政府同意引入私人投资者时，如果 $(1-\varphi) R_i (C_i^* - C_i') + R_{-i} [K - (C_i^* - C_i')] - c_0 + b_i > R_{-i} (K)$，私人投资者参与基础设施 i 的投融资收益大于不参与投融资的收益，此时私人投资者的占优策略是参与基础设施投融资。当风险控制在较低范围、私人投资者前期谈判成本不高、政府给予的激励措施可观且该项基础设施具有较高的经济收益时，（同意合作，愿意参与投融资）成为一个纳什均衡解。

②当政府选择独自承担基础设施投资时，由于 $R_{-i} (K) - c_0 < R_{-i} (K)$ 一定成立，所以（不同意合作，不愿意参与投融资）成为一个纳什均衡解。

通过以上博弈分析可以得出：私人投资者参与"一带一路"基础设施项目的收益取决于该项基础设施的收益率水平、参与谈判的交易成本、政府的税收优惠或补贴力度以及投资风险的大小。如果能够实现收益较高、成本较低、风险较低和补贴较优厚的条件，私人资本参与"一带一路"跨境基础设施投融资是纳什均衡解，且能够实现社会总效用的帕累托最优。

2. 国际投融资平台促进私人资本与政府进行基础设施投融资合作的博弈机理

目前，已经成立的亚洲基础设施投资银行、丝路基金、中国—中欧合作基金、中—欧亚经济合作基金、中国—东盟海上基金、中国—东盟合作基金等国际融资平台，在促进 $(1-\varphi)R_i(C_i^*-C_i')+R_{-i}[K-(C_i^*-C_i')]-c_0+b_i>R_{-i}$ (K) 和 $U_i(C_i)+U_{-i}(B-C_i)<U_i(C_i^*)+U_{-i}(B-C_i')$ 这两个条件达成方面将发挥重要作用，进而成功将私人资本引入"一带一路"基础设施投融资领域，实现政府与私人投资者的合作。其博弈机理如下。

首先，可以降低沿线政府与私人投资者合作谈判的交易成本。在共建"一带一路"重大倡议下，中国政府与沿线国家政府签订投资合作框架协议，亚投行、丝路基金可以充分发挥投资引导作用，为私人投资者与基础设施项目搭建对接平台，并为公私双方提供较为透明的信息环境和利益共赢的合作信心。在亚投行和丝路基金等国际投融资平台的协调引导下，政府和私人投资者可以减少谈判环节，降低交易成本，进而积极引导私人资本参与"一带一路"基础设施投融资。如前文分析，假设私人投资者需要承担的前期项目沟通、谈判等环节的交易成本为 c_0，在丝路基金和亚投行的协调与引导下，私人投资者参与"一带一路"基础设施投融资的交易成本将变为 ωc_0，$0<\omega<1$，即 $\omega c_0<c_0$，ω 越小，代表交易成本的降低幅度越大、投资收益越高，私人资本参与基础设施投融资的意愿也就越强烈。

其次，降低私人投资者参与"一带一路"基础设施项目的投融资风险。一方面，亚投行和丝路基金可通过为"一带一路"基础设施项目做信用担保的方式，实现风险共担，降低项目风险；另一方面，当多边金融机构通过股权投资等形式与投资者建立合作关系时，不但可以改善私人投资者的资产负债表，还可因为多边金融机构的成员覆盖跨境基础设施所在国而将各东道国和投资母国组成利益共同体，从而减少基础设施投融资面临的政治风险和法律风险，并以隐性担保的形式减少境外投资者对风险的担忧。假设多边金融机构亚投行为私人投资者参与"一带一路"基础设施投融资提供规模为 k' 的贷款支持，$k'=\theta(C_i^*-C_i')$ 且 $0<\theta<1$；在亚投行参与投融资的情况下，基础设施投融资风险系数变为 φ'，且 $\varphi'<\varphi$；结合上文分析的公私谈判成本将减少的情况，此时私人投资者参与"一带一路"基础设施投融资的收益函数为：

$$(1-\varphi')R_i(C_i^*-C_i')+R_{-i}[K-(1-\theta)(C_i^*-C_i')]-\omega c_0+b_i \quad (6-2)$$

比较式6-1和式6-2可以发现,式6-2的值明显大于式6-1,说明私人投资者在多边金融机构平台下的基础设施投资收益提高,继而提高其参与基础设施投融资的意愿与动力。

最后,能够减轻沿线各国政府财政负担。从政府角度来看,多边金融机构参与"一带一路"基础设施投融资,包括给予优惠贷款或者参与股权融资,均能够减轻"一带一路"沿线各国政府的财政压力,促使 $C_i' < C_i$ 条件的达成,即与私人资本共同进行基础设施投融资的社会总效用大于政府单独提供资金的社会总效用,政府倾向引入私人资本开展"一带一路"基础设施投融资合作。

由此可见,作为"一带一路"基础设施投融资平台,亚投行、丝路基金和其他双多边投融资合作机构能够减少境内外私人投资者参与基础设施投资的风险、增加投资收益,从而有效影响私人投资者的决策,大大增强了政府部门和私人投资者达成纳什均衡(同意合作,愿意参与投融资)的可能性。

(三)开发性金融机构引入私人资本进入基础设施投融资领域的优势

1. 多边开发性金融机构引入私人资本进入基础设施投融资领域的优势

由于"一带一路"跨境基础设施跨越国界,具有涉及利益主体多、投资规模大、资金回收周期长、外溢效应强等特点,鉴于沿线国家多为欠发达经济体,国家财政资金实力有限,需要在资金、运营和技术上更具优势的国际多边开发性金融机构的支持。目前,多边开发性金融机构以多边开发银行为主、一些多边开发基金等金融机构为辅。多边开发银行以股东国政府相对较少的出资份额为资本金,以有吸引力的财务条款在国际金融市场借贷更大规模私人资本、再转贷或投资基础设施和扶贫等领域的财务模型是其最具生命力的资本运作机制(Humphrey,2015)。根据第三章总结的世界主要经济体跨境基础设施投融资经验可以发现,多边开发性金融机构如世界银行、欧洲投资银行、亚洲开发银行等,不仅推动了区域各国基础设施投融资合作,还成为基础设施项目的直接投资者和私人资本引入者。具有多边开发性特征的投融资平台在引入私人资本方面具有更大优势:以各成员国主权信用为担保,广泛吸收国内金融机构、国际金融机构、国内外私人资本以及其他商业机构等来自国际、国内两个市场的多方社会资本,在国际层面促进私人资本的跨境流动和优化配置,达到扩大该区域基础设施建设资金来源的目的。

多边开发银行已经在世界范围内的基础设施投融资领域发挥了重要作用。根据 Fernanda Ruiz-Nunez 的统计，2011～2015 年 IDA 国家 33%的基础设施项目获得了多边开发银行某种形式的支持，其中直接贷款支持占 63%，信用担保业务占 33%，银团贷款、股权融资及风险管理占 4%。已有研究从以下几个角度分析了多边开发银行对基础设施建设的私人资本引入作用：首先，多边开发银行通过辛迪加贷款、共同融资等方式引进私人投资者共同参与基础设施投资，并提供风险担保和信用担保产品，在降低基础设施投融资风险、节省融资成本的基础上，提高项目的盈利性和融资的可持续性，从而推动私人资本参与基础设施项目投资（Moore and Kerr，2014）。其次，多边开发银行以区域或国际资本市场为平台，对一国或者一个区域基础设施建设进行资金支持，客观上有利于改善当地投融资环境，提高这些国家或地区资本市场的自由度、开放度和流动性，进而推动域内和域外私人资本参与基础设施建设。最后，多边开发银行通过开发盈利性项目、设计金融创新产品，为私人投资者和欠发达国家提供技术援助和咨询服务、推动区域金融一体化进程等方式，推动私人资本参与基础设施投融资（Bhattacharyay，2009）。

根据多边开发性金融机构支持基础设施公私合作项目的理论，多边开发性金融机构主要通过三种模式引入私人资本参与 PPP 项目：一是实业投资模式，开发性金融机构作为社会资本的合作者，为社会资本方或 PPP 项目公司单纯提供信贷支持，或者通过入股社会资本方或 PPP 项目公司并为之提供贷款的"股权投资+信贷支持"，"投贷联动"支持社会资本方；二是基金投资模式，开发性金融机构作为政府部门的合作者，参与政府主导的 PPP 引导基金或自己发起 PPP 项目融资，以资本金或政府补贴形式参与到基础设施公私合作中并为项目后续融资奠定基础；三是融智服务模式，与前两种模式不同，融智服务模式并不涉及资金流动，而是多边开发性金融机构主动切入各国项目开发前端，通过对公私合作基础设施项目进行包装策划、为政府建立中长期优质项目开发库等方式，吸引社会资本进入基础设施投融资领域。

结合多边开发性金融机构的实践案例来看，不同类别的基础设施项目适用的开发性金融机构参与模式不同，各模式的使用领域如表 6-2 所示。多边开发性金融机构提供的融智服务基本适用于各类基础设施项目，而其他两种融资模式由于各有特点（见表 6-3），适用的领域也有所不同。采取基金投资模式参与的 PPP 项目一般具有定价机制灵活透明、可市场化运作、经营收入稳定等特点，能够突破基础设施投资"门槛"限制，为自有资金有限、筹资能力不强但追求长期稳定收益的私人投资者提供进入基础设施项目的渠道。多边开发性金融机构通过汇聚各方闲散资金、打破基础设施行业在投资规模方面的资金壁垒，实现 PPP 项目多层次融资结构的优化。而开发性金融机构传统信贷业务提供的贷款一般具有利率较低、资金规模大、信贷时间长的特点，在扶持和培育私人投资主体方面有比较优势。

表 6-2　多边开发性金融机构引入私人资本模式的适用领域

分类	交通类	水务类	城市建设类	能源类	社会服务类 (体育、医疗、养老等)	社会事业类 (文化、教育、科技等)
实业投资模式	√	√	√		√	
基金投资模式	√			√		√
融智服务模式	√	√	√	√	√	√

表 6-3　实业投资模式与基金投资模式融资特点比较

分类	融资成本	资金规模	融资期限	退出方式
实业投资模式	低	大	长	单一
基金投资模式	高	灵活	灵活	多样(项目清算、股权回购/转让、资产证券化)

2.国家开发性金融机构引入私人资本进入基础设施投融资领域的优势

与多边开发性金融机构相比，国家内部开发性金融机构在支持"一带一路"基础设施投融资方面有独特优势，能够对多边开发性金融机构形成有力补充，二者相辅相成，共同构成"一带一路"开发性金融机构对私人资本的引入规则。首先，国家开发性银行能够为基础设施建设提供逆周期资金支持。尤其是在 2008 年国际金融危机后，商业银行贷款、源自资本市场的短期再融资私人投资和美欧等发达国家主导的多边开发性金融机构都减少了对欠发达国家基础设施的支持，商业资本的顺周期性加剧了"一带一路"区域基础设施的融资缺口，国家开发性银行能够通过国家信用增加基础设施项目的长期私人资金供应量，补充多边开发性金融机构的逆周期贷款。新冠疫情发生之后，开发性金融机构的逆周期资金支持作用更加凸显。其次，国家内部开发性银行更能有效对接本国基础设施建设需求。由于多边开发性金融机构服务于全球经济或区域经济发展，其对基础设施的项目选择标准与每个国家均存在差异，造成一些发展中国家的基础设施项目不满足多边开发性金融机构的投资要求。对于传统的多边开发银行，其对投资的欠发达国家的基础设施项目有着较为严苛的条件，审批过程复杂，除了会通过资金援助进行政治和经济渗透外，还对东道国的环保条件、市场经济开放度和成熟度等提出一系列要求。而亚投行、新开发银行等新兴多边开发机构虽然致力于服务"一带一路"沿线国家的基础设施建设，但由于成立时间晚、经验不足、信用评级不高，也难以完全符合"一带一路"沿线欠发达国家的基础设施资金需求。而各国内部的国家开发性银行则能有针对性地结合本国实际为基础设施建设引入私人资本，在促进私人资本与当地政府沟通方面独具优势。

（四）建立以亚投行为主的多边开发性金融机构对私人资本的引入规则

1. 亚洲基础设施投资银行的独特地位与作用

表6-4对世界主要多边金融机构进行了梳理，在众多多边开发银行中，选择亚洲基础设施投资银行作为"一带一路"基础设施投融资私人资本引入规则的主导机构，是在充分考虑"一带一路"沿线国家基础设施资金需求和亚投行的机构属性的基础上决定的。

（1）现有传统多边金融机构难以满足"一带一路"沿线国家的基础设施资金需求

目前众多国际多边开发银行中，世界银行和亚洲开发银行是服务亚太地区的主要国际金融组织，然而它们在促进"一带一路"基础设施投融资公私合作方面具有业务局限性，主要表现在：一是投资领域不能集中于基础设施领域，世界银行和亚洲开发银行的业务侧重点在发展中国家的扶贫、减贫与公共事业方面，对私人资本的引入领域较为分散且不集中在基础设施领域。例如，世界银行下设国际复兴开发银行（IBRD）承诺的每年235亿美元贷款中，承诺资金最多的领域依次为金融与私营部门发展（26%）、城市发展（15%）和社会保障（14%）。[①] 二是世界银行、亚洲开发银行对东道国较为苛刻的附加投资条款打击东道国合作积极性。发达国家主导的世界银行、亚洲开发银行

---

① 数据来源于世界银行2015年度报告。

表6-4 世界主要多边开发银行情况对比

	分类	世界银行（国际复兴开发银行）	亚洲开发银行	美洲开发银行	欧洲复兴开发银行	非洲开发银行	欧洲投资银行	拉美开发银行	伊斯兰开发银行	亚投行	新开发银行
机构属性	成立时间（年）	1945	1966	1959	1991	1964	1958	1970	1974	2015	2014
	总部	华盛顿	马尼拉	华盛顿	伦敦	突尼斯	卢森堡	加拉加斯	沙特吉达	北京	上海
	成员个数（个）	184	67	48	61	77	25	18	56	57	5
	覆盖范围	全球性	区域性	区域性	区域性	区域性	区域性	次区域性	区域性	区域性	跨区域性
	主要目标国家	广大发展中国家	亚太地区国家	拉美国家	东欧、中欧国家	非洲国家	欧盟成员国和周边国家	南美洲安第斯山麓国家	穆斯林国家	亚洲国家	金砖国家及其他新兴市场
	法定资本（百万美元/百万欧元）	278377	162490	116880	296740	100200	243284	10000	69900	100000	100000
	初始实缴资本（百万美元/百万欧元）	15192	7680	5357	6202	4962	21699	1911	18400	19630	50000
	实缴资本比例（%）	5.46	4.73	4.58	2.09	4.95	8.92	19.11	26.32	19.63	50
权力结构	治理结构（层级由大到小）	理事会—董事会—管理层（行长）	理事会—行长—董事会	理事会—董事会—行长	理事会—董事会—行长	理事会—行长—董事会	理事会—董事会—行长	理事会—董事会—行长	理事会—董事会—行长	理事会—董事会—行长、董事会非常驻	董事会—理事会—行长
	决策规则	基本票+份额票、特别多数票，美国具有否决权	基本票+份额票，美国和日本联盟具有否决权	基本票+份额票，美国投票权近40%	—	—	—	—	认股分配投票权	资本多数，无一票否决国家决权	股权和投票权各国平均分配

续表

分类		世界银行（国际复兴开发银行）	亚洲开发银行	美洲开发银行	欧洲复兴开发银行	非洲开发银行	欧洲投资银行	拉美开发银行	伊斯兰开发银行	亚投行	新开发银行
投票权分布	非借款国（%）	63.08	64.12	49.99	83.38	40.14	0	4.6	—	—	—
	借款国（%）	26.92	35.88	50.01	16.62	59.86	100	95.4	—	—	—
	非区内成员（%）	—	34.87	15.94	36.87	40.14	0	4.6	—	25	—
	区内成员（%）	—	65.13	84.06	63.13	59.86	100	95.4	—	75	100
	最大股东	美国	美国、日本	美国	美国		德国、法国		沙特阿拉伯	中国	五国均摊
信用评级	长期信用评级	AAA	AAA	AAA	AAA	AAA	AAA	AA−	AAA	AAA	AA+
商业绩效	资本回报率（%）	0.2808	0.6925	0.8053	4.6445	0.2858	0.5	0.6423	0.56	—	—
	年净利息收入（百万美元/百万欧元）	2556	642	1675.4	655	460.6	2729.2	221.2	（无利息）	—	—
投资领域	基础设施领域投资占比（%）	67	64	38.60	46	55	51	23.80	20.2	—	—
经营风险	股本占贷款比例（%）	27.48	44.284	32.36	29.1	4.484	25.48	38.24	30.3	—	—

注：①数据统计截至 2019 年 12 月 31 日；②欧洲复兴开发银行和欧洲投资银行的货币单位为百万欧元，其余均为百万美元；③资本回报率、年净利息收入和股本占贷款比例三个指标采用的 2015~2019 年平均值；基础设施领域投资占比数据来源于各多边开发银行的 2019 年年报。

资料来源：各多边开发银行的年报和官网数据。

在资金支持发展中国家进行基础设施建设过程中，与受援国不是平等的伙伴关系，而往往以该国建立市场经济机制、实施经济体制改革甚至一些政治压力为条件，且审批程序过于复杂，这将严重挫伤受援国接受投资进行基础设施建设的积极性。三是"一带一路"沿线国家的决策话语权不高。世界银行成员的投票权向美国等发达国家倾斜，美国一国在IBRD的投票权为16.12%，超过金砖五国的总和（13.4%）；虽然亚洲开发银行域内国家投票权占65.13%，但美国和日本仍是拥有最高投票权和话语权的国家。"一带一路"国家在现有多边开发银行中较低的话语权和决策权使其在基础设施投融资合作中处于被动地位，资金需求难以体现，不符合"一带一路"倡议平等协商的原则。

（2）亚投行是为"一带一路"基础设施投融资合作"量身定制"的多边开发银行

首先，亚投行的机构属性、治理结构符合"一带一路"基础设施投融资需求。与世界银行、亚洲开发银行相比，亚投行是由中国等发展中国家发起并主导的多边开发银行，域内成员投票权占75%，中国拥有26.06%的最大投票权但不寻求类似美国在世界银行的"一票否决权"，充分彰显了平等、开放、包容、透明的"一带一路"多边金融合作理念。在业务重点方面，亚投行专注于资金支持基础设施建设及互联互通，在基础设施领域引入私人资本方面更具针对性。同时，亚投行按照准商业性原则开展业务，兼顾投资母国和东道国多方经济与社会效益，不会刻意附加令受援国难堪的特别条款，能够充分调动沿线国家开展基础设施投融资公私合作的积极性。其次，亚投行为亚洲国家资金供求的精准对接提供了平台。"一带一路"沿线国家和地区拥有丰富的官方和民间资本储备：据统计，全球储蓄率超过50%的国家集中在亚洲，区域目前已沉淀了约62万亿美元的私人资本；截至2021年5月，亚洲新兴经济体央行持有的外汇储备达到5.82万亿美元，在全球外汇储备总额中的占比超过45%。过去几十年，区域内的巨额外汇储备和储蓄资金大量流向欧美发达国家的金融市场尤其是回报率较低的国债市场，客观上支持了发达经济体经济发展，而能够带动本地区经济发展的基础设施建设资金却存在巨大缺口。亚投行作为区域内投资平台，为亚洲经济体，尤其是中东石油出口国和东亚贸易顺差国巨额外汇储备和民间资本开辟了新的投资渠道，搭建了能够统筹运作私人资本的区域性平台机构。

2. 发挥亚洲基础设施投资银行在私人资本引入规则中的主导作用

要促进民间资本向高回报的基础设施领域流动，关键是打破原来多边开发银行与特许经营商、政府部门间的合同伙伴关系，建立基础设施项目和多边开发银行的公私合作伙伴关系模式（Arezki et al., 2016），其中以亚投行为主的多边开发银行，在跨境基础设施项目方面拥有长期深耕海外市场的优势，以"基础设施融资组织者和财务总顾问"的身份与定位，能够在协调东道国政府与当地金融机构的关系、消除资信不对称、提供跨境金融服务等方面，为长期机构投资者、民营企业、国有企业和国有参股企业等多方主体参与"一带一路"基础设施投融资提供全面的投融资服务。

亚投行等多边开发性金融机构不能仅以债权融资即贷款业务来推动私人资本参与基础设施项目，而是要利用自身综合金融业务资源，根据基础设施 PPP 项目开展的不同阶段不同需求，为其提供不同的金融服务，包括项目贷款、银团贷款、夹层融资、融资租赁、商业保险、证券承销、资产证券化等多种服务。

根据表 6-2 和表 6-3 多边开发性金融机构参与基础设施公私合作项目的不同模式及适用特点，建议从以下几方面入手，发挥多边开发性金融机构亚投行"融资"和"融智"职能，推进建立多元化、多层次、可持续、富有竞争力的"一带一路"基础设施投融资私人资本引入规则。

（1）完善多元化融资渠道，保证投资收益

除了主权国家出资、赠款及低成本发行国际债券融资以外，亚投行要积极拓展资金来源渠道，建立常态化融资机制，广泛吸引社会资本。一方面，在国际市场广泛采用借款、贷款、发行债券、建立基金等方式融资。可以与沿线各国国内开发性金融机构合作，倡导建立"一带一路"跨境基础设施证券交易所，推动本币债券的发行，为沿线长期私人投资者参与"一带一路"跨境基础设施投资搭建国家级基础设施融资平台，并吸引各国主权财富基金、养老金和多元化社会资本参与基建项目，同时借助区域政府合作关系发展成为可跨区域运作的融资平台，广泛发展融资租赁、信托等多元化金融业务，拓宽社会资本融资渠道。另一方面，坚持开发性和市场化导向相结合，实行分类经营，保证投资回报率和股东成员的收益。亚投行致力于亚洲区域的基础设施建设和成员方的合作共赢，因此需要明确职能权限，按类别划分业务部门，实现投资、贷款援建和技术咨询业务分离。建议分别建立公私合作业务投资部、贷款部、援助部和服务部。公私合作业务投资部代表亚投行以投资者的身份加入特殊目的公司并参与经营性基础设施项目的融资，以获得投资利润回报为目的负责项目的投融资业务；贷款部则主要负责区域内一般基础设施建设的项目融资、资金借贷和对私人部门的贷款业务；援助部则负责执行对区域内最不发达国家基础设施建设的低息无息贷款或捐赠业务；服务部主要发挥亚投行"融智"功能，负责为私人投资者参与基础设施项目提供信用担保、技术援助、项目咨询等服务，并收取一定的服务佣金。探索建立不同的资金库，根据资金来源划分用途，采取分级评估方式，为基础设施落后国家的紧急项目建立特殊资金库，以满足其发展需求。

（2）规范基础设施私人资本引入模式

建立根据基础设施具体领域、东道国需求特点、投融资模式特点合理选择投融资模式的制度。借鉴世界银行、亚开行等多边开发银行的运营经验，针对能源和社会服务类基础设施项目，采取设立基金的模式吸引众多中小社会投资者参与项目投融资；针对教育、科技和文化等社会事业类基础设施项目，采取信贷投放和股权融资方式吸收社会资本进入基础设施建设领域；而大部分包括交通运输、水务、城市建设等在内的大型跨境基础设施项目，则采用实业投资和基金投资交叉联合投融资方式引入私人资本。建议针对"一带一路"大型跨境基础设施项目，亚投行首先协同沿线政府设立基础设施投资引导基金，该引导基金以股权投资的方式成立基础设施PPP项目公司参与各项目的建设，同时亚投行对项目提供信贷支持。总的来说，基金投资模式较多体现政府意志，实业投资模式更多体现市场化选择，亚投行要根据具体基础设施项目中当地政府和社会资本方的需求特点有针对性地提供私人资本引入规则，市场化程度高、符合国家和区域战略要求的基础设施项目一般采用基金投资方式，社会资本主动寻求参与基础设施公私合作渠道时，一般采用实业投资方式。

（3）畅通亚投行实业投资和基金投资渠道

对于实业投资模式：建议亚投行参照世界银行设立国际金融公司的经验，对不能够提供政府担保的项目引入公私合作模式，成立亚洲基础设施金融公司，负责通过股权投资方式为"一带一路"沿线各国企业提供资金支持，使之从独立运营、自负盈亏的运营商转型为PPP项目实施主体公司，以发挥培育合格社会投资主体参与基础设施投融资、让私营部门共享经营收益的作用；借鉴世界银行设立多边投资担保机构（MIGA）的经验，设立亚投行投资担保机构，为其利用国家层面基金和私人资本提供信用保障。对于基金投资模式：建议加强专项基金建设，通过股权投资形式实现资本投资流向引导。亚投行要充分发挥其政府信用优势，筹措市场资金发起亚洲基础设施投资基金，基金由亚洲基础设施金融公司受托管理，建立公司制的治理框架进行市场化运作。该基金的运作思路大致为：首先是 PPP 产业基金，即以基金形式注入资本成为基础设施 PPP 项目公司的股东，参与 PPP 项目的运作与协调；其次是并购基金，为市场上活跃的私人部门企业开展基础设施 PPP 项目以外的横向及纵向并购提供资金支持；最后是基金可以直接与各国政府对接，以参与者的角色对当地政府需要市场化改造的相关资产进行盘活，甚至作为基础设施 PPP 项目政府端的发起人。同时，要加快"一带一路"区域资产证券化平台建设，畅通私人资本的退出渠道。亚投行应充分发挥准国家信用的优势，为区域投资者搭建可信任的第三方信息披露平台、PPP 项目产权交易市场和股权转让平台，一方面对于建成的跨境基础设施，为各类社会投资者提供便利的产权和股权流转服务，使社会资本能够顺利实现投资回收和合理退出，实施资产证券化；另一方面对于在建的跨境基础设施，可成为私人小额资本参与基础设施建设的重要途径。

（4）搭建"一带一路"基础设施 PPP 项目管理平台

目前，社会投资者对"一带一路"基础设施投资收益的不确定是阻碍其进入基础设施投融资领域的主要问题。第一，亚投行要充分发挥先导作用，通过设计和筛选盈利性的基础设施项目和产品，吸引私人资本参与跨境基础设施建设。以《推动共建丝绸之路经济带和 21 世纪海上丝绸之路的愿景与行动》为指导，结合沿线国家的实际需要，结合其他多边开发银行的经验，以"基础设施行业可经营性程度高、外部性和公共责任较小，项目所在国的建设需求大且积极性高"为 PPP 项目评价标准，对照表 6-5 列出的各领域基础设施项目特点，对拟融资基础设施项目进行评定、审议与筛选，收集沿线各国拟建的基础设施投资计划或重点项目清单。第二，亚投行提前进入 PPP 项目，与当地政府积极沟通并就基础设施项目、PPP 项目公司资质、基础设施盈利能力、国别风险、东道国政府的担保情况等展开广泛调研，结合地区特点和项目特色，在综合考察战略性、经济性、成熟度等因素的基础上，分批培育基础设施项目；因地制宜制定引入私人资本的融资规划，包括项目融资模式和方案的设计、投资收益分配、基础设施收费制度、融资风险的防控安排、社会资本融资方式等内容，并以此确定项目的优先等级和授信额度形成项目可行性报告，及时将满足条件的 PPP 项目纳入"一带一路"基础设施项目库。根据对合作项目进行的全程跟踪分析和数据反馈，形成详尽的文字报告存入 PPP 项目信息库，为以后"一带一路"开展公私合作业务提供借鉴和经验。第三，亚投行需摒弃现有多边开发银行程序过于复杂、项目标准过于严苛、考察评估耗时过长的弊端，采取商业灵活的项目审批机制，更多地从经济收益方面而非政治因素方面理性考察项目可行性，并针对不同国家和地区的具体情况实行差异化管理，允许"特项特办"。第四，亚投行要搭建知识型基础设施 PPP 服务平台，提供有偿或无偿的信息咨询和知识技术服务，实现政府部门与私人资本的供需对接。如定期举行"一带一路"基础设施 PPP 模式交流论坛，依靠信息优势对各方资质和信用进行量化评分，帮助东道国政府和私人企业掌握基础设施公私合作模式的执行、风险划分和项目绩效评价能力，为 PPP 项目合同的达成和各方利益的实现提供便利。

表 6-5 各领域基础设施项目特点

领域	项目	竞争度	经营收益程度	公共服务责任
电力和天然气	发电站	激烈	高	很少
	电力输送	弱	高	很少
	电力分配	一般	高	很多
	天然气生产、分配	激烈	高	很少
交通运输	地铁	弱	低	很多
	铁路货运和客运服务	激烈	高	一般
	一级公路、二级公路	一般	中度	很少
城市市政工程	地下综合管廊	一般	高	很多
	非管道网络	激烈	高	一般
水利设施	管道排污与处理	弱	中度	很少
	灌溉	弱	低	很多
	收集处理	激烈	高	一般

资料来源：根据中信证券研究部相关研究整理得出。

（5）落实亚投行"融智"服务职能，提高资金安全性和收益回报率

目前，"一带一路"基础设施公私合作的主要障碍是缺乏成熟的项目资金管理平台，"重融资，轻管理"问题比较突出，导致社会投资者与政府、项目

公司之间缺乏信任。亚投行作为连接区域内部政府部门与社会资本的合作平台，应发挥融智服务的优势，建立公共信息和资金运作情况共享机制，设定和落实合理的利润分配与风险分担规则，以动员更多社会资本进入基础设施投融资领域，更大限度地激活"一带一路"区域金融资源，实现风险共担、收益共享。在控制风险方面，建立科学的风险监控和争端解决机制。一是借鉴传统多边开发银行经验，深度参与基础设施 PPP 项目运营，与项目公司签订限制公司管理层处置项目资金和资产的约束性金融合约，确保政府对项目担保政策的有效性，以此减少融资风险和项目执行过程中的不确定性因素。二是应以多种方式参与基础设施公私合作项目执行的全过程，尤其是在项目融资和执行过程中对承包建设和采购、运营管理、收益分配和股东处置项目资产进行全程监督，建立及时、公开、透明的信息披露制度和监测反馈制度，减轻私人投资者在基础设施领域投资面临的信息不对称性（贾英姿，2015），并在项目利益相关方出现争端时，迅速诉诸"一带一路"基础设施争端解决机制来解决，保障亚投行和项目投融资参与各方的利益。三是借鉴亚洲开发银行经验，按照表6-6 的评价标准设立基础设施项目绩效评价机制，提高基础设施项目收益性，兼顾亚投行等多边开发性金融机构的政策性和商业性，增强对私人资本进入基础设施领域的吸引力。

表6-6　"一带一路"基础设施项目评价标准

项目匹配度	1. 项目目标是否符合"一带一路"沿线国家的发展政策或优先重点,是否符合国际多边开发性金融机构的重点投资战略? 2. 基础设施项目是否满足东道国的实际发展需求?
项目建设效率	1. 项目是否按照计划的实践周期施工并完工? 2. 项目是否按照计划的资金预算实施? 3. 项目是否实现了所有的预期产出?
项目收益	1. 项目完工后是否达到了预期的经济收益率? 2. 项目的实际收益群体是否达到了预计的收益目标群体数量?
可持续性	1. 项目的管理和运行机构设置、人力资源、经费能否满足项目持续运营的需求? 2. 项目的产出能否得到持续维护和利用? 3. 项目运行所依赖的政策、制度能否都得到持续实施? 4. 项目贷款是否能够按时偿还? 5. 项目是否存在完善顺畅的资金退出机制?

注：借鉴亚洲开发银行独立评估局的相关政策。

3. 探索以亚投行为中心的多边开发性金融机构联动机制

"一带一路"区域内部庞大的基础设施建设资金需求和沿线各国财政资金紧张导致基础设施资金缺口巨大，单独依靠亚投行的力量难以弥补基础设施融资缺口，需要联合国际上其他成熟的多边开发性金融机构，组成全球基础设施互联互通开发银行联盟，以改善基础设施条件为突破口，整合现有多边开发银行资源，建立多边开发银行联动合作规则，支持全球私人资本进入基础设施投融资领域。由于各多边金融机构主要服务的区域不同，联盟内部可以根据不同区域选择一家多边开发银行作为主导和中心，负责与其他多边金融机构就本地区基础设施投融资需求进行交流、沟通和合作。在"一带一路"倡议框架下，鉴于亚投行专注于亚太地区基础设施领域投融资，可以作为"一带一路"区域多边开发银行的中心机构，与其他多边开发银行联动建立"一带一路"地区的私人资本引入规则。

目前，亚投行与世界主要多边开发性金融机构的合作已取得了良好开局，亚投行已经聘请世界银行专家、从世界银行退休的律师参与制度规划工作，并且已经与欧洲投资银行、欧洲复兴开发银行等多家开发性金融机构签订了合作备忘录或互助框架文件，开始探索在"一带一路"地区可持续发展和基础设施投融资方面进行项目合作和战略合作。但距离建立全球基础设施互联互通开发银行联盟还有很大差距，未来亚投行应从以下几个方面努力，从硬件和软件两方面建立基础设施投融资互联互通机制，与世界其他多边开发性金融机构一道积极推动私人资本参与全球基础设施投融资。

（1）借鉴其他多边开发银行的经验与成果强化自身公私合作项目运作经验与资质

一方面，学习成熟多边金融机构的运作经验。现有主要多边开发银行在基础设施公私合作业务方面积累了丰富的实践经验。亚投行、新开发银行等新兴多边开发机构，在机构的管理、资金的来源、人才的储备、项目的运营和风险管理等方面都面临挑战，因此需要借鉴现有多边开发银行，尤其是世界银行、欧洲投资银行、亚洲开发银行等在"欧洲睦邻政策"与容克计划、湄公河—澜沧江区域合作等跨国基础设施投融资方面的经验，积极学习成熟的多边开发银行在基础设施项目筛选、收益评估、私人资本引进和项目风险管理等方面的经验，并寻求其在技术、数据、人才培训等方面的帮助。需要特别指出的是，世界银行等发达国家主导的国际金融机构以重视环境保护和反腐败等为借口对亚投行提出的一些严厉苛刻的运作要求，与亚投行重视效率的目标存在冲突，亚投行在未来业务开展过程中要保持高效、公平、公开的管理模式，防止西方个别发达国家实施的政治干预，以"政治中立"的属性增强自身的融资竞争力。另一方面，通过加强与其他多边开发银行的合作提升自身主权信用评级。亚投行和新开发银行作为国际多边金融机构，适用超主权信用评级评判标准，其超信用评级由各成员的最高主权信用评级决定（潘庆中等，2015）。目前各初始成员主权信用评级相对较低，导致亚投行和新开发银行的主权信用评级可能达不到 AAA 级，与世界银行、亚洲开发银行、欧洲投资银行等相比有一定差距，这会增加亚投行、新开发银行的融资成本，阻碍引入私人资本进程。可通过与其他高评级的多边金融机构合作，吸引域外高主权信用评级的发达国家加入亚投行，获得更实在的外部"信用增级"，这有利于提高亚投行、新开发银行的信用水平，降低在国际市场的融资成本，实现财务可持续性，进而吸引更多国际私人资本参与融资。

（2）开放共享，建立信息沟通协调机制

亚投行的创建扩大了全球基础设施投资的资金池，与其他多边金融机构合作的目的是把亚太基础设施建设这块蛋糕做大，而不是重新分配蛋糕。建立各多边开发银行之间的信息沟通协调机制，有利于协调各机构利益，避免在吸引全球私人资本方面形成恶性竞争。建议亚投行联合世界银行、亚洲开发银行、欧洲投资银行和新开发银行等多边金融机构建立相应的对话机制、设立定期或不定期的联席会议制度，或定期开展"一带一路"基础设施投融资论坛，由各行行长以及各成员方央行行长、财政部官员参加，相互通报各国或地区互联互通基础设施拟建项目及资金供求情况，促进基础设施项目信息共享，加强联系与沟通，相互学习借鉴经验，针对项目的投融资合作问题进行协商，并针对存在的问题及时讨论解决。此外，还可以设立行长热线，以便就大型跨国基础设施项目投融资进行及时沟通，提高沟通效率。

（3）联合世界各多边开发银行进行"一带一路"基础设施投融资合作

以亚投行为中心，探索与世界其他多边金融机构合作引入私人资本的联动机制。积极与其他国际金融组织合作，一方面有助于帮助"一带一路"沿线国家机构投资者、各类企业，获得更广泛的融资渠道，减轻对本国国内单一融资渠道的依赖；另一方面，获取国际多边银行的资金支持，有助于沿线各国尤其是中国对外投资基础设施建设过程中建立更加良好、负责任的国际形象。未来，亚投行在开展"一带一路"基础设施 PPP 业务的同时，应注重与世界银行、亚洲开发银行、美洲开发银行、欧洲投资银行和非洲开发银行等多边金融机构开展投融资合作。一是发展项目联合融资、联合担保，充分利用成员方政府内部与各多边开发性金融机构的资金优势。在现实案例中，为资助菲律宾大型工程项目，中菲两国共同探讨与世界银行、亚洲开发银行及亚投行等多家多边金融机构的混合或共同融资，实现发展援助和贷款的结合，为发展中国家大型基建项目筹集更多资金，降低借款成本。二是探索各多边金融机构间的股权互持，多边开发性金融机构可互为股东，在"一带一路"基础设施项目中实行联合贷款。比如，欧洲复兴开发银行的股东之一就是欧洲投资银行，类似这样的股权结构设计，可增强多边开发性金融机构在吸引国际私人资本方面的竞争力。

（4）明确自身目标定位，与其他多边开发性金融机构实现错位发展

亚投行、新开发银行等新兴多边金融机构需要明确自身目标定位、区域定位和业务定位特点，与传统多边开发性金融机构实现有序竞争、错位发展。根据叶芳（2017）的研究，国际传统的多边开发银行通过引入私人资本进行资金支持，而采用非公私合作模式支持的基础设施项目则主要集中在经济增长较慢、通货膨胀较高、人口较多、国际储备较少的国家。为实现错位发展、弥补传统多边开发银行的业务缺口，亚投行和新开发银行在选择投资对象方面，可以考虑那些经济发展较慢、国民收入较低、人口较少，但政治稳定、自然资源丰富的国家。在投资重点领域方面，以扶贫开发为主要宗旨的世界银行、亚洲开发银行等，多关注发展中国家的农业、教育、健康和社会治理等领域。为实现与现有开发银行的错位和补充，亚投行和新开发银行在选择投资领域时，可以重点选择能源、交通和环境保护等强调可持续发展、绿色发展的基础设施，实现业务领域的互补共赢。

（五）发挥国家开发性金融机构的作用

1. 国家开发性银行发展现状

根据 Chandrasekhar（2016）的研究，目前全世界共有约 550 家开发性银行，其中国家开发性银行约为 520 家。从地理区域分布来看，它们广泛分布在全球的 185 个国家，尤其是发展中国家和新兴经济体。中南美洲地区的国家开发性银行最多，达到 152 家，其次是非洲（147 家），亚太地区共有 121 家国

家开发性银行，而欧洲和西亚地区则分别有 49 家和 47 家，可见"一带一路"区域国家开发性银行众多。从设立时间来看，1946 年之前设立的国家开发性银行占 12%，近一半的国家开发性银行成立于二战后至 1989 年，39% 成立于近 30 年间。部分发达国家如意大利、德国、法国、爱尔兰等较早地设立了国家开发性银行，其中德国复兴信贷银行（KFW）是欧洲国家开发性银行的成功代表，为欧洲国家经济持续发展和结构转型升级做出了积极贡献。

目前世界上的国家开发性银行在资金来源、资本规模、运作模式、治理结构和重点投资领域等方面存在差异。总体来说，一些大型国家开发性银行在资金支持基础设施建设中的效果和运营收益均十分亮眼。下文具体介绍世界各国家开发性银行的发展情况及其在引入私人资本方面的表现。

一是在资金来源方面：近 75% 的国家开发性银行是由国家 100% 控股，国家股权占比超过半数的开发性银行占比为 21%，仅有 5% 的国家开发性银行是国家持有少数股权；64% 的国家开发性银行会获得政府担保，保证政府对国家开发性银行的绝对控制权和决策权，为国家开发性银行利用国家信用、进行组织增信提供了基本保障。此外，89% 的国家开发性银行会以政府担保为依托通过发行债券或向其他金融机构借款来拓宽融资渠道，41% 的国家开发性银行会吸收公众存款，这成为开发性金融机构吸收私人资本参与基础设施投融资的手段之一（Ghada et al.，2010）。

二是在投资方向方面：65% 的国家开发性银行支持开展基础设施领域投融资；就服务对象而言，综合世界全部国家开发性银行的资金业务，60% 服务大型私人公司，54% 服务国有企业，46% 服务私营金融机构（斯特凡尼·格里菲思-琼斯等，2017）。

三是在投融资业务方面：长期贷款占国家开发性银行业务的 90%，而银团贷款占全部开发性银行的 52%。从提供的贷款期限来看（见图 6-2），国家开发性金融机构主要为基础设施建设提供长期资金即耐心资本，以解决商业资金提供与基础设施融资需求间的期限错配问题。

四是在资产规模方面：众多国家开发性银行间资产规模差距较大，最大的国家开发性银行中国国家开发银行资产总额已突破 2 万亿美元，而全球约一半的国家开发性银行资产规模不足 10 亿美元（见图 6-3）。一方面这是由银行初始资本或国家财政实力决定的，另一方面也是各国家开发性银行的开发模式、运作原理和运作效率不同导致的。

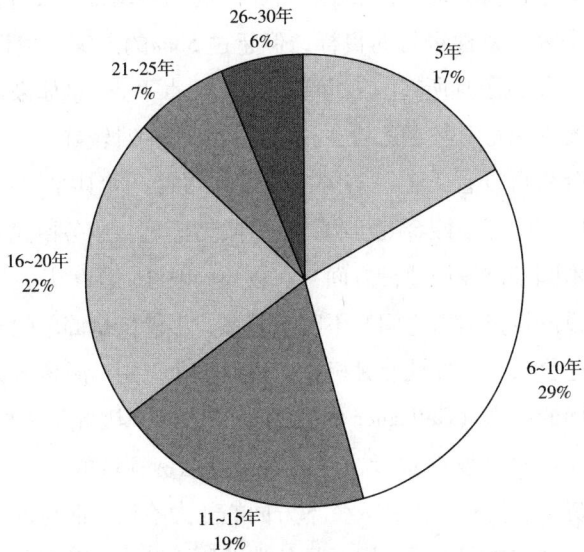

图 6-2 全球国家开发性银行提供的贷款期限占比

资料来源:〔美〕斯特凡尼·格里菲思-琼斯等,《国家开发性银行的未来》,《开发性金融研究》2017 年第 4 期。

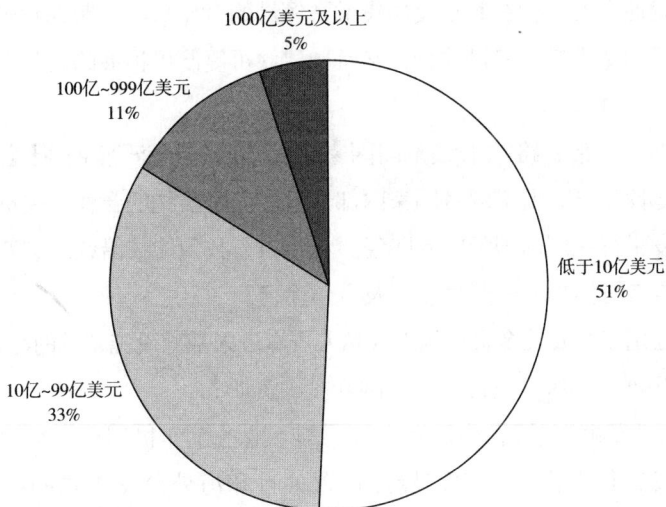

图 6-3 全球国家开发性银行资产规模分布情况

资料来源:Ghada T. et al., Scaling-up SMF Access to Financial Services in the Developing World, Washington D. C.: World Yank Croup, 2010: 144。

五是从资本运营情况来看：根据世界银行的相关调查与报告，虽然实现利润最大化不是国家开发性银行的目标，但超过53%的国家开发性银行的资产回报率（ROA）超过了其所在国银行系统的平均水平。[①] 总体来说，资产规模较大的国家开发性银行，其经营效益和风险控制都相对较好。

由前文的分析可以看出，一些国家开发性银行，尤其是"一带一路"沿线欠发达国家内部的开发性金融机构，资金实力不足、业务模式落后，在引入私人资本参与本国基础设施建设方面存在较大局限性。国家开发性银行自身规模与国家基础设施投资需求之间的不匹配关系，不仅仅是简单的银行资产负债表约束问题，还会限制开发性金融机构在项目风险识别、融资方案设计和吸引社会资本等方面的能力（Gallagher and Sklar，2016）。因此，需要加强"一带一路"沿线国家内部开发性银行在基础设施投融资领域的合作，以弥补单个开发性银行在资金支持和引入私人资本方面的能力不足。而与世界其他国家开发性银行相比，中国的国家开发银行具备先进的开发性金融理念与完整的投融资体制机制，近年来在总资产和总权益上均增长最快，在帮助一些发展中国家基础设施建设市场培育、促进我国同周边地区的投融资合作方面积累了大量成功经验。因此，建议以中国国家开发银行为主导，建立"一带一路"区域国家内部开发性金融机构在基础设施投融资领域的合作规则，帮助政府部门、基础设施项目和私人投资者搭建合作平台，建立可复制可扩展的公私合作投融资模式。

考虑到"一带一路"沿线不同国家之间政治、经济金融、社会文化等方面存在地缘性差异，要实现各国家内部开发性金融机构的合作，关键是结合中国国家开发银行在国内国际的实践经验和特点，找到能被沿线国家普遍接受和认同，并具有可操作性的开发模式及合作途径。

2. 构建国家开发性金融机构引入私人资本进入基础设施领域的配合机制

（1）拓展各国家开发性银行的国际投融资业务

首先，"投棋布子"，为建立有效的国际业务工作机制奠定组织基础。借鉴国家开发银行在海外关键连接点设置分行和海外分支机构的经验，推进"一带一路"沿线各国国内开发性银行互派海外工作组，从搜集当地政治、经济、金融、社会、基础设施等方面的信息，到寻找合作机会，再到开发合作项

[①] 数据来源于各国家开发性银行年报。

目，逐步拓展海外业务，并逐步将海外工作组升级为分行或代表处，深度参与国外基础设施项目与融资。同时，帮助本国国内商业性金融机构拓展"一带一路"沿线国家分支机构，引导各国金融机构"双向进入"满足区域基础设施融资需求。其次，完善"一带一路"基础设施重大项目储备库。充分发挥各国家开发性银行驻外工作组贴近项目的优势，通过与合作国加强联系，做好对境外优质企业、机构投资者和私人投资者等客户的服务及关系维护，一方面主动开展和推动一批经济效益好、风险可控制的基础设施项目，另一方面吸引优质私人资本参与基础设施投融资。中国国家开发银行要发挥自身业务优势，争取成为"一带一路"沿线国家内部规模最大的基础设施融资银行。

（2）协调组织国内金融资源，调动地方投资积极性

一方面，统筹各国内部地方政府财政、企业资金和私人资本力量，协调搭建"一带一路"合作平台。国家内部开发性银行在协调本国政府和社会资本方面具有多边开发银行所不具备的优势。在具体运作中，建议将中国国家开发银行的成熟开发性金融理念和投融资模式拓展至海外，充分发挥国家开发性银行"融智"职能，帮助各国内部各地方政府做好对接"一带一路"跨境基础设施建设的顶层设计和详细规划，在避免地方出现基础设施投资恶性竞争的同时，整合各方优势和特色，实现国家内部地方政府间的基础设施投融资合作。另一方面，整合国内优质私人资本抱团出海合作参与"一带一路"基础设施投融资。目前"一带一路"区域内发展中国家对外基础设施投资以对外工程承包为主，国家开发性银行要组织协调国内设计单位、施工单位、材料供应单位、项目运营单位和投资机构，搭建合作平台引导企业探索"EPC+F"（工程总承包加融资）、"EPC+O&M"模式，将跨国基础设施投资模式向"投建营"一体化转化，有效支持本国优势产能和社会资本"走出去"。

（3）撬动商业性金融机构资金支持基础设施项目建设

商业性金融机构是私人资本参与基础设施投融资的重要渠道之一，促进政银合作能够在一定程度上缓解基础设施建设资金不足问题。由于商业银行投融资过程中的顺周期和短期化特点，对于一些资本回收周期长、短期收益不确定的基础设施项目，商业性金融机构会基于期限匹配和资本占用原因拒绝提供融资，这就需要开发性金融机构发挥商业资本的引入作用。首先，国家开发性银行与商业银行合作开展基础设施投融资。国家开发性银行可以选择在当地或跨境基础设施建设初期进行投资，当基础设施项目开始产生规模效应并有稳定资

金流后，建立信贷资产流转机制，通过转包业务将部分融资转让给商业性金融机构，既便于商业性金融机构参与后续基础设施融资，又有利于开发性金融机构用退出的资金培育和支持其他基础设施项目，实现资金的良性周转；或者通过与商业银行组成直接银团或间接银团等形式为基础设施项目提供资金支持，并为没有在项目所在国设立分行的商业银行提供相应金融支付服务。其次，培育满足商业银行授信要求的基础设施公私合作项目。鼓励国家开发性银行合理设计基础设施 PPP 项目以保证未来稳定现金流的产生；选择有实力的国内龙头企业率先开展境外基础设施投融资以降低风险；建立扎实的信用结构，选择有第三方提供担保的借款公司，或开发性银行直接为基础设施项目公司提供全额连带担保；帮助设置项目专款专用账户以接受商业银行的监管；利用开发性银行的海外业务优势，帮助国内商业银行或与商业银行共建境外分支机构、增强海外业务能力实现以境外 PPP 项目资产为抵押担保获得信贷的模式。

（4）发挥综合经营优势，探索基础设施投融资业务新模式

一是发挥中国国家开发银行及"一带一路"区域内其他重要国家开发性银行"投资、贷款、债券、租赁、证券"业务综合经营产生的协同效应优势，创新和丰富跨境基础设施投融资业务模式和金融工具。除了基础设施项目常规融资，各国开发性金融机构可尝试与多边开发银行合作开发一些临时的公共融资便利和全系统保险工具，如效仿世界银行的"流行病经济融资便利"，开发"大型跨国基础设施融资便利"等。推进投贷结合，合理设置针对部分国家或区域的基础设施专项贷款，利用国开金融等专业子公司以及中非基金、中阿（联酋）基金、中巴投资公司等对外合作机构开展股权投资，二者结合与东道国构建共担风险、共享收益的基础设施利益共同体；推进租贷结合，鉴于基础设施建设对大型工程设备的需求，通过为基础设施项目提供"贷款+租赁"的组合产品，将部分贷款转化为高附加值租赁产品，并为其提供可复制的滚动租赁支持，同时满足基础设施建设中的资金和技术需求；推进债贷结合，与多边开发性金融机构或者合作国开发性金融机构、中央银行合作，探索在国际资本市场发行人民币债券业务，根据基础设施融资需求制定包含企业或项目债券和贷款的系统性融资规划，并实施全程管理。二是集团化协作全程参与境外基础设施公私合作投融资。在推进"一带一路"跨境基础设施项目 PPP、BOT、PFI 等形式投融资过程中，承担从前期的项目规划、项目谈判、项目融资方案

设计、与项目公司签订融资合作协议，到投融资过程中搭建信用结构、建立多级风险分担规则、提供大额外汇贷款、组建银团实施贷款、通过投资基金进行股权投资等业务，再到项目后期通过国际结算、离岸资产证券化等建立资本退出机制，为基础设施项目投融资提供全方位、一站式的金融服务。

（5）推进各国家开发性银行之间、国家开发性银行与多边开发银行、各国中央银行间以及各国商业银行间的合作规则建设

要彻底解决"一带一路"基础设施公私合作项目融资面临的"境外投资，境内融资"瓶颈问题，就要加强"一带一路"区域内多边开发性金融机构与各主权国家开发性银行间的合作。首先，明确中国国家开发银行在合作规则构建中的主导地位，加强与"一带一路"区域内各国家开发性银行、多边开发性金融机构以及中央银行的合作。中国国家开发银行的主导地位具有坚实的实践基础：我国推动建立的上合组织银联体、金砖国家银行合作机制、中澳CEO圆桌会等多边和双边合作规则为各国开发性银行、各多边开发银行开展投融资合作提供了平台；而中国国家开发银行作为目前我国最大的投融资合作银行和全球规模最大的开发银行，已经与近100个区域、次区域金融机构以及合作国的中央银行、开发性和商业性金融机构就跨国投融资开展国际合作，在基础设施投融资合作方面积累了宝贵经验。未来，中国国家开发银行要在跨境基础设施投融资国际合作中发挥牵头、协调作用，为克服"一带一路"基础设施投融资的国别障碍，建议国家开发银行通过海外工作机构与所在国政府、企业和私人投资者建立合作关系，联合亚投行、新开发银行、世界银行、欧亚发展银行[①]等多边开发性金融机构和"一带一路"沿线国家内部开发性银行或中央银行如俄罗斯外经银行、哈萨克斯坦开发银行和蒙古开发银行等共同组建"一带一路"银行联合体机构合作委员会，建立沟通协调机制，互通投融资信息与研究成果。其次，建立常态化的银行间多边合作平台机制。充分运用在双多边合作规则中形成的共建合作模式和成果，在推进上合组织银联体、中国—东盟银联体、中国—中东欧银联体、中国—阿拉伯国家银联体、中非金融合作银行联合体和金砖国家银行合作机制等已经设立的多边银行合作规则基础上，联合"一带一路"区域内更多国家建立银行间常态化合作平台机制，在对接

---

① 欧亚发展银行由俄罗斯和哈萨克斯坦于2006年1月发起成立，主要服务于欧亚地区的经济活动，促进地区一体化，注册资本为70亿美元。亚美尼亚和塔吉克斯坦于2009年加入，白俄罗斯、吉尔吉斯斯坦分别于2010年和2011年加入。

项目开发、评审和信贷制度标准、国际结算、项目融资、财务顾问、本币授信、信用证保兑、离岸资产证券化、银团贷款、风险控制、信息技术、资金管理等方面开展合作,实现良性竞争和互补合作。促进我国同"一带一路"沿线国家银行的"双向进入",加快互设跨境分支机构进程。同时,中国国家开发银行要注重加强与其他多边开发性金融机构、其他国家开发性银行在基础设施投融资领域互用担保资源、直接授信、转贷和金融工具创新等方面的多边金融合作和资源共享,共同支持"一带一路"区域的重大基础设施建设。

二　完善资本市场对私人资本的引入规则

在跨境大型基础设施建设前期,开发性金融机构能够为项目提供较大规模的资金,但是在基础设施项目建设中后期,为充分引入私人资本参与"一带一路"基础设施投融资合作,应该建立兼顾直接融资与间接融资、涵盖股权投资与债权投资、既有主权性引导又能动员民间资本的多层次立体化投融资机制。在"一带一路"区域合作日益深化和沿线资本市场日益成熟的条件下,应逐步发挥资本市场机制在引入私人资本参与"一带一路"基础设施投融资方面的作用。

(一)资本市场引入私人资本参与"一带一路"基础设施投融资的作用机理

按照融资理论,基础设施融资模式主要有银行贷款、债券融资和权益性融资等,各种方式各有优势、相互补充,才能够共同搭建包含主权性和市场化的私人资本引入规则。目前,"一带一路"跨境基础设施项目的资金来源相对单一,以主权性资金和传统银行贷款为主,私人资本进入渠道不够畅通。从长期来看,单纯依靠开发性金融机构以主权资金为主导的私人资本引入模式可能导致资金可持续性差的问题。根据已有理论,证券市场在引入私人资本参与基础设施投融资方面具有独特优势。首先,Hellwig (1991) 认为发达的竞争性证券市场在收集和传递信息方面独具优势,能够有效克服投融资过程中信息不对称问题,并促进资本流向技术含量高、生产周期长的大型基础设施项目。其次,Levine (1997) 认为证券市场通过多种形式的证券发行与交易,能够把受时空限制的财产实体转变为可加总和不断交易流通的资本单位,进而打破基础设施领域资本进入的规模壁垒，广泛调动社会闲散资金。尤其是对于跨境资本流动需求大的"一带一路"跨境基础设施投融资，证券类金融产品能够加速资本的国际流动，提高资金融通效率。最后，根据"人类命运共同体"理念，资本市场尤其是国家间资本市场的开放合作能够促进"一带一路"沿线国家各国机构和私人投资者通过投资证券的方式，参与基础设施投融资合作，即对东道国投资者和参与国投资者进行利益绑定。利益共同体的形成有利于倒逼东道国政府给予基础设施建设在政策环境方面的支持，从而降低跨境基础设施投资风险，进而增强各国社会投资者通过资本市场参与基础设施投融资合作的信心。

目前，"一带一路"沿线国家资本市场发展基础与发达程度不同，大多数国家的金融结构属于银行主导型，只有新加坡、马来西亚等少数国家资本市场较为发达，属于金融市场主导型。在这种情况下，应该循序渐进、分步推进资本市场的私人资本引入规则，从资本市场较为发达的国家开始逐步推开，在促进沿线金融欠发达国家逐步开放资本市场的同时，加快建立区域内部网络化成熟化的资本市场对私人资本参与基础设施投融资的引入规则。同时，鉴于"一带一路"跨境基础设施长周期、大规模的融资需求，可分阶段灵活采用不同机制：在"一带一路"基础设施项目投融资初期，主要依靠开发性金融机构将私人资本引入基础设施项目，当后续资金需求逐步增加的时候，则主要通过资本市场获取私人资本融资。

（二）建立"一带一路"区域人民币债券市场运行规则

1. 债券市场在引入私人资本参与"一带一路"基础设施投融资方面的特殊优势

债券融资方式在引入私人资本参与"一带一路"基础设施投融资方面具有特殊优势。一是能够提供可持续性资金支持。债券市场具有融资规模大、期限长、方式灵活、可持续性的特点，既能够直接为基础设施建设项目提供长期资金，也可以为参与基础设施投资的金融机构尤其是开发性金融机构提供融资支持。而中国债券市场存量规模超过 68 万亿元，是世界第三、亚洲第二大债券市场，其中公司信用类债券规模在全球仅次于美国，具备为"一带一路"大型跨境基础设施提供可持续融资的基础。如果"一带一路"沿线债券市场能与中国债券市场形成良性互动，未来将进一步吸纳国际资本进入区域基础设施市场，实现资金配置的持续动态优化。二是具有高效率的市场化融资机制。成熟的债券市场一般实行注册发行管理机制、完善的信息披露机制和公开透明的市场定价机制，高效透明的市场化机制有利于降低"一带一路"基础设施投融资参与方的信息收集成本，提高各方投融资效率。而与开发性金融机构的贷款融资模式相比，债券市场以投资收益为导向，非主权性和非政治战略性的特点有助于消除沿线国家参与共建"一带一路"的疑虑，更易被沿线国家接受。三是灵活的融资机制能够满足基础设施融资需求和私人投资者投资需求。作为固定收益类产品，债券根据债务人、时间期限、信用结构、担保形式、资金用途等因素的不同而分为很多种类，且其内生的创新机制十分活跃。融资方根据自身资金需求特点具有较强的自主性，对债券的期限、结构、担保等做出灵活安排，能够在较短时间内筹集基础设施建设需要的大规模资金（李志林，2002）；而私人投资者则可根据自身的风险偏好和收益预期选择相应的债券产品进行投资或缓释风险。债券发行主体既可以是"一带一路"沿线政府，也可以是参与基础设施项目的企业和金融机构，相比只针对企业融资的股权融资具有更广的适用性。四是债券融资成本更低。市场化融资相对主权性资金的另一个优势在于前者拥有可供流通转让的二级市场。债券市场的存在及完善，有助于降低债券一级市场融资的成本。当债券市场逐步引入债券远期、互换、期货等金融衍生品交易和资产证券化业务，并放开非银行金融机构、非金融企业、集合性投资主体、"三类机构"、QFII、RQFII 等多元化投资者之后，跨国资金流动和利用债券市场进行"一带一路"基础设施融资的成本将进一步降低。

总之，债券具有比银行存款更高的利息收益、比股票投资更低的风险，其对于私人资本有较高吸引力；而债券融资方式能够为基础设施提供大规模、低成本、灵活性强和可持续性的资金支持，因此发行债券已经成为很多国家国内基础设施建设的重要融资方式。欧洲基础设施项目融资来源中，债券融资与银行贷款的比例从 2008 年的 1：32 上升至 2014 年的 1：3（刘东民、熊丽，2017）。针对"一带一路"跨境基础设施投融资，鉴于开发性金融机构在投融资过程中的重要作用，可联合国际和国内开发性银行通过发行债券将债券融资、股权融资与贷款融资结合起来，提供混合式、一揽子的融资方案，更好地满足"一带一路"沿线基础设施资金需求。

在区域债券市场发展路径方面，多数学者赞成"先内后外"的战略思路。李扬（2003）认为，由于亚洲各经济体债券市场发展水平和经济基础差异较大，建议从建设和完善各国国内债券市场出发，从重点发展本币债券市场开始推进区域内债券市场整合。而鉴于中国在"一带一路"倡议中的发起国角色、总体经济实力、债券市场规模和货币国际化程度等综合优势，应从开放发展人民币债券市场开始，一方面为"一带一路"基础设施项目引入可持续性私人资本，另一方面带动沿线其他国家发展本国债券市场，早日实现区域债券市场联通。

2. "一带一路"基础设施债券融资进展

目前，"一带一路"基础设施融资还是以银行为主导，虽然"一带一路"区域本币债券市场逐步扩大，但区域债券市场结构不平衡问题较为突出。政府信用债券在债券市场中占主导地位；外汇储备规模巨大，但大部分用于配置美元国债，没有用于为基础设施建设筹集资金。在逐步发力的"一带一路"基础设施融资债券中，人民币债券最有潜力。人民币国际债券包括在岸人民币国际债券和离岸人民币国际债券，前者即"熊猫债券"，后者根据发行地不同具体包括香港"点心债"、澳门"莲花债"、新加坡"狮城债"、法国"凯旋债"和德国"歌德债"等。随着人民币国际化进程的推进，人民币国际债券产品得到了丰富和发展。

中国从 2017 年开始推动"一带一路"债券板块建设，2017 年 10 月上海证券交易所发布《上海证券交易所服务"一带一路"建设愿景和行动计划（2018—2020）》，进一步拓宽"一带一路"建设债券融资渠道；2018 年 3 月，沪深交易所发布《关于开展"一带一路"债券试点的通知》，允许"一带一路"沿线国家政府、企业和金融机构在中国证券交易所发行政府债券和公司债券，并允许境内企业在交易所发行用于"一带一路"建设的公司债券。目前已有多家境内外企业发行了"一带一路"债券，其中 2017 年 3 月，俄罗斯铝业联合公司在上交所成功发行 10 亿元人民币债券；2018 年 1 月，首单国内企业的"一带一路"建设公司债券成功发行，发行规模为 3 亿元；2018 年 3 月，深交所发行了首单由境内上市公司公开发行的"一带一路"公司债券，发行规模为 5 亿元；2018 年初，市场首批"一带一路"熊猫公司债券公开发行，募集资金均跨境用于收购基础设施资产，截至 2018 年底，熊猫债发行规模已经达到 2000 亿元。除了企业，金融机构也通过人民币债券市场为"一带一路"基础设施建设筹集私人资金：2017 年 10 月，中国建设银行新加坡分行在新加坡交易所成功发行 5 亿新元"一带一路"基础设施债券；2017 年 12

月，国家开发银行在香港发行 3.5 亿美元的五年期固息"一带一路"专项债；2019 年，交易所债券市场新发行 6 只"一带一路"债券（含资产证券化产品），募集资金 67 亿元。

　　然而，虽然"一带一路"基础设施项目人民币债券融资方式取得了一些进展，但融资规模和覆盖范围都比较有限。从离岸人民币债券市场来看，除了香港特别行政区这一最大的离岸人民币债券市场，只有新加坡和阿联酋发行过离岸人民币国际债券；从在岸人民币债券市场看，波兰、俄罗斯、匈牙利三个国家在我国成功发行熊猫债用于"一带一路"建设融资（见表 6-7）；从债券发行方来看，多数是我国境内的金融机构和企业、发达国家的金融机构和企业，以及一些国际金融组织。总体来看，人民币国际债券支持"一带一路"基础设施融资仍停留在个案，债券融资比例相对较低，债券市场对私人资本的引入规则尚不十分通畅。

表 6-7　"一带一路"沿线国家和地区人民币债券业务发展情况

业务种类	国家
存在离岸人民币资金池的国家	新加坡
设立或已经决定设立人民币清算银行的国家	新加坡、泰国、马来西亚、卡塔尔、匈牙利、阿联酋、俄罗斯、巴基斯坦
获得 RQFII 额度的国家	新加坡、马来西亚、泰国、阿联酋、匈牙利
发行过离岸人民币债券的国家	新加坡、阿联酋
在中国境内发行过熊猫债券的国家	波兰、俄罗斯、匈牙利

　　"一带一路"倡议包含的亚洲区域已经为促进区域债券市场合作做出了探索，其中最具代表性的就是亚洲债券市场倡议（Asian Bond Market Initiative，ABMI）和亚洲债券基金（Asian Bond Fund，ABF）。两者均是为解决亚洲区域金融市场长期存在的货币错配和期限错配"双错配"问题而提出的，ABMI 主要从债券市场供给层面出发，实现区域债券市场融资主体和投资主体的多元化；ABF 则主要从债券市场需求层面出发，鼓励区域内各国利用外汇储备投资本区域内国家发行的本币或美元计价债券。具体发展情况见表 6-8。其中，亚洲债券市场倡议为"一带一路"区域债券市场合作提供了实践借鉴，但目前停留在初期各国国内债券市场基础设施建设方面，各国资本市场的开放度、汇率政策协调和外汇清算交割便利性是实现区域债券市场合作的重要前提。

表 6-8　ABMI 与 ABF 发展情况对比

分类	ABMI	ABF
发起机构	东盟"10+3"财长发起	由东亚及太平洋中央银行行长会议组织（EMEAP）发起
参与地区	日本、中国、韩国、泰国、新加坡、马来西亚	澳大利亚、新西兰、中国、中国香港、日本、韩国、新加坡、马来西亚、印度尼西亚、菲律宾、泰国
主要目的	发展本国债券市场及本币债券	适用外汇储备资金投资区域各国债券
资金来源	私人部门储蓄资本	官方外汇储备资金
进展情况	已成立了 6 个工作组，分别为新的证券化债务工具工作组，信用担保与投资机制工作组，外汇交易与清算工作组，由多边开发银行、外国政府和亚洲跨国公司发行的本币计价债券工作组，评级体系工作组，技术援助工作组。中国在第 4 个工作组，目前第 4 组和第 6 组已完成验收工作	启动的 ABF1 和 ABF2 运行良好，ABF1 规模为 10 亿美元，限 EMEAP 成员方认购，投资于各成员方发行的美元计价主权与准主权债券；ABF2 规模为 20 亿美元，由 1 只泛亚债券指数基金和 8 只单一市场基金组成，向其他非成员方官方或私人投资者开放，投资于各成员方发行的本币计价主权与准主权债券

3. 开发针对"一带一路"基础设施投融资的人民币债券产品

在主权债券、公司债券产品以外，鼓励开发以人民币计价的"一带一路"基础设施项目债券，因为项目债券以项目未来收益为担保，在隔离偿付风险的情况下更有利于吸引私人投资者参与。尤其是促进相关基础设施人民币项目债券在境外发行，并鼓励境外基础设施融资方在境内发行人民币项目债券进行融资。

（1）加速推进我国"一带一路"基础设施专项债券建设

基于我国与"一带一路"沿线国家签署的双边货币互换协议和已建立的境外人民币清算行，启动"一带一路"债券业务水到渠成。我国从 2015 年开始启动"一带一路"债券板块建设，虽然上交所和深交所均已开展"一带一路"债券试点业务，但传统的债券产品仍不能满足庞大的沿线国家基础设施融资需求。在已经开展的"一带一路"债券试点业务基础上，建议专门开辟"一带一路"基础设施债券板块，改善目前该类项目境内债券融资产品不足的局面，专门引导私人资本参与沿线优质基础设施项目建设，并辅助参与基础设施建设和投资的企业、金融机构补充营运资金及偿还银行贷款。一方面，"一带一路"基础设施专项债券应允许中方企业将筹集资金用于跨境基础设施投资及偿还为"一带一路"基础设施建设借贷的银行贷款，并适度提高对发债国企和优质民营企业发债额度的限制比例；另一方面，支持境外基础设施建设主体在中国境内开展债券融资，尤其是优先允许重点拓展的沿线国家在中国境内发行人民币债券，即熊猫债券，在充分发挥国内债券产品低成本、期限长优势的情况下，推进区域内基础设施投融资双边合作并解决实际融资需求。为克服沿线项目所在国资本市场不发达、融资渠道单一造成的基础设施资金缺口较大的局面，我国应从自身出发加快发展"一带一路"基础设施专项债券，采用线下和线上，即各国证券交易所交易和专门互联网交易平台两种交易模式，通过降低境外项目公司融资成本，有效改善境外企业投资收益，鼓励基础设施东道国企业积极参与基础设施投融资合作。此外，对于"一带一路"基础设施专项债券，要加强偿债担保和增信以调动投资者积极性。建议政府提供信用违约互换（CDS），即在为"一带一路"基础设施债券提供债务担保的同时，向该基础设施项目公司收取相应费用以避免私人部门过度依赖公共部门担保，实现公私风险的均衡分配，其中信用违约互换的定价由基础设施项目资产结构、资产收益率和波动率、税率、违约概率以及通货膨胀率等参数共同决定。

（2）创新人民币债券设计规则以提高债券收益率

目前，国际人民币债券种类还比较单一，尤其是针对"一带一路"基础设施资金需求特点的人民币债券较少。借鉴先进发达债券市场支持基础设施融资的经验，建议探索开发以下几种债券产品。

一是发行与绩效挂钩的息票债券。针对有较强风险偏好的投资者和有较高稳定性收益的基础设施项目，发行与基础设施项目绩效挂钩的息票债券，债券持有人根据基础设施项目经营收益情况的不同，获得不同金额的利息支付率，以此为投资者提供更强的投资回报机制。需要注意的是，这里的绩效主要是商业绩效，在设计与绩效挂钩的息票债券时需要将债券可变的利息率与衡量基础设施项目商业绩效的一组变量相联系，如基础设施的投资收益率、资本净利率等指标，并明确规定可变息率的上限。由于此种债券类似于次级债券或夹层融资工具，因此一定要在充分评估基础设施收益的基础上谨慎发行。

二是发行提供适应性补偿资金的收益债券。借鉴印度中央政府经验，鼓励"一带一路"沿线国家政府建立专项预算，用于一次性注入一定规模的公共资金来提升基础设施盈利水平、债券收益率。当基础设施收益债券通过公共资金的注入达到与市场利率相当水平的预期回报率时，可吸引更多的私人投资者参与投资。需要注意的是，为防范基础设施建设方道德风险，公共资金的注入只能有一次且不能重复。

三是探索发行环境信用额度债券。"一带一路"沿线基础设施建设过程中对生态与环保越来越重视，将绿色能源基础设施建设获得的碳信用额度在国际市场上出售是该项基础设施运营后的收入来源之一。因此，可以将可再生能源基础设施项目未来的碳信用额度销售收入证券化，通过发行环境信用额度债券进行融资。环境信用额度债券与项目收益债券偿债收入相分离，既有利于分散隔离投资风险，又有利于拓展融资渠道。

四是开发基础设施运营债券。"一带一路"基础设施在建筑施工阶段往往面临技术风险、施工延误、成本过高等风险，但在运营后风险开始降低。因此，在"一带一路"基础设施初始建设阶段所需资金可由政府和开发性金融机构主导提供，当基础设施建成运营后则可发行运营债券，债券以基础设施运营后产生的现金流为担保。由于收益项目预期较透明，对私人投资者更具吸引力。

五是开发"一带一路"基础设施可转换收益债券。将政府发行的基础设施项目债券嵌入固定息票利率和看涨期权，承诺债权持有人能够在未来选择将其转换成与绩效挂钩的息票债券。基础设施项目竣工之后，债券持有人可以通过基础设施获得现金流和收益率决定是否根据转换条款将政府债券转换为与绩效挂钩的息票债券。可转换债券能够广泛吸引不同类型私人资本参与基础设施投资，风险厌恶投资者可以不选择转换即获得政府债券的固定收益，风险偏好投资者则可从中获得行使看涨期权收取更高投资回报的机会。

六是尝试在国内债券市场推行伊斯兰债券。伊斯兰债券（Sukuk）本质上是一种租赁债券，名义上不支付利息，而是支付投资者对该债券基础资产的收益权，是把利息租金化的过程。与注重债券发行人资信的传统债券不同，伊斯兰债券更加看重债券发行中基础资产的可靠性。"一带一路"沿线的基础设施项目非常适合作为伊斯兰债券的基础资产，因此伊斯兰债券为"一带一路"沿线寻求基础设施建设长期投资的伊斯兰国家和非伊斯兰教国家均提供了优质的债券融资方式。建议我国利用香港开放的金融环境与"一带一路"区域马来西亚吉隆坡和中东国家的主要伊斯兰债券发行与交易市场，成立"一带一路"基础设施伊斯兰融资工作小组，在基础设施项目融资方案设计方面尽快出台标准化指导文件以符合伊斯兰教要求，并与吉隆坡伊斯兰金融服务理事会合作，逐步探索将伊斯兰债券引入我国国内债券市场和区域其他国家，以吸引私人资本进入基础设施领域。

七是探索基础设施项目债券偿还新模式。目前，针对具体基础设施项目发行的项目债券标准化强、流动性高，但其期末一次性偿还债券本息与基础设施项目期现金流特点不符，私人投资者倾向于建设期结束后投资项目债券以规避基础设施建设过程中的风险。鉴于项目债权的以上不足，可以借鉴南非基础设施项目债权的偿还新模式，在给定债券年利率和期限（10~20年）的基础上，以每期均归还一部分本息模式代替一次性归还本息，一方面能够减轻基础设施建设期末的还款压力；另一方面有利于规避利率和汇率风险，增强对私人投资者的吸引力。

4. 探索沪港国际金融中心联合建设规则打造多元化"一带一路"人民币债券市场

在中国国际收支的资本账户未全面开放的情况下，离岸人民币债券市场能够为在岸市场以外的人民币流动性提供配置资产，中国在岸债券市场、中国的外国债券市场以及离岸人民币债券市场组成的人民币债券市场体系将为"一带一路"区域甚至全球的人民币资本流动提供有深度、多层次的资产配置体系。上海和香港分别作为在岸人民币中心和离岸人民币中心，应相互牵制又互相促进，实现沪港国际金融中心联合发展，建立完整的人民币流出、流通和回流的人民币债券循环体系，进一步支持"一带一路"沿线基础设施投融资合作。

（1）上海在岸人民币债券市场建设规则

目前，国内在岸人民币市场在管理制度上与国际接轨不够，成为阻碍"一带一路"基础设施债券融资的制度障碍。一方面，按照我国《公司债券发行与交易管理办法》和《国际开发机构人民币债券发行管理暂行办法》的要求，境外企业、国际开发机构、多边合作组织等"熊猫债"发债主体的财务报告需得到我国主管部门的认可，中国财政部目前仅认可香港审计准则与内地等效，但国际开发机构的财务报告准则和审计准则多采用美国会计准则或国际会计准则，这成为境外机构发行熊猫债的主要制约因素。另一方面，目前我国对人民币外债按照外汇外债的相关规定进行管理，但人民币债券外债对我国金融市场的影响明显小于传统外汇外债，如何对其进行差别管理是发展在岸人民币债券市场需要突破的瓶颈。

　　建议以上海自贸区建设为契机，加速推进在岸人民币债券市场深度开放政策的先行先试。一是参考国际经验对会计和审计准则进行灵活处理。针对境外机构在中国发行"熊猫债"开展"一带一路"基础设施跨境融资行为，建议参考欧盟、美国的国际经验，对国际会计准则和审计准则、美国会计准则等视为等效，在充分披露差异调节或仅针对能接受国际会计准则的专业及境外投资人定向发行时考虑接受，在保护投资者的前提下，将沿线国家更多的重要机构纳入人民币合格境外投资者（QFII）试点范围，让更多"一带一路"沿线境外企业、国际开发机构和主权类机构进入中国债券市场为基础设施建设发债融资。二是推广建立人民币外债管理新模式。目前，上海自贸区试点就外债管理已经做出新探索，包括区内企业在境外发行债券融资采用境外融资杠杆率、风险转换因子和宏观审慎调节参数等管理方式。在"从重审批转变为重监测分析，从事前监管转变为强调事中、事后管理"的跨境资本流动管理原则指导下，建议将上海自贸区关于人民币外债的管理模式推广至全国，并探索不将自用熊猫债计入境外融资规模的管理规则①。三是注重"一带一路"债券信息披露。鉴于"一带一路"沿线国家发债主体资质参差不齐、部分国家主权信用评级较低、基础设施收益不确定性较大，建议在设立"一带一路"基础设施专项债券板块的基础上，发布"一带一路"基础设施债券指数，并从企业或基础设施项目整体偿债能力和未来现金流分析两个维度强化对"一带一路"基础设施债券的信息披露和风险定价。

　　（2）香港离岸人民币债券市场建设规则

　　香港在中国深化金融改革和对外开放方面一直处于前沿，作为全球重要的金融中心和全球最大的离岸人民币债券市场，应该抓住"一带一路"基础设施融资需求和人民币离岸债券市场建设这两个契机，以自身人民币债券业务优势为支点，撬动"一带一路"区域离岸人民币债券市场的发展。但是，目前香港离岸人民币债券市场存在一些发展瓶颈，难以满足"一带一路"基础设施融资需求：香港人民币资金池规模小，缺少支撑投资者增加持币意愿的人民币债券种类；债券市场缺乏流动性，人民币债券收益率普遍偏低，投资者一般

---

① 这里自用熊猫债指区内企业的境外母公司在中国境内发行人民币债券并用于集团内设立在区内全资子公司的，不计入分账核算境外融资。

持有人民币债券到期而难以转让；债券评级欠完善、债券期限较短，缺乏可供参考的人民币基准利率曲线。这些问题造成香港离岸人民币债券市场无法高效率地为基础设施融资方提供期限长、规模大、可持续的资金，也无法为私人投资者提供具有高流动性、久期合理的"一带一路"债券产品。

除香港离岸人民币债券市场外，伦敦、新加坡、马来西亚等金融中心也在积极发展离岸人民币债券市场，但从"一带一路"基础设施辐射范围与联通在岸与离岸人民币债券市场的角度考虑，应以香港为离岸人民币债券市场中心，与中国上海在岸债券中心联合为"一带一路"基础设施提供债券融资渠道。一是完善香港离岸人民币债券市场机制。建议重点加强针对"一带一路"沿线国家的香港离岸人民币市场推介工作，如吸引当地政府或优质基础设施建设企业、金融机构来港发行人民币债券；考虑与财政部、开发性金融机构合作，探讨在香港发行不同期限的债券，尝试逐步构建离岸人民币基准利率曲线；从建设和发展离岸人民币债券市场做市商制度入手提高离岸市场"一带一路"基础设施债券的流动性。二是加强与国内在岸债券市场方面的合作，完善离岸与在岸人民币债券市场在引入私人资本参与"一带一路"基础设施投融资方面的互动合作。目前，已经实行的"沪港通""深港通"是基于股票市场的在岸市场与离岸市场的互联互通，但债券市场与股票市场结构的差异决定了债券市场不能简单照搬"沪港通""深港通"模式。鉴于债券市场大多在场外市场或通过电子报价系统进行双向交易、交易前需要进行协商确认以及清算结算模式众多等特点，建议先从畅通离岸债券市场与在岸债券市场的资金回流渠道、统一离岸与在岸债券市场税收制度和增强会计规则兼容性出发，实现在岸人民币债券市场与离岸债券市场的共生性联通。三是针对"一带一路"基础设施需求丰富香港人民币债券业务与品种。主要可以在香港积极开发伊斯兰债券，并鼓励内地中资金融机构以开展伊斯兰融资业务的在港外资机构为投资代理行，探索多种适合"一带一路"基础设施项目融资特点的债券产品。

目前，"一带一路"债券市场的交易规则存在差异性，让各国放弃既有习惯和规则建立完全统一的债券交易规则有很大难度。沪港两地金融中心建立联通机制就是在承认差别的前提下，探索实行最小的包容式制度变革实现区域内部债券市场统一化。在海外离岸债券市场实行海外制度，在中国在岸债券市场实行中国内地制度，并通过"债券通"进行一定转换，建立沟通不同债券市场交易机制的桥梁。借鉴"债券通"的经验，建议未来在"一带一路"沿线选择新加坡、马来西亚等金融市场较发达的国家建立"'一带一路'债券通"，构建"一带一路"区域债券市场畅通机制。香港作为国际债券市场的竞争前沿，为"一带一路"基础设施债券合作先行探索与试错，进而将积累的经验用于上海金融中心开拓"一带一路"基础设施债券融资合作空间，强化作为"一带一路"基础设施投融资的国家平台角色。

5. 构建"一带一路"区域债券市场合作规则

"一带一路"沿线基础设施建设的资金需求规模庞大，单纯依靠我国发展人民币债券市场引入私人资本为基础设施建设提供资金还远远不够，还需要"一带一路"沿线各国从完善自身债券市场机制出发，以开展国际人民币债券业务为突破口，建立整个区域内债券市场的联通机制，改善区域基础设施投融资存在的货币期限结构错配问题。由于沿线国家的金融发展水平存在较大差距，服务基础设施融资的区域债券市场的建立不可急于求成，应在继续推进亚洲债券市场的基础上，争取将范围拓展到整个"一带一路"区域。

一是完善"一带一路"债券市场基础设施。为确保东亚及太平洋中央银行行长会议组织（EMEAP）机制下的亚洲债券基金和"10+3"金融合作机制下的亚洲债券市场倡议尽快落实，在通过沪港两地金融中心联通探索发展与国际接轨的人民币债券市场的基础上，我国应在下一阶段倡议沿线各国金融管理当局参考中国经验，协商制定与国际市场接轨的会计、审计、税收和法律架构，建立区域性的评级体系和担保机制，联通支付清算系统。同时，"一带一路"沿线各国需要召开财长级别会议，就确立多币种债券发行框架、建立由配套资金支持的非投机性跨币种掉期市场、选择区域债券清算中介等问题进行探讨，尽快达成"一带一路"区域债券市场的宏观机制安排。

二是强化"一带一路"沿线各国投资者在债券市场上的投融资互动。与开发性金融机构引进私人资本参与"一带一路"基础设施投融资机制的路径相似，"一带一路"区域债券市场也坚持从政府推动开始，先发展政府债券市场，然后逐渐向企业债券市场扩展。以银行间债券市场开放为重点，鼓励中国境内投资者、外国政府和金融机构以及外资企业或者基础设施项目联合投资主体，发行面向"一带一路"沿线国家的以本币计价的中长期基础设施"丝绸之路债券"，形成统一的区域基础设施债券融资工具。必要时借鉴美国市政债券免税制度，各国协商统一将基础设施"丝绸之路债券"纳入利息收入免税的优惠区域，以进一步吸引私人资本参与弥补基础设施融资缺口、强化区域内国家和地区债券融资合作。

三是深入推进"一带一路"离岸债券市场合作。除了发展香港离岸人民币金融中心外，还需高度重视全球各地离岸人民币中心建设，加快推升本币互换规模，扩大人民币海外资金池，形成成熟的离岸人民币债券市场定价机制，以吸引全球私人资本参与"一带一路"基础设施投融资。重点加强与"一带一路"沿线货币支点国家如新加坡、俄罗斯、阿联酋和匈牙利等国的债券市场合作，在沪港在岸人民币中心和离岸人民币中心联合发展的基础上，建立国内在岸人民币债券市场与"一带一路"沿线离岸人民币债券市场的互动机制，在地理位置和时区上形成互补。

四是加快推动"一带一路"交易所整合金融资源。一方面，呼吁"一带一路"沿线国家开放银行间债券市场。我国已经批准10余家来自"一带一路"地区的境外央行投资中国银行间债券市场，未来要在进一步推动中国银行间债券市场对外开放的同时，与其他国家签订开放合作备忘录，推进沿线其他国家承诺逐步开放本国银行间债券市场。另一方面，支持"一带一路"各国证券交易所互通合作。探索我国证券交易所与境外交易所在交叉持股、产品互挂和市场投资者互通方面加深合作，通过这种方式推进"一带一路"基础设施债券在境外的发行与交易。目前，上交所、德交所和中金共同出资成立了中欧国际交易所，莫斯科交易所和中信证券、银河证券签署了谅解备忘录，承诺向中国私人投资者在莫斯科交易所挂牌交易提供协助，未来应进一步加强与"一带一路"其他地区如东南亚、西亚北非等地区国家合作设立区域证券交易所，并鼓励境内交易所进行"一带一路"证券交易所股权收购。

（三）建立以社会效益债券融资为重点的"一带一路"基础设施资产证券化规则

1. 资产证券化在吸引私人资本参与"一带一路"基础设施投融资方面的优势

资本市场按照业务分类可分为一级市场和二级市场，对于基础设施项目融资来说，前期启动阶段的采购及建设融资主要在一级市场，基础设施运营阶段的融资主要在二级市场。鉴于基础设施前期建设阶段较高的不确定性，通常一级市场的投资者面临着基础设施初期投资的高收益和高风险，而二级市场的投资者则更关注基础设施运营期间产生的稳定现金流。在国际资本市场，共同基金、社保基金、企业年金、保险公司等机构投资者对长期投资资产及稳定投资收益的需求，同"一带一路"基础设施项目对长周期融资的需求可以实现对接。但现实中机构投资者对基础设施的资产配置仅占其总资产的5%左右，如何吸引长期投资偏好的机构投资者参与"一带一路"基础设施投资是我们弥补资金缺口的重要问题。从根本上来说，要合理开发基础设施投资工具和新型融资方法，以满足机构投资者对流动性较高、现金流稳定、盈利性强的投资项目的需求。

资产证券化（ABS）通过以基础设施资产和预期收益为担保发行证券筹集资金，既可以利用资本市场提升融资透明度，又通过证券可交易性增强基础设施金融产品的流动性，能够帮助"一带一路"跨境基础设施项目以较低的融资成本吸引国际资本市场上的长期和短期投资者，有效拓展和丰富长期资金的规模与来源。尽管目前国际金融市场对结构性金融产品仍较为谨慎，但资产证券化融资，尤其是离岸资产证券化业务，仍应成为"一带一路"区域基础设施投融资重点发展的渠道。

2. 破解"一带一路"基础设施项目资产证券化融资瓶颈

资产证券化的基本过程可以概括为"组建特设机构→资产组合+信用增级→发行证券→承销证券→本息划转"，其中特设机构（SPV）是资产证券化的关键载体，能够获得相对较高的信用评级，接受发起人的证券化资产让渡并发行证券，并接受债务人支付的利息和本金再转给投资者。SPV隔断了基础资产原始权益人和资产未来现金流之间的风险，使偿还债券本息仅与未来现金收入相关，客观上有隔离风险的作用。

在"一带一路"基础设施跨境融资过程中，推动以基础设施经营收入资产为担保进行证券化融资，可以实现"资产境外运营，资本跨境流动"。"一带一路"跨境基础设施资产证券化业务可按照图6-4所示的模式进行。首先参与境外基础设施工程承包的企业与政府公共部门、基础设施投资人共同出资组建一个以基础设施项目交付并投入运营为目的的建设经营联合体并出资成立项目公司，项目公司将基础设施的未来经营收益权或稳定现金流转让给特殊目的公司（SPV），SPV经过资产组合和信用增级向社会投资者发行证券筹集资金。本金及利息的偿付由项目经营机构将现金流存入国内的受托管理银行，由受托管理银行定期转给投资者。鉴于"一带一路"基础设施项目前期以银行贷款为主要资金来源，也可以鼓励开发性银行和商业银行通过证券化提高资金在资本市场的流动性，在吸引私人资本进入的同时为银行资金退出提供了路径。银行将基础设施项目融资贷款通过资产证券化进行再融资的流程如图6-5所示。

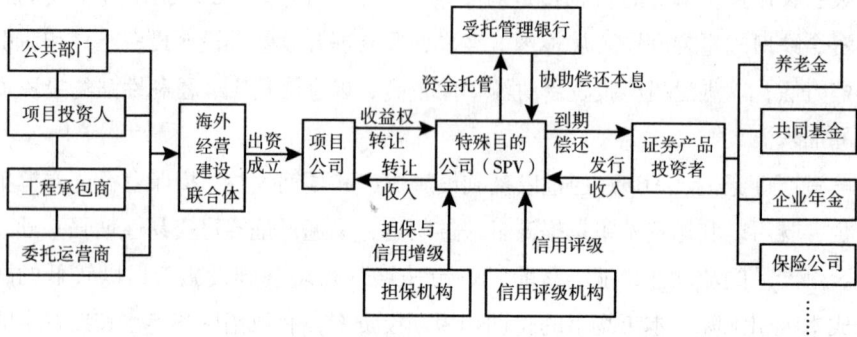

图 6-4　"一带一路"基础设施资产证券化融资基本模式流程

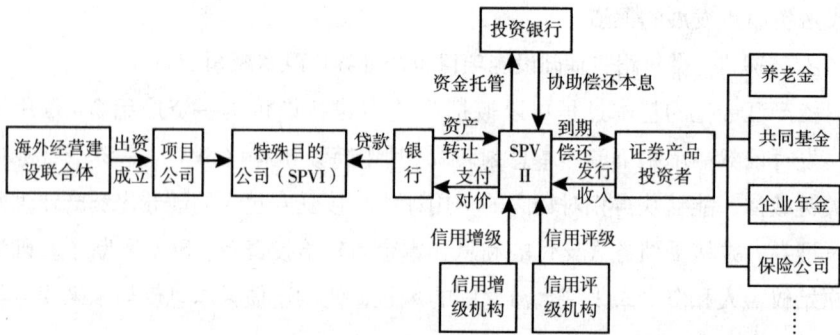

图 6-5　银行"一带一路"基础设施项目信贷融资的资产证券化流程

在实践层面，"一带一路"基础设施项目进行资产证券化融资，会面临一些政策操作方面的瓶颈。一是基础设施收益权已质押而无法转让。根据目前资产证券化操作流程与相关政策，转让给特殊目的的公司的基础设施收益权应当是无权利瑕疵，即不能附带权利限制，且可以依法实现真实转让。而很多基础设施项目由于前期缺乏资金，会将收益权质押取得银行贷款，这就导致无法实现资产证券化。二是资产证券化增信主体单一。根据包括我国在内的一些"一带一路"沿线国家政策规定，政府不能承担基础设施直接融资或融资增信的角色；而金融机构出于自身资产负债率、内部风险控制与监管的要求，也很难为资产证券化融资提供增信措施。在目前公私合作基础设施项目中，通常 PPP 项目公司及其股东充当增信主体，但单一的增信主体可能导致资产证券化产品的流动性受到项目公司经营状况的影响。三是资产证券化产品期限和收益率与基础设施融资需求不匹配。目前证券化产品主要是 5 年以内的中短期固定收益产品，主要针对偏好中短期证券的商业银行、券商和基金公司等，难以满足项目周期在 10 年以上的基础设施对中长期资本的需求。同时，基础设施项目证券化融资的上一轮融资成本会直接影响证券化产品利率，过高的信贷融资成本会导致证券化产品收益率降低从而削弱对投资者的吸引力。

为解决"一带一路"基础设施资产证券化融资瓶颈，建议从以下四个方面入手。一是灵活"清洗"基础设施收益权，清除无法转移项目收益权的路径障碍。基础设施项目公司可探索将基础设施收益权作为质押权益标的为证券化产品进行外部增信，在成功进行证券化融资后，利用筹集的资金偿还借款并与提供贷款的金融机构解除质押。二是丰富资产证券化的增信主体。建议鼓励保险公司、担保公司等独立第三方机构，在成本适当的情况下为证券化产品提供收益保障。保险公司可以承保各基础设施投融资参与方不愿意承担的风险，而担保公司在信用增级方面具有优势和经验。三是创新证券产品结构设计，吸引中长期投资者。重点针对偏爱中长期投资产品的机构投资者，设计覆盖基础设施从筹备到移交整个项目周期的证券融资产品，如"5+5""5+3+3"等模式，为每期产品在第五年末提供"利率调整+回售"机制，为长期投资者提供是否卖出证券的选择权，提高社保基金、养老金、住房公积金、保险公司等机构投资者参与"一带一路"基础设施投资的积极性。四是提高二级市场流动性。呼吁沿线各国政府降低债券一级市场发行成本，并优化质押式回购等交易机制，提升资产证券化产品在二级市场的吸引力；监管部门出台具体法规和工作指引，推广做市商机制以提高基础设施资产证券化交易效率；建立"一带一路"基础设施资产证券化产品估值体系，促进收益率曲线的完善和价格发现机制的建立。

3. 建立以社会效益债券融资为重点的"一带一路"基础设施资产证券化规则

近年来，在金融领域尤其是发达国家资本市场兴起了一种新型债券——社会效益债券（SIB）。目前，包括英国、美国、以色列、澳大利亚、新西兰、南非等国在内的 13 个国家运营了超过 50 个社会效益债券项目，主要分布在缓解贫困、年轻人就业、医疗健康、减少再犯罪等社会民生领域（Instiglio，2015）。① 八国集团特别成立了社会效益债券投资特别工作组，高盛集团、摩根大通银行和摩根士坦利银行等金融机构均在积极促进社会效益债券的发展。当前，资本市场流通的社会效益债券是政府与社会资本合作为社会项目提供融资的一种新型金融工具，包括政府部门、社会投资者、中介组织、承包商和第三方评估机构等利益相关者。政府部门通过社会投资中介，发行债券吸引社会投资者对社会项目进行资金支持，由非营利组织或承包商提供社会服务，经独立的第三方评估机构进行社会效益成果评估之后，如果达成政府预定的社会改善目标，则承诺给予社会资本方预先商定好的报酬回报（15%～30%的回报率）；反之，则只偿还社会资本方本金或者本金加上较少的利润回报。

社会效益债券通过将社会效益实现程度与社会投资者收益挂钩，实现了对社会资本投资公共产品的激励，这启发我们在"一带一路"倡议下，创新社会效益债券运作方式，并将项目从社会服务推广到基础设施领域。结合社会效益债券和资产证券化，设计一个兼具流动性和潜在盈利性、以绩效为导向的基础设施融资方案——"一带一路"基础设施社会效益债券融资。

具体地，"一带一路"基础设施社会效益债券融资的简单运行模式如图6-6所示。首先，政府部门针对基础设施项目建立特殊目的公司，将该基础设施项目的建设和运营权授予这个公司，并与其签订社会绩效回报合同。其次，由投资银行帮助特殊目的公司发行社会效益债券，向社会投资者筹集资金，并在债券中与各投资方签订协议，约定目标基础设施项目的社会效益评价因子、政府部门的考核标准和相应的债券回报率。最后，特殊目的公司与各承包商合作建设、运营和管理基础设施，并由第三方评估机构根据地区城镇化提升指数、就业促进指数和区域经济发展指数等指标设置多重因子评估基础设施社会综合效益，确定最终回报率。需要说明的是，在社会效益债券融资过程中，可以同时采取银行借贷等其他融资方式。"一带一路"基础设施社会效益债券融资运行机制的关键是将投资收益分成两个部分：基础收益和社会效益收益。基础收益可以是固定利率，也可以是基于某基准利率（如LIBOR）的浮动利率；而社会效益收益则由基础设施社会效益实现程度来决定。社会效益债券通过将稳定的基础回报率和有盈利性的效益回报率相结合，具有低违约风

① 数据来自 Impact Bonds Worldwide Database，Instiglio。

险、与其他资产组合低相关性、低税收等优势，能够与机构投资者稳定的、可预测的、有盈利性的投资标的需求对接，从而广泛吸引私募股权基金、保险公司、信托公司甚至社保基金等机构投资者参与"一带一路"区域基础设施投资。

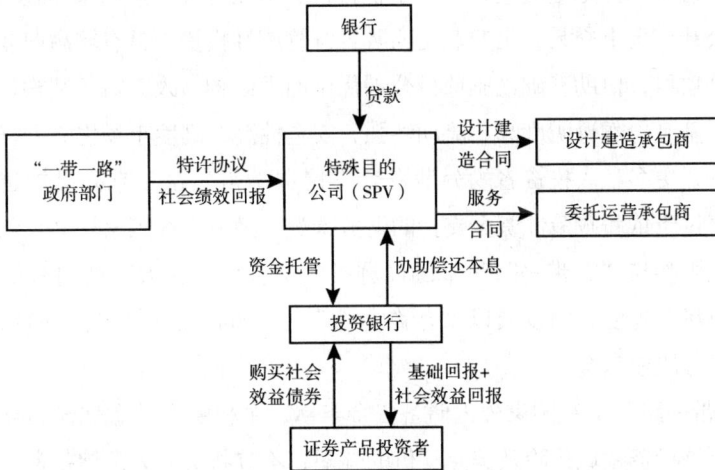

图 6-6 "一带一路"基础设施社会效益债券融资模式

"一带一路"基础设施社会效益债券融资方式能够实现各国政府、社会和社会投资者多方共赢。首先，通过将兼顾社会发展、环境保护和经济发展的社会效益因子嵌入债券融资方案，将私人投资者与公共部门甚至社会民众结成利益共同体，潜在的高效益收益回报和稳定的基本收益回报，会激励私营部门深度参与基础设施项目建设以提高区域基础设施质量和效率；其次，为社会投资者尤其是机构投资者提供一种流动性好、回报高、违约风险较低且能够分散投资风险的投资工具；最后，社会投资者的加入既能够在基础设施建设初期有效弥补政府部门财政资金预算的不足，又能够在基础设施运营收益不如预期时降低融资成本、节约公共预算。

（四）建立稳定有序的"一带一路"基础设施股权投资市场运行规则

基础设施股权融资模式主要指对基础设施项目公司进行股份制改造，利用股份公司发行股票来募集资金；或者对参与基础设施建设或投资的企业发行的股票进行投资。与债券融资投资者仅关注融资方能否还本付息相比，股权融资模式能够促使投资方参与企业的建设和运营管理，有利于优化"一带一路"基础设施项目，培养区域跨境基础设施产业的良性竞争市场。

1. 推动设立政府引导基金和股权投资基金，引入社会资本进行股权投资

基础设施投资基金通过认购基金份额的方式募集资金用于基础设施建设，基金在公开市场上交易，由专业化团队经营管理并投资于具有较高商业潜力的基础设施项目，协助基础设施项目公司优化治理结构、改善财务结构、对接资本市场。基金份额透明度高、流动性强、安全性高，高度市场化的融资模式不仅能够动员更多私人投资者的分散资金支持"一带一路"基础设施建设，还可以改善过于依赖政策性资金支持的财务状况，激发沿线国家社会金融资源按市场化原则参与"一带一路"基础设施投融资合作。壮大区域内基础设施股权融资市场首先要大力发展以"丝路基金"为首的政府引导基金和专门的基础设施私募股权基金。

"一带一路"沿线国家外汇储备资金丰富，主权财富基金规模客观，但鉴于基础设施投资领域风险及美元计价的弊端，不宜将美元外汇储备资金和主权财富资金用来直接参与"一带一路"基础设施建设，而是通过设立和挖掘政府引导基金畅通主权财富资金开展区域内基础设施投融资的渠道。产业投资基金和政府引导基金是一种委托代理资本运营模式，能够定向为基础设施提供大规模、中长期资金支持，且基金运作包括资金投向、使用和退出全过程。充分运用产业投资基金、政府引导基金参与"一带一路"基础设施投融资，有利于解决企业参与跨境基础设施建设的资金瓶颈，降低企业负债率，增强抗风险能力并获得合理投资收益。

首先，以丝路基金为主体构建多元开放的合作模式，发挥政府引导基金撬动私人资本的作用。丝路基金是我国针对"一带一路"建设专门设立的中长期开发投资机构，是目前我国规模最大的政府合作基金，以中国自身经济实力为依托，在区域内众多政府引导基金中具备领导实力。中长期股权投资业务是其主要业务，其灵活高效的投融资工具和多元化、市场化和专业化资金运作模式，既为"一带一路"基础设施所需的长期资金提供了新鲜血液，也能够基于合理的投资回报吸引境内外私人资本参与投融资合作。丝路基金通过设立中哈产能合作基金、中欧共同投资基金等子基金，或与国际多边开发机构、金融机构等合作设立共同投资基金，或者直接投资于其他基金等方式，引导更多国际和区域多边金融机构在母基金和子基金的层面开展更多配合和合作。丝路基金要注重与境内外成熟的国际金融机构和企业、有关政府部门建立合作伙伴关系，与亚投行、新开发银行、国际金融公司（IFC）、欧洲复兴开发银行（EBRD）、欧洲投资银行（EIB）等多边机构探索开展基础设施投融资方面的合作；与基础设施领域的中外领先企业建立稳固的合作伙伴关系，在开展项目筛选和投融资、加强信息交流和经验分享等方面发挥各自比较优势，放大"一带一路"投融资合作效应。

其次，充分释放沿线政府引导基金潜能，发挥杠杆作用。在以丝路基金为中心基金的基础上，利用已有或在建的中国—中东欧投资合作基金、中国—欧亚经济合作基金、亚洲区域合作专项资金、中国—东盟海上合作基金、中国—东盟投资合作基金与周边友好交流专业基金等资金平台，以及各国家开发性银行发起设立的股权投资基金如中国—阿联酋基金、中非发展基金等，通过股权、债权投资与国际金融组织贷款、本国政府财政资金、外国 ODA（官方开发援助）、本国企业及金融机构的"联合融资"方式相配合，共同为中长期能够实现稳定合理回报的"一带一路"基础设施项目提供更多融资辅助。专门设立政府引导的"一带一路"区域或次区域基础设施 PPP 项目专项引导基金，这类基金主要面向各国商业银行、保险机构等金融资本，项目施工方和运营管理方等工程资本和政府资本等特定投资主体；基金认购设立优先级，商业银行通过理财资金方式出资，与保险公司、非工程类社会资本、政府资金共同认购基金的优先级，工程资本认购劣后级，其中政府资金是优先级资金中的最后受益方，为其他优先级资金加厚安全垫；收益机制借鉴私募 REITs 的收益结构化设计思路，采取固定收益加浮动收益的方式，劣后级不设基础收益，主要获取浮动收益和工程施工利润；在基金投资锁定期结束后，社会资本通过其他方回购、证券化、转让和上市等资本运作方式实现退出，政府资金和施工方、运营方资金最后退出。在基金运作过程中，商业银行为工程资本中标项目提供配套授信支持和基金托管服务，保险公司为基金所投 PPP 项目提供风险担保服务。

2. 稳步建立"一带一路"沿线国家股票市场国际板的发展规则

"一带一路"沿线国家以发展中国家为主，除了新加坡、马来西亚等少数国家，大部分国家资本市场开放度较低，股票市场发展不成熟，不具备推进股票市场国家板块发展的基础。建议立足区域内各国股票市场发展现状，一方面鼓励本国完善各自股票市场机制并逐步扩大开放，另一方面从推动我国股票市场开放入手，探索股票市场在引入私人资本参与"一带一路"基础设施投融资方面的措施，再将成熟的经验向区域内其他国家推广。

目前，我国在推进股票市场开放方面做出了很多探索和努力，能够满足部分"一带一路"基础设施股权融资需求。首先，在"引进来"方面，逐步放宽对境外投资者投资国内股票市场的限制，先后推出 B 股、QFII、RQFII 等措施，在便利了境外资本进入中国股票市场的同时，也拓宽了我国企业股权融资的资金来源。其次，在"走出去"方面，一是允许境内符合条件的非金融类企业到境外上市融资，发行 H 股和 N 股等，二是逐步允许境内机构投资者在境外股票市场投资，先后推出 QDII 和 RQDII 等措施，允许合格境内机构投资者将境内筹集的资金以资产组合方式投资到境外证券市场，甚至是境外市场的人民币计价产品。最后，我国近年来开通的"沪港通""深港通"以及中港基金互认，属于双向开放机制安排，既允许境外投资者借助香港进入国内股票市场进行投资，也允许国内投资者投资境外证券市场。尤其是"沪港通"和"深港通"开通之后，我国股市的国际化程度进一步加深，有助于促进内地股票市场的市场化导向和价值投资良性回归，并为"一带一路"基础设施融资方引入更多外国投资者。需要指出的是，我国股票市场的开放以吸引境外优质资本投资国内资本市场为主要目的，但从实施效果看，大量资金南下进入香港股票市场、A 股存量资金持续抽血、中小创股价屡创新低，资本通过香港流出的规模大于外国资本流入的规模，国内参与"一带一路"跨境基础设施建设的企业仍然存在较大融资缺口。

目前，我国国内股票市场已经推出"一带一路"相关板块和指数，中金公司和金瑞基金合作的 MSCI "一带一路" ETF 已经在美国纽交所挂牌上市。以吸引"一带一路"跨境基础设施优质项目和参与企业在国内股票市场上市融资为指导，未来我国应该率先落实股票市场国际化改革，从以下几个步骤建设股票市场"一带一路"国际板块，多途径循序渐进地推进股票市场国际板的发展，为"一带一路"跨境基础设施股权融资创造良好环境。一是研究将"一带一路"沿线国家更多的金融机构纳入人民币合格境外投资者（RQFII）试点范围，并允许境外优质企业在国内发行可转换股票存托凭证（CDR），不仅可以以 A 股市场为平台，还可以探索促进机构投资者在银行间市场进行交易，以拓宽国内资本的投资渠道。二是在上海自贸区建设股票国际板。在自由贸易账户管理体系不断成熟的背景下，可在上海自贸区先行先试建立股票国际板，试用更好对接国际资本市场的企业上市标准和监管标准，吸引国内外优质企业在中国上市进行股权融资，甚至发行以人民币计价的股票，为支持"一带一路"基础设施建设构建一个比较大的资金池。三是针对"一带一路"国家的优质基础设施项目及基础设施建设运营公司，可考虑大力发展边境地区的区域性股权交易市场以鼓励股票发行与交易。根据跨境次区域合作理论，边境地区属于次区域合作的活跃与优势地区，鉴于与邻国密切的交往和对优质企业和基础设施项目的熟悉程度，可以边境省份的区域股权交易市场为突破口，允许其在边境区域股权交易市场进行股权交易，经过培育和完善之后，再考虑允许其在新三板、创业板或主板市场交易。四是进一步加强"一带一路"区域股票市场的开放与合作，在总结"沪港通"和"深港通"运行经验教训的基础上，通过加快股市 IPO 进度、促进股票注册制改革、完善退市制度、加强衍生品研发等措施，探索建立与伦敦、新加坡等地股票市场开放合作的"沪伦通"和"沪新通"等，以进一步扩大"一带一路"跨境基础设施股权融资的资金池。

3. 推广以夹层融资为主导的"一带一路"基础设施混合股权融资新模式

夹层融资是一种介于优先债务和股权之间的融资方式，在发达国家比较常见，包括含认股权的次级债务、可转换债券和可赎回优先股等形式。夹层融资受偿顺序在优先级债务之后、公司的股东之前；收益包括固定利息支付和附加的转股、期权、认股等股权资本的升值收益。可以说，投资者为企业或者项目提供夹层融资时获得的收益及承担的风险，介于债务资本和股权资本之间。夹层融资通过"债权+股权（转股、期权、认股权证）"模式衍生多种债权及股权结合的产品组合，投资者收取固定利息回报或分红，当企业符合上市条件时，投资人可通过债转股、认购股份或溢价回购等方式从资本升值中获利。夹层融资模式既可以满足基础设施项目对长期资金的需求，又可以满足社会投资者的多样化投资需求，基础设施融资方与投资方可以根据各自收益预期、风险偏好和项目特点，通过协商确定债权与股权的最优结合点进行夹层融资。

建议借鉴欧美等发达国家经验，设立"一带一路"基础设施夹层投资基金（mezzanine fund），对区域内基础设施项目进行组合投资。可由丝路基金作为"一带一路"基础设施夹层投资基金的普通合伙人（GP），提供1%的资金并管理基金运营、承担无限责任；吸收区域内和发达经济体的机构投资者成为基金的有限合伙人（LP），并将筹集的资金用于区域内基础设施项目的夹层投资，将基金投资获得的超额收益分配给丝路基金和其他有限合伙人。夹层基金投资收益率在 15% 左右、资金退出渠道相对通畅、风险中等可控等特性，在吸引保险公司、商业银行、投资银行、信托公司、养老基金、对冲基金等各类机构投资者参与基础设施投融资方面具有较大优势。

鉴于丝路基金完全采取市场化的运作方式，本着"利益共享、风险共担"原则，完全以股权投资方式参与区域跨境基础设施投融资将导致资金占用期限长、退出难、收益回收慢，以夹层投资方式支持基础设施投融资，则能够与基础设施项目承建方、运营方实现合作绑定，保障机构投资者投资收益并控制投资风险。具体来说，通过构建如图 6-7 所示的"一带一路"基础设施夹层投资基金融资模式，鼓励广大机构投资者参与"一带一路"基础设施夹层投融资合作。在由丝路基金发起的"一带一路"基础设施夹层投资基金中，引入银行理财作为优先级有限合伙人，基础设施项目公司或融资平台以股权资本形式为项目建设注入资本金（劣后级有限合伙人），机构投资者则可以作为夹层资金的投资者，撬动更多社会资金参与基础设施投融资。其中，作为基础设施项目发起方的政府融资平台或项目公司将作为回购方起到信用兜底作用，参与夹层投资的机构投资者可以在项目偿还银行优先级债务之后获得固定利息，并享受约定比例的浮动收益分成。

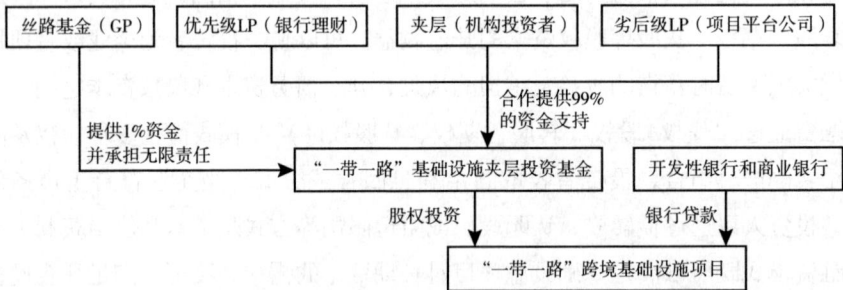

图 6-7 "一带一路"基础设施夹层投资基金融资模式

第七章 "一带一路"基础设施投融资收益保障规则研究

"一带一路"基础设施投资与一般项目投资不同，除了商业收益外还具有较高的外部溢出效益。具体来说，"一带一路"基础设施的投资收益有以下特点：社会收益高于经济收益，间接收益大于直接收益，整体收益先于局部收益，长期收益重于短期收益。本章以"一带一路"基础设施收益特点为基础，建立科学完整的投资收益评价及保障体系。"一带一路"基础设施投融资收益保障规则的目标就是合理选择并运营基础设施项目，使利益相关方在项目整体目标下，既满足自身利益诉求，又实现各方总收益的最大化。

一 "一带一路"基础设施投融资收益分析

"一带一路"倡议提出以来，跨境基础设施投融资合作日益活跃，虽然2020年突如其来的新冠疫情对海外承包工程的影响比较突出，但2021年1~7月，中国对外承包工程业务完成营业额785.1亿美元，同比增长12.3%；新签合同额1232.5亿美元，同比增长1.2%，对外承包工程业务实现了较好的恢复性发展。需要注意的是，投资项目数量的增加并不代表投资效益的提高，需要对"一带一路"基础设施项目投资收益进行评估，实证分析跨境基础设施投资是否促进了"一带一路"整体经济社会效益的提高。

（一）"一带一路"基础设施投融资收益目标

1. "一带一路"基础设施投融资利益相关者分析

关于利益相关者的定义，学术界存在众多表述，广义的利益相关者概念指

"能够影响企业目标的实现或利益受到企业目标实现所影响的个人或群体"（Freeman，1990）；狭义概念指"由于投入了物质资源、人力资源、资金资源等有价值资源而受企业经营活动影响承担相应风险的个人或机构"（Clarkson，1995）。根据学术界对利益相关者的定义，我们将"一带一路"基础设施项目投融资利益相关者定义为：对基础设施投入专有性资产并承担一定的风险，其活动能够影响基础设施建设目标实现且收益受基础设施建设运营情况影响的机构或个人。考虑到跨境基础设施投融资更加复杂的参与主体，本书认为"一带一路"基础设施投融资的利益相关者包括：项目公司、所有参与投资国家和项目所在国政府、非金融个体投资者、商业性金融机构（银行、保险公司和证券公司等）、开发性金融机构、施工单位、设计单位、供应商、监理单位、咨询服务机构、基础设施最终使用者和社会等。根据陈宏辉和贾生华（2004）从主动性、重要性和紧急性三个角度对利益相关者进行分类的方法，本书主要考察参与投资国与基础设施所在国、基础设施项目公司、参与投融资的金融机构和社会这些核心利益相关者的收益。

2. "一带一路"基础设施投资收益目标函数

根据习近平总书记提出的"人类命运共同体"理念，"一带一路"基础设施投融资的利益驱动机制不同于以往发达资本主义单纯以跨国企业商业利益为出发点，而是兼顾商业利益、投资母国利益、东道国利益与区域协同收益的总和。因此，企业收益、投资母国与东道国的国家利益、区域整体收益组成的利益共同体最大化是指导"一带一路"基础设施投融资的根本目标。用目标函数形式表达，则为公式7-1，"一带一路"基础设施投融资的目标就是总收益 $R(T)$ 的最大化：

$$R(T) = B(T) + R(N) + R(H) + R(Q) \qquad (7-1)$$

其中，$R(T)$ 代表"一带一路"基础设施投资总收益，$B(T)$ 代表参与"一带一路"基础设施投融资的所有企业和金融机构的总商业收益，$R(N)$ 代表参与"一带一路"基础设施投融资而基础设施不在本国地理范围内的投资母国收益，$R(H)$ 代表接受"一带一路"基础设施投资并参与投融资的基础设施项目所在国收益，$R(Q)$ 代表"一带一路"区域从基础设施投融资增加中获得的协同合作和总体福利提升收益。基于前文分析的"一带一路"区域内基础设施项目特点，一个基础设施项目可能不止一个投资母国和一个东道国，R（N）和 R（H）分别代指所有投资母国和东道国的国家收益。需要特别说明的是，公式 7-1 中商业收益、投资母国收益、东道国收益与区域收益这四种利益的相加关系并不是简单的数学加法，而是四者基于函数关系的总和，这种函数关系可能并不是线性的。

（二）"一带一路"基础设施投融资合作项目收益评估

目前，项目评价的理论和方法以成本—效益分析方法为主，1844 年杜比（Dupuit）在《公共工程项目效用的度量》一书中提出利用成本—效益分析方法衡量公共项目的社会效益，被认为是成本收益法的起源。后来成本收益法经过不断细化，不断融入新的数量经济学方法，如模糊评价法、网络神经分析法、主成分分析法和全生命周期法等（万冬君等，2013），评价方法更加成熟。在构建基础设施收益评价指标体系方面，经济学家 Hill（1999）认为传统的基础设施项目收益评价，均过于关注基础设施投资回报率的计算，单一目标只衡量了基础设施项目的财务效益和投资运营效益，忽略了对整个国家宏观经济社会效益的影响。世界银行的 Shantayanan 等（1996）指出基础设施项目收益的评价视角应重点放在更为广泛的国家或区域整体视角上，应以提高项目所在地区或国家的整个经济社会福利为评估基础设施项目的指导原则。施圣荣（2003）提出基础设施项目收益评价应该包括对产业结构、资源占有、经济发展的影响等指标。Mankiw 和 Whinston（1986）则认为，鉴于基础设施项目外部性的存在，有效率地评价公共产品的效益比私人产品更加困难，投资收益的评价应包括宏观和微观两个层次，且以宏观评价指标为主，构建经济效益和社会效益相统一的指标体系。

"一带一路"基础设施项目具有投资回报期限长、经济利润率低、外部性高等特点，项目直接收益和间接收益的复杂性和不确定性造成指标难以量化和货币化，因此对基础设施收益的评价必然是定性与定量相结合的综合系统评价，但目前由于缺乏合理量化的方法，对基础设施收益的定量分析落后于定性分析。本书致力于构建比较完善的覆盖微观和宏观层面、经济与社会领域、国家收益与区域整体收益的"一带一路"基础设施项目投融资收益评价指标体系，并采取多元化组合评价方法提高项目评价的准确性和科学性。由于数据可得性的限制，本书主要以中国对"一带一路"跨境基础设施投资项目为考察对象、以中国为唯一投资母国进行分析，衡量我国对"一带一路"跨境基础设施投资的收益情况。

1. 评价指标与评价方法

（1）评价指标选取原则

"一带一路"基础设施项目投资收益评价指标体系的构建和评价方法的选取遵循以下原则。

一是客观性与可操作性相统一。客观性原则指样本及数据要以客观、公开披露的信息为依据，分析方法尽量剔除主观人为因素干扰；可操作性原则指指标体系的选取要考虑数据可得性和有效性，评价方法既便于操作又具备分析有效性。

二是全面性和代表性相统一。全面性原则是指，指标体系的选择要能够基本涵盖商业收益、投资母国收益和东道国收益等经济社会效益指标，分析方法则要尽量克服单一分析方法的局限性；代表性原则指在指标选取的过程中尽量不要选择意义过于重复和相近的指标，将指标体系分出层次，使指标体系简洁易用。

三是定量与定性相统一。基础设施项目的投资收益涉及经济、社会和宏观、微观等多个方面，经济和微观方面的收益尽量通过定性指标较为准确地衡量；而有些宏观和社会收益难以准确地用定性指标衡量，需要借助专家的经验和判断予以评价。因此需要定量和定性互相补充，较为全面地评价投资收益。

需要说明的是，任何基础设施建设过程中都会面临不确定性因素的影响，如自然灾害、政局动荡、政策变动、经济金融环境变化以及恐怖主义犯罪和暴力等。本书在研究中假定这些因素在一定时间内是稳定的。国家收益有绝对收益和相对收益之分，本书主要关注的是国家的绝对收益。

（2）"一带一路"基础设施项目投资收益评价指标体系

根据前文对"一带一路"基础设施投融资收益的理论表述、目标函数特点以及评价指标构建原则，参考谢平、倪经纬（2015），浦军（2005）和李向春（2017）等学者对基础设施效益评价的研究成果，本书选择商业收益、中国收益、东道国收益和区域收益4个一级指标、7个二级指标和13个三级指标，构建"一带一路"基础设施项目投资收益评价指标体系，具体指标含义及计算方法见表7-1。由于单一基础设施项目对国家和区域宏观经济和社会带来的收益较难准确测算，所以中国收益、东道国收益与区域收益指标下的定性变量偏多。

表 7-1 "一带一路" 基础设施项目投资收益评价指标体系

类别	二级指标	三级指标	指标含义
商业收益	金融机构收益	利差损益(X_1)	银行贷款额×利差,衡量金融机构通过贷款业务获得的利息收入
		汇兑损益(X_2)	外汇贷款额×汇率变动,衡量我国金融机构发放美元贷款产生的汇兑盈利或损失
	企业收益	投资损益(X_3)	项目总投资收益率=(息税前利润总额/总投资额)×100%
		经营损益(X_4)	项目资本净利率=(年平均净利润/资本金)×100%,衡量项目资本金的盈利能力
中国收益	中国决定权收益	中国因素比率(X_5)	虚拟变量,根据中国企业在基础设施项目中参与的发起、投融资、建设等环节的多少,设定四个标准,从高到低依次取值为4、3、2、1
		融资定价权比率(X_6)	虚拟变量,对中国金融机构在投融资过程中的融资定价权优势进行评估,按高、中、低三个标准依次取值为3、2、1
	资源安全收益	资源占有收益(X_7)	虚拟变量:基础设施建设完成后对中国资源需求和供给的贡献度,按高、中、低三个标准依次取值为3、2、1
东道国收益	宏观经济收益	经济增长收益(X_8)	基础设施投资对一国经济增长的外部弹性系数×项目投资总额
		社会融资便利收益指数(X_9)	合作国从该项目社会发展领域所获得的融资项目、融资规模、融资成本优惠等,按高、中、低三个标准依次取值为3、2、1
	社会收益	城镇化收益指数(X_{10})	虚拟变量,基础设施建成后对本国城镇化率的正向影响程度,按高、中、低三个标准依次取值为3、2、1
区域收益	合作协同收益	国家交叉协同系数(X_{11})	参与基础设施项目投融资的国家政府部门个数,个数越多表示协同系数越高
		国际贸易收益指数(X_{12})	虚拟变量,基础设施项目对促进我国和东道国之间进出口总额增长的影响,按高、中、低三个标准依次取值为3、2、1
		金融机构协同系数(X_{13})	参与基础设施项目投融资的金融机构个数,个数越多代表协同系数越高

(3) 样本选取及项目情况

考虑到我国"走出去"项目资料的特殊性,本书选取部分具有公开数据信息的"一带一路"沿线国家基础设施投资项目作为样本。因此,项目样本数量不多,共 18 个,项目情况如表 7-2 所示。一部分项目数据来自世界银行PPI 数据库(Private Participation in Infrastructure Database),一部分项目数据来源于亚洲基础设施投资银行官网项目库。需要说明的是,由于亚投行投资的基础设施项目大多数没有完成,因此一些项目收益采用了项目文件中的预估值。项目样本的选择和数据收集存在一定缺陷,后续若有条件将进一步扩充完善。各样本变量原始数据的统计性描述如表 7-3 所示。

表 7-2　"一带一路"基础设施投资项目样本基本情况

单位:百万美元

项目 名称	所在国	项目 类型	项目 领域	国家发 展阶段	总投 资额	总贷 款额	数据 来源
Vinh Tan 1 Coal Plant	越南	PPP	能源	中低收入	1740	1400	世界 银行 PPI 数 据库
An Khanh 1 Coal Plant	越南	PPP	能源	中低收入	168	143	
Attarat Oil Shale-Fired Power Plant	约旦	PPP	能源	中高收入	2109	1581	
China Power Hub Generation Company	巴基斯坦	PPP	能源	中低收入	1940	1500	
Myingyan Gas-Fired Power Plant	缅甸	PPP	能源	中低收入	315	253	
Jakarta Bandung High-Speed Railway	印度尼西亚	PPP	交通	中低收入	6000	4500	
Java 7 Power Station	印度尼西亚	PPP	能源	中低收入	1800	1800	
Sorik Marapi Geothermal Power Plant	印度尼西亚	PPP	能源	中低收入	244.8	244.8	
Suki Kinari Hydropower Plant	巴基斯坦	PPP	能源	中低收入	1888.2	1416.2	
Sumsel 1	印度尼西亚	PPP	能源	中低收入	750	528.6	
Tranzen Agus III HPP	菲律宾	PPP	能源	中低收入	500	350	
China-Myanmar Oil and Gas Pipeline Project	缅甸	PPP	能源	中低收入	5000	2400	
National Slum Upgrading Project	印度尼西亚	非 PPP	城市建设	中低收入	1743	433	亚投行 官网项 目库
Republic of Tajikistan Dushanbe-Uzbekistan Border Road Improvement Project	塔吉克斯坦	非 PPP	交通	中低收入	105.9	90	
Islamic Republic of Pakistan National Motorway M-4 Project	巴基斯坦	非 PPP	交通	中低收入	273	200	
Duqm Port Commercial Terminal and Operational Zone Development Project	阿曼	非 PPP	交通	高收入	300	253.33	
Batumi Bypass Road Project	格鲁吉亚	非 PPP	交通	中高收入	350	315.2	
Nurek Hydropower Rehabilitation Project	塔吉克斯坦	非 PPP	能源	中低收入	400	350	

表7-3 "一带一路"基础设施投资项目样本各变量数据统计性描述

变量	样本量	极小值	极大值	均值	标准差	方差
利差损益	18	0.5400	48.1500	13.563433	13.2957062	176.776
汇兑损益	18	-161.1000	0.1072	-32.193756	44.1021346	1944.998
投资损益	18	0.000000	0.011111	0.00471468	0.003113957	0.000
经营损益	18	0.000000	0.050000	0.02120135	0.014817829	0.000
金融机构协同系数	18	1.0000	6.0000	2.722222	1.6735153	2.801
国家交叉协同系数	18	1.0000	4.0000	2.000000	0.6859943	0.471
融资定价权比率	18	1.0000	3.0000	2.111111	0.9002541	0.810
中国因素比率	18	1.0000	4.0000	2.444444	1.1490263	1.320
资源占有收益	18	1.0000	3.0000	1.722222	0.6691132	0.448
经济增长收益	18	46.7019	2208.0000	584.241828	656.6157248	431144.210
城镇化收益指数	18	1.0000	3.0000	1.611111	0.6978023	0.487
国际贸易收益指数	18	1.0000	3.0000	1.944444	0.8726041	0.761
社会融资便利收益指数	18	1.0000	4.0000	2.222222	1.1143743	1.242
有效的N（列表状态）	18					

（4）评价方法

①主成分分析法。

主成分分析法由 Hotelling 在1933年首先提出，是一种利用降维思想把多个存在相关关系的指标转化为少数几个综合指标的多元统计方法。该方法的核心是以丢失最少信息为前提，将所有变量综合成几个主综合因子进行分析，各主因子间线性关系不显著，既能减少计算量又最大限度地保持了原指标所提供的大量信息。主成分分析步骤如下：首先，对原始数据指标进行标准化处理，计算变量间的相关系数并形成相关系数矩阵；然后，利用 SPSS 软件进行主成分分析，选取累计贡献率达到85%以上的主成分因子个数；最后，根据公式7-2计算综合得分，并根据得分高低进行排名。

$$因子综合得分 = \frac{因子1 \times 因子1方差贡献率 + 因子2 \times 因子2方差贡献率 + \cdots + 因子n \times 因子n方差贡献率}{累计方差贡献率} \quad (7-2)$$

主成分分析法具有较强的优点：第一，主成分分析既能保留指标体系中大部分信息，又用彼此相互独立的较少的指标来代替一些存在相关关系的原指标，从根本上解决了指标间的信息重叠问题。第二，主成分分析根据综合因子的贡献率来确定各综合因子的权重，克服了某些评价方法中人为确定权重的主观缺陷，保证了评价结果的客观性和准确性。但是，在衡量我国对"一带一路"跨境基础设施项目的投资收益方面，主成分分析法有一定局限。首先，主成分分析法对样本容量有一定要求，由于数据可得性样本数量只有 18 个，样本容量略小。其次，进行主成分分析的基础是各收益变量存在较强的相关性，且指标间相关程度越高，主成分分析效果越好，这个条件也限制了该方法的适用范围。

②灰色关联度法。

邓聚龙（1983）教授首先提出了灰色系统的概念并建立了以"灰色朦胧集"为基础的灰色系统理论。目前，灰色系统理论已经普遍应用在经济效益综合评价、企业经营绩效评价和环境综合评价等各个领域。灰色关联度分析则是灰色系统理论应用的重要分支之一，它以晦涩序列生成为基础，利用较少的数据的潜在信息进行白化处理，进而开展评价、预测和决策。

灰色关联度法的基本原理和分析步骤如下。

首先，选定理想参考数据列作为评价对象的理想方案进行对比，一般选取样本数据中每个指标的最大值，记作 X_0。被评价对象指标数列（比较序列）与参考序列的相关性越大，表示越接近参考序列，其投资的综合收益水平就越高。

$$X_0 = |X_0(1), X_0(2), X_0(3), \cdots, X_0(n)|, n \text{ 代表样本个数} \qquad (7-3)$$

其次，对指标数据进行标准化，逐个计算每个比较序列与参考序列对应元素的绝对值差，即

$$|X_0(i) - X_j(i)|, (j = 1, 2, \cdots, m, m \text{ 为指标个数};$$
$$i = 1, 2, \cdots, n, n \text{ 为样本项目数量}) \qquad (7-4)$$

然后，选出所有数据中的极大值和极小值，计算各比较序列与参考序列的关联系数 $\xi(i)$：

$$\xi(i) = \frac{min_{i=1}^{n} \, min_{j=1}^{m} |X_0(i) - X_j(i)| + \rho \, max_{i=1}^{n} \, max_{j=1}^{m} |X_0(i) - X_j(i)|}{|X_0(i) - X_j(i)| + \rho \, max_{i=1}^{n} \, max_{j=1}^{m} |X_0(i) - X_j(i)|} \qquad (7-5)$$

其中，ρ 为分辨系数，在（0, 1）中取值，一般 ρ 取 0.5。

最后，计算关联序 γ_i，即计算各比较序列（评价对象）每个指标与参考序

列对应元素的关联系数的均值，以反映各评价对象与参考序列的关联关系：

$$\gamma_i = \frac{1}{n} \sum_{k=1}^{n} \xi(i) \qquad (7-6)$$

根据各研究对象的关联序，可得出各个评价对象的综合得分。关联度得分越高，代表与最佳指标组成的理想方案越接近，即基础设施项目的综合投资收益越高。

灰色关联度法的优点在于，一是克服了传统线形回归分析缺陷；二是无需大量样本，也不要求数据满足经典的分布规律，有代表性的少量样本即可进行灰色关联度分析，与本书"一带一路"基础设施项目的样本量相适应。其不足在于，一是由于与关联度计算有关的因素如参考序列、分辨系数等需要人为设置，评价在一定程度上存在主观性，会导致关联度的不唯一；二是不能解决评价指标间存在相关关系造成的评价信息重复问题。

③组合评价法。

从主成分分析法和灰色关联度法的优缺点可以看出，两种方法各有利弊，均存在自身局限性。同时，由于主观赋值的不确定性、方法结构及信息选用的差异性，会产生"多方法评价结论非一致性"的情况。为了解决单一评价方法的局限性和评价结果的差异性问题，学术界提出了组合评价模型，即将多种评价方法的评价结果以某种方法组合起来，得出组合评价结果。本书引入综合评价思想，通过组合评价使主成分分析法和灰色关联度法在衡量"一带一路"基础设施项目投资收益方面形成互补，进而提高实证分析的客观性、准确性和精确度。

郭显光（1995）、曾宪报（1997）等将组合评价步骤归纳为"选择几种有代表性的评价方法→事前检验→组合评价→事后检验"几大步骤。本书已经选择主成分分析法和灰色关联度法两种评价方法作为组合评价的基础，然后通过 Kendall-W 系数检验对以上两种评价方法的一致性进行检验，考察是否具有组合评价的相关性基础。只有通过了检验即两种评价方法结果具有一定的一致性才能进行组合评价。进行组合评价得到综合得分后，还要将评价结果分别与主成分分析法得分结果和灰色关联度法得分结果做斯皮尔曼（Spearman）等级相关系数检验，检验通过即组合评价结果与两种单一评价结果具有较强相关性和一致性，才能接受最后组合评价结果。

目前，学术界常用的组合评价方法主要有平均值法、Borda 法、Copeland

法及模糊 Borda 法等。前三种组合方法均将评价结果排序的次序或次序的变形
作为分数进行组合，不考虑各单一评价方法下被评价对象的具体得分；模糊
Borda 法则同时考虑了每种评价方法下各个项目的得分以及相应排序次序，因
此评价结果更具有准确性和有效性。本书选择模糊 Borda 法对主成分分析和灰
色关联度分析两种方法的评价信息进行组合，综合评价我国对"一带一路"
跨境基础设施项目的投资收益情况。

模糊 Borda 法构建组合评价模型的具体步骤如下。

第一步，计算各评价方法对各样本项目得分的隶属优度，即每种评价方法
对样本项目取得好的评价得分的决定程度。

$$\mu_{ij} = \frac{x_{ij} - min_i\{x_{ij}\}}{max_i\{x_{ij}\} - min_i\{x_{ij}\}} \times 0.9 + 0.1 \qquad (7-7)$$

其中，x_{ij} 代表第 i 项在第 j 种评价方法下取得的得分，μ_{ij} 代表第 i 项在第 j
种方法下属于"优"的隶属度。

第二步，计算第 i 项在两种评价方法中排在第 h 位时的模糊频数 p_{hi} 和模糊
频率 W_{hi}：

$$p_{hi} = \sum_{j=1}^{2} \delta_{hi} \times \mu_{ij}, \text{其中} \delta_{hi} = \begin{cases} 1, \text{第 } i \text{ 项排在第 } h \text{ 位} \\ 0, \text{第 } i \text{ 项排在其他位} \end{cases} \qquad (7-8)$$

$$W_{hi} = \frac{p_{ij}}{\sum_h p_{hi}} \qquad (7-9)$$

模糊频率 W_{hi} 实际相当于每种评价方法得分及排名在组合评价中所占权重。

第三步，计算模糊 Borda 法组合评价综合得分：

$$\text{将排序名次转化为得分} Q_{hi} = \frac{1}{2}(n-h) \times (n-h+1) \qquad (7-10)$$

其中，Q_{hi} 代表第 i 项排在第 h 位时等价转化的得分，n 代表样本项目
个数。

第 i 个项目的模糊 Borda 综合得分为：

$$B_i = \sum W_{hi} \times Q_{hi} \qquad (7-11)$$

B_i 即利用模糊 Borda 法构建组合评价模型得到的各"一带一路"基础设
施项目投资收益的综合评价得分。

（三）"一带一路"基础设施项目收益实证分析

1. 主成分分析法评价"一带一路"基础设施项目投资整体收益

选取表7-1的13个基础设施项目收益指标对"一带一路"基础设施项目的投资收益进行因子分析。表7-4至表7-8、图7-1为因子分析结果。如表7-4所示，Bartlett检验结果显示变量之间存在一定的相关关系，KMO值大于0.5，数据可以进行因子分析。表7-5显示的公因子方差都大于75%，说明变量信息丢失较少。根据表7-6解释的总方差表格和图7-1碎石图，提取的5个主因子，其累计方差贡献率超过了85%，具有较好的解释功能。表7-7至表7-8显示，将因子载荷矩阵进行旋转之后，5个基础设施项目收益因子的含义更加明确。

利差损益、汇兑损益、社会融资便利收益指数和城镇化收益指数在第1个因子上载荷较高，第一个因子可概括为金融机构与东道国社会综合效益因子，衡量通过投资跨国基础设施项目金融机构获得的商业收益和东道国通过开展基础设施项目投融资获得的社会发展收益。投资损益、经营损益、融资定价权比率和中国因素比率在第2个因子上载荷较高，第2个因子可作为项目运营与中国投资综合效益因子，衡量一项基础设施项目运营获得的商业收益和我国通过开展跨境基础设施投资获得的潜在收益。金融机构协同系数、经济增长收益和国际贸易收益指数在第3个因子上载荷较高，第3个因子可称为区域协同合作与经济增长综合因子，衡量"一带一路"区域通过开展基础设施投融资合作获得的包括经济增长、经济联系加深和金融协同合作等区域一体化收益。资源占有收益在第4个因子上荷载较高，第4个因子可定义为我国战略资源收益因子，衡量我国通过开展跨境基础设施投资获得的资源与能源安全收益。国家交叉协同系数在第5个因子上荷载较高，第5个因子可称为国家合作收益因子，衡量区域内各国通过开展跨国基础设施投融资合作获得的地缘政治与经济合作收益。最后，根据表7-9因子得分系数矩阵，带入因子综合得分公式（公式7-2），求得各基础设施项目的综合收益得分，进而评估"一带一路"基础设施样本项目的综合收益情况（见表7-10）。

表7-4　"一带一路"基础设施项目收益主成分分析 KMO 和球形 Bartlett 检验结果

取样足够度的 Kaiser-Meyer-Olkin 度量		0.511
Bartlett 的球形度检验	近似卡方	184.804
	df	78
	Sig.	0.000

表7-5　"一带一路"基础设施项目收益主成分分析解释的总方差

变量	初始	提取
利差损益	1.000	0.958
汇兑损益	1.000	0.929
融资定价权比率	1.000	0.849
投资损益	1.000	0.952
经营损益	1.000	0.931
资源占有收益	1.000	0.927
中国因素比率	1.000	0.767
经济增长收益	1.000	0.795
国际贸易收益指数	1.000	0.871
城镇化收益指数	1.000	0.952
金融机构协同系数	1.000	0.768
国家交叉协同系数	1.000	0.927
社会融资便利收益指数	1.000	0.822

表7-6　"一带一路"基础设施项目收益主成分分析解释的总方差

单位：%

成分	初始特征值			提取平方和载入			旋转平方和载入		
	合计	方差贡献率	累计方差贡献率	合计	方差贡献率	累计方差贡献率	合计	方差贡献率	累计方差贡献率
1	4.459	34.302	34.302	4.459	34.302	34.302	4.036	31.045	31.045
2	3.252	25.014	59.316	3.252	25.014	59.316	3.179	24.450	55.495
3	2.078	15.988	75.304	2.078	15.988	75.304	1.741	13.389	68.884
4	0.900	6.921	82.225	0.900	6.921	82.225	1.380	10.616	79.501
5	0.760	5.847	88.072	0.760	5.847	88.072	1.114	8.572	88.072
6	0.558	4.293	92.366						
7	0.352	2.709	95.075						
8	0.279	2.148	97.222						
9	0.197	1.512	98.735						
10	0.082	0.631	99.366						

续表

成分	初始特征值			提取平方和载入			旋转平方和载入		
	合计	方差贡献率	累计方差贡献率	合计	方差贡献率	累计方差贡献率	合计	方差贡献率	累计方差贡献率
11	0.057	0.438	99.804						
12	0.015	0.113	99.917						
13	0.011	0.083	100.000						

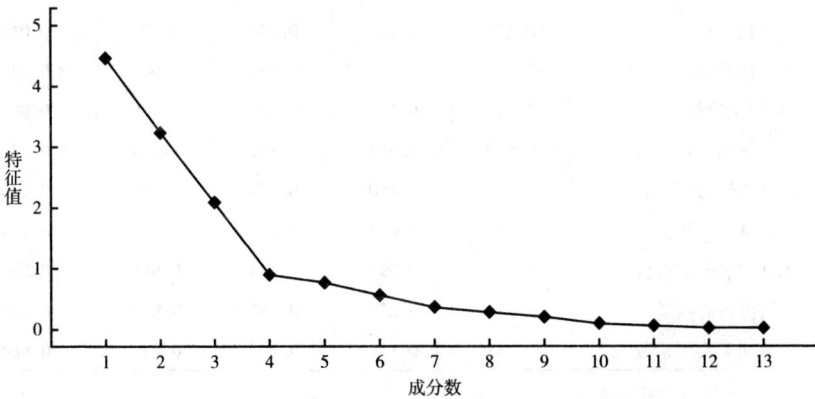

图7-1 "一带一路" 基础设施项目收益主成分分析碎石图

表7-7 "一带一路" 基础设施项目收益主成分分析成分矩阵

变量	成分				
	1	2	3	4	5
利差损益	0.905	-0.234	-0.226	-0.131	-0.124
汇兑损益	-0.846	0.345	0.275	0.008	0.139
社会融资便利收益指数	0.832	-0.144	-0.139	-0.298	-0.005
城镇化收益指数	0.662	-0.647	-0.112	0.279	0.063
中国因素比率	0.633	0.443	-0.387	0.065	0.127
金融机构协同系数	0.493	-0.152	0.491	0.271	-0.433
投资损益	0.196	0.925	0.205	0.053	-0.115
经营损益	0.113	0.874	0.222	0.191	-0.261
融资定价权比率	0.614	0.657	-0.196	-0.043	-0.042
经济增长收益	-0.125	-0.524	0.700	-0.046	-0.116
国际贸易收益指数	0.485	-0.040	0.697	-0.376	-0.090
资源占有收益	0.456	0.302	0.530	-0.282	0.517
国家交叉协同系数	0.512	-0.041	0.379	0.611	0.382

注：已提取5个成分。

表 7-8　"一带一路"基础设施项目收益主成分分析旋转成分矩阵

变量	成分				
	1	2	3	4	5
利差损益	0.973	0.045	0.079	0.053	-0.002
汇兑损益	-0.953	0.057	-0.075	0.077	-0.074
社会融资便利收益指数	0.862	0.063	0.033	0.258	-0.083
城镇化收益指数	0.766	-0.393	0.144	-0.112	0.422
投资损益	-0.137	0.948	0.044	0.177	0.018
经营损益	-0.204	0.930	0.151	-0.005	0.049
融资定价权比率	0.442	0.777	-0.187	0.126	-0.007
中国因素比率	0.550	0.553	-0.371	0.047	0.137
金融机构协同系数	0.336	0.150	0.754	-0.071	0.245
经济增长收益	-0.179	-0.473	0.699	0.212	0.074
国际贸易收益指数	0.270	0.099	0.639	0.611	-0.080
资源占有收益	0.134	0.272	0.082	0.883	-0.221
国家交叉协同系数	0.238	0.107	0.195	0.198	0.884

注：旋转在 7 次迭代后收敛。

表 7-9　"一带一路"基础设施项目收益主成分分析得分系数矩阵

变量	成分				
	1	2	3	4	5
利差损益	0.269	0.007	0.049	-0.038	-0.172
汇兑损益	-0.261	0.008	-0.057	0.145	0.076
融资定价权比率	0.110	0.229	-0.069	0.003	-0.070
投资损益	-0.061	0.320	0.109	-0.025	-0.011
经营损益	-0.075	0.364	0.239	-0.228	0.020
资源占有收益	-0.049	-0.072	-0.230	0.751	0.146
中国因素比率	0.125	0.130	-0.244	0.017	0.119
经济增长收益	-0.069	-0.116	0.374	0.079	-0.033
国际贸易收益指数	0.052	0.007	0.315	0.352	-0.295
城镇化收益指数	0.160	-0.124	0.000	-0.142	0.327
金融机构协同系数	0.058	0.165	0.560	-0.372	0.054
国家交叉协同系数	-0.082	-0.005	-0.086	0.048	0.863
社会融资便利收益指数	0.239	-0.030	-0.032	0.180	-0.244

表 7-10 主成分分析法下我国对"一带一路"基础设施项目
投资的整体收益评价

排名	项目名称	综合得分	所在国
1	China-Myanmar Oil and Gas Pipeline Project	0. 8253	缅甸
2	China Power Hub Generation Company	0. 7653	巴基斯坦
3	Vinh Tan 1 Coal Plant	0. 7512	越南
4	Java 7 Power Station	0. 4174	印度尼西亚
5	Jakarta Bandung High-Speed Railway	0. 2962	印度尼西亚
6	Suki Kinari Hydropower Plant	0. 2259	巴基斯坦
7	Attarat Oil Shale-Fired Power Plant	0. 2242	约旦
8	Sumsel 1	0. 1326	印度尼西亚
9	Sorik Marapi Geothermal Power Plant	0. 0778	印度尼西亚
10	An Khanh 1 Coal Plant	−0. 0181	越南
11	Myingyan Gas-Fired Power Plant	−0. 0920	缅甸
12	Tranzen Agus III HPP	−0. 2412	菲律宾
13	Nurek Hydropower Rehabilitation Project	−0. 4561	塔吉克斯坦
14	Duqm Port Commercial Terminal and Operational Zone Development Project	−0. 4784	阿曼
15	Batumi Bypass Road Project	−0. 5227	格鲁吉亚
16	Islamic Republic of Pakistan National Motorway M – 4 Project	−0. 5409	巴基斯坦
17	National Slum Upgrading Project	−0. 6528	印度尼西亚
18	Republic of Tajikistan Dushanbe-Uzbekistan Border Road Improvement Project	−0. 7139	塔吉克斯坦

2. 灰色关联度法评价"一带一路"基础设施项目投资整体收益

首先，对原始数据进行标准化处理，然后取每个指标的最大值为理想参考值组成理想参考序列 $X_0 = \{3.55, 1.25, 2.36, 2.36, 2.20, 2.00, 2.20, 1.57, 1.74, 1.16, 1.86, 1.54, 1.35\}$。其次，利用公式 $|X_0(k) - X_j(k)|$ 计算出每个被评价对象指标序列与参考理想序列对应元素的绝对差值。再次，利用公式 7-5 计算出每个比较序列与参考序列对应元素的关联系数。最后，依据公式 7-6 求出参考序列与各比较序列间的关联系数及总的评价得分结果，如表 7-11 所示。

表7-11　灰色关联度法下我国对"一带一路"基础设施
项目投资的整体收益评价

排名	项目全称	所在国	总评价值
1	China-Myanmar Oil and Gas Pipeline Project	缅甸	0.8053
2	China Power Hub Generation Company	巴基斯坦	0.7882
3	Vinh Tan 1 Coal Plant	越南	0.7825
4	Java 7 Power Station	印度尼西亚	0.7318
5	Sorik Marapi Geothermal Power Plant	印度尼西亚	0.7182
6	Sumsel 1	印度尼西亚	0.7037
7	An Khanh 1 Coal Plant	越南	0.7033
8	Attarat Oil Shale-Fired Power Plant	约旦	0.6997
9	Suki Kinari Hydropower Plant	巴基斯坦	0.6980
10	Jakarta Bandung High-Speed Railway	印度尼西亚	0.6907
11	Myingyan Gas-Fired Power Plant	缅甸	0.6793
12	Tranzen Agus III HPP	菲律宾	0.6535
13	Duqm Port Commercial Terminal and Operational Zone Development Project	阿曼	0.6520
14	Batumi Bypass Road Project	格鲁吉亚	0.6501
15	Islamic Republic of Pakistan National Motorway M-4 Project	巴基斯坦	0.6478
16	Nurek Hydropower Rehabilitation Project	塔吉克斯坦	0.6447
17	National Slum Upgrading Project	印度尼西亚	0.6279
18	Republic of Tajikistan Dushanbe-Uzbekistan Border Road Improvement Project	塔吉克斯坦	0.6133

3. 模糊 Borda 法组合评价"一带一路"基础设施项目投资整体收益

首先，运用 SPSS 软件进行 Kendall-W 系数检验，对两种单一评价方法取得的结果进行一致性检验，以确定是否存在进行组合评价的基础。

假设 H_0：两种评价方法结果不一致，两种评估不相关。

H_1：两种评价结果一致，两种评估是相关的。

如图7-2所示，Kendall-W 系数检验 P 值为 0.012，在 0.05 的置信水平下拒绝原假设，即两种评价方法之间是显著相关的，评价结果具有一致性，可以进行组合评价。

假设检验汇总

图 7-2　主成分分析与灰色关联度分析方法 Kendall-W 系数检验结果

然后，基于模糊 Borda 法构建基础设施投资收益组合评价模型。根据公式 7-7 到 7-11，将两种方法得到的综合收益评价值和排名进行组合，并按照得分大小进行排序，得分越高排名越高，具体结果见表 7-12。

表 7-12　组合评价法下我国对"一带一路"基础设施项目投资的整体收益评价

排名	项目名称	综合得分	所在国	项目类型	项目领域	人均 GDP（美元）	国家发展阶段
1	China-Myanmar Oil and Gas Pipeline Project	153	缅甸	PPP	能源	1416	中低收入
2	China Power Hub Generation Company	136	巴基斯坦	PPP	能源	1422	中低收入
3	Vinh Tan 1 Coal Plant	120	越南	PPP	能源	2174	中低收入
4	Java 7 Power Station	105	印度尼西亚	PPP	能源	3620	中低收入
5	Jakarta Bandung High-Speed Railway	69	印度尼西亚	PPP	交通	3620	中低收入
6	Sorik Marapi Geothermal Power Plant	68	印度尼西亚	PPP	能源	3620	中低收入

续表

排名	项目名称	综合得分	所在国	项目类型	项目领域	人均GDP（美元）	国家发展阶段
7	Sumsel 1	66	印度尼西亚	PPP	能源	3620	中低收入
8	Suki Kinari Hydropower Plant	64	巴基斯坦	PPP	能源	1422	中低收入
9	Attarat Oil Shale-Fired Power Plant	61	约旦	PPP	能源	5705	中高收入
10	An Khanh 1 Coal Plant	52	越南	PPP	能源	2174	中低收入
11	Myingyan Gas-Fired Power Plant	28	缅甸	PPP	能源	1416	中低收入
12	Tranzen Agus III HPP	21	菲律宾	PPP	能源	2978	中低收入
13	Duqm Port Commercial Terminal and Operational Zone Development Project	13	阿曼	非PPP	交通	13060	高收入
14	Nurek Hydropower Rehabilitation Project	9	塔吉克斯坦	非PPP	能源	796	中低收入
15	Batumi Bypass Road Project	8	格鲁吉亚	非PPP	交通	3790	中高收入
16	Islamic Republic of Pakistan National Motorway M-4 Project	5	巴基斯坦	非PPP	交通	1422	中低收入
17	National Slum Upgrading Project	1	印度尼西亚	非PPP	城市建设	3620	中低收入
18	Republic of Tajikistan Dushanbe-Uzbekistan Border Road Improvement Project	0	塔吉克斯坦	非PPP	交通	796	中低收入

最后，利用 SPSS 软件，将组合评价结果分别与主成分分析法、灰色关联度法求得的结果进行斯皮尔曼（Spearman）等级相关系数检验。组合评价法与主成分分析法之间的一致性检验结果如表 7-13 所示，组合评价法与灰色关联度法之间的一致性检验结果如表 7-14 所示。二者均通过了置信度为 0.01 的检验，说明通过模糊 Borda 法进行组合评价的结果能够综合代表主成分分析法和灰色关联度法的评价结果。

表 7-13　主成分分析法与组合评价法 Spearman 等级相关系数检验结果

分类			综合得分	主成分分析法得分
Spearman 的 rho	综合得分	相关系数	1.000	0.653 **
		Sig.（双侧）	0.000	0.003
		N	18	18
	主成分分析法得分	相关系数	0.653 **	1.000
		Sig.（双侧）	0.003	0.000
		N	18	18

注：**，在置信度（双测）为 0.01 时，相关性是显著的。

表7-14　灰色关联度法与组合评价法 Spearman 等级相关系数检验结果

分类			综合得分	灰色关联度法得分
Spearman 的 rho	综合得分	相关系数	1.000	0.670**
		Sig.（双侧）	0.000	0.002
		N	18	18
	灰色关联度法得分	相关系数	0.670**	1.000
		Sig.（双侧）	0.002	0.000
		N	18	18

注：**，在置信度（双测）为 0.01 时，相关性是显著的。

4. "一带一路"样本基础设施项目收益分区

在对样本基础设施项目综合收益进行评价之后，需要进一步将收益情况划分成高、中、低三档。本书将聚类分析方法与组合评价法结合起来，基于组合评价法得出的各基础设施项目收益综合得分进行聚类分析。利用 SPSS 软件，采用欧氏距离计算变量个体间距离，将 18 个 "一带一路" 基础设施项目分为 3 类收益分区，分析结果如图 7-3 所示。第一类是高收益基础设施项目，包括中缅油气管道项目、巴基斯坦发电枢纽项目、越南文坛滩 1 号煤厂项目和印尼爪哇电力站项目等 4 个项目。第二类是中等收益基础设施项目，包括印尼雅加达万隆高速铁路项目、印尼索里克—马拉皮地热发电厂项目、印尼萨姆塞尔 1 号煤电厂项目、巴基斯坦苏基金纳利水电站项目、约旦阿塔拉特油页岩电厂项目和越南安庆 1 号煤电厂项目等 6 个项目。第三类是低收益基础设施项目，包括缅甸敏建燃气电厂项目、菲律宾棉兰老岛发电厂项目、阿曼杜格姆港口商业码头和运营区开发项目、塔吉克斯坦纽雷克水电站改造工程、格鲁吉亚巴统环城公路工程、巴基斯坦国家高速公路项目、印尼贫民窟改造工程以及塔吉克斯坦—乌兹别克斯坦边境公路改造工程。

5. "一带一路"基础设施跨境投资收益评价结果分析

总体来看，两种单一分析方法的评价结果与组合评价法的评价结果具有较高的相似性。其中，中缅油气管道项目（China-Myanmar Oil and Gas Pipeline Project）始终排名第一位，该项目历经 10 余年建设，可谓"一带一路"倡议下基础设施投融资国际合作的典型案例。中、缅、韩、印 4 个国家的 6 家公司共同参与投资，投资建设了包括中缅原油管道、中缅天然气管道和配套原油码头等多个子工程的大型跨境基础设施工程。四国政府、金融机构和企业等多利

使用平均联接（组间）的树状图
重新调整距离聚类合并

National Slum Upgrading Project 17
Republic of Tajikistan Dushanbe-Uzbekistan Border
Road Improvement Project 18
Nurek Hydropower Rehabilitation Project 14
Batumi Bypass Road Project 15
Islamic Republic of Pakistan National Motorway
M-4 Project 16
Duqm Port Commercial Terminal and Operational
Zone Development Project 13
Myingyan Gas-Fired Power Plant 11
Tranzen Agus III HPP 12
Jakarta Bandung High-Speed Railway 5
Sorik Marapi Geothermal Power Plant 6
Sumsel 1 7
Suki Kinari Hydropower Plant 8
Attarat Oil Shale-Fired Power Plant 9
An Khanh 1 Coal Plant 10
Vinh Tan 1 Coal Plant 3
Java 7 Power Station 4
China-Myanmar Oil and Gas Pipeline Project 1
China Power Hub Generation Company 2

0　　5　　10　　15　　20　　25

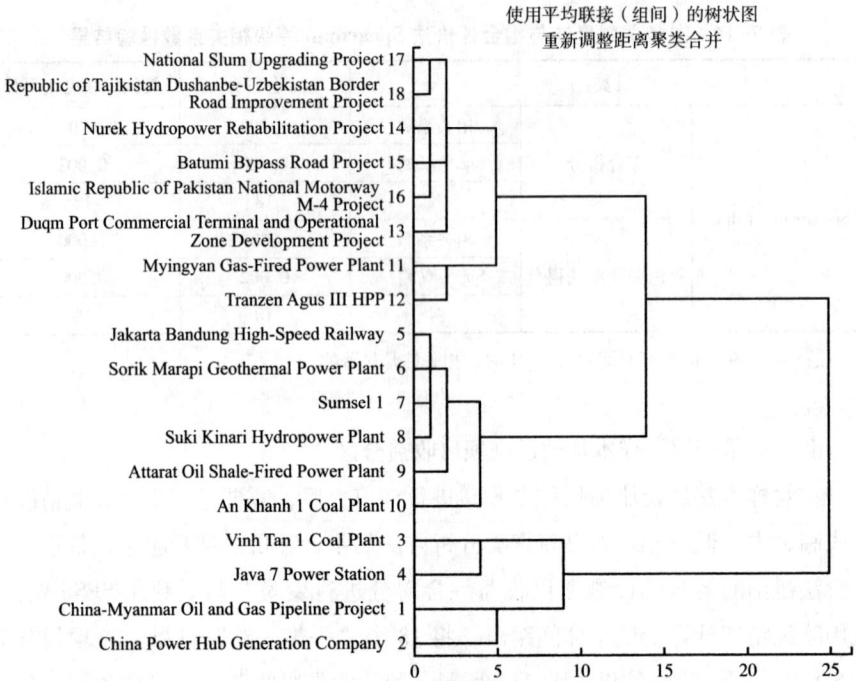

图 7-3　"一带一路"基础设施项目综合收益聚类分析结果

益主体秉承共商共建共享原则，实行协商合作、共同决策、利益共享、风险分担的国际化多方商业化合作模式，为未来"一带一路"其他基础设施投融资合作提供了经验。中缅油气管道项目惠及各方，从缅甸来看，不仅解决了天然气下游市场难题，为缅甸带来包括国家税收、出口创汇、投资分红、路权费、过境费、培训基金等在内的可观经济收益，还带动了290万人次的就业并培养了一批专业人力资源队伍；从中国来看，不仅增加了能源进口通道、增强了能源输入的均衡性和抗风险性、保证了能源安全，还有力地促进了西南地区经济发展和产业升级；从"一带一路"整体区域来看，完善了区域油气管线布局，有利于实现区域能源动脉结构均衡。

虽然实证分析的基础设施项目样本数量较少，且主要集中在能源、交通领域和东南亚、南亚等国家，但从"一带一路"基础设施样本项目的跨境投资收益评价结果来看，可以初步总结出以下几点结论。

第一，从项目类型看，基础设施项目采用公私合作的投融资模式综合收益更高。从组合评价模型得出的收益评价排名来看，所有 PPP 项目（公私合作项目）的排名均在非 PPP 项目之前，说明引入私人资本参与"一带一路"基础设施投融资不仅能够拓宽基础设施资金来源，还能够提高基础设施项目资金使用效率，即引入私人资本参与基础设施投融资能够缓解"政府失灵"造成的投资效率低下和资源浪费问题，这与市场主导公共产品供给模式理论相符合。样本项目中的所有非 PPP 项目均为亚洲基础设施投资银行参与投资的，这也从侧面提示了亚投行未来应积极拓展对公私合作项目的金融支持业务。

第二，从项目领域看，能源基础设施项目的综合收益更高。从组合评价模型得出的收益评价排名来看，前 10 名中能源类基础设施项目占了 9 席，高收益基础设施项目也均为能源基础设施类。由于能源基础设施项目具有更高的可销售性，所以商业收益会显著高于交通基础设施和城市基础设施项目。从几个交通基础设施项目的收益排名可以看到，印尼雅加达万隆高速铁路项目（Jakarta Bandung High-Speed Railway）比其他普通铁路、公路和港口项目具有更高的综合收益，因为高速铁路的网络效应、空间溢出效应和产业协同效应在促进城镇化、促进经济发展方面更具优势（杨正泽，2015）。

第三，从项目支持金融机构来看，后 6 名均为亚洲基础设施投资银行贷款支持的项目。一部分原因是项目尚未投产建成，使用的数据是项目预估数据，难免存在收益低估情况；另一部分原因是，亚洲基础设施投资银行不以盈利为主要目的，其主要目的是支持"一带一路"区域内基础设施条件改善，且中国虽然在亚投行的股本份额最高但是决策机制是平等民主的，中国因素十分微弱，不以中国的国家利益为项目选择的首要标准，这也充分体现了亚投行服务整个亚洲地区经济可持续发展和促进基础设施互联互通的宗旨，展现出中国构建"一带一路"利益共同体的决心和姿态。

第四，目前"一带一路"基础设施项目存在商业收益不如预期、对合作国或东道国利益照顾不周的问题。从表 7-3 可以看出，各样本项目总投资收益率平均值仅为 0.0047，即 0.47%，低于一年期银行存款利率 1.75%[1]；各样本项目净资产收益率平均值为 2.12%，略高于一年期银行存款利率，但盈利能

---

[1] 根据投资理论，一般来说总资产收益率应高于基准收益率即基准折现率，一般不低于一年期银行存款利率。一个企业如果总资产收益率低于银行存款利率，从宏观方面来讲，意味着社会资源的损失和浪费；从微观方面来讲，意味着既不可能给投资者应有的回报，也不能补偿起码的资金成本，因而其再筹资行为必须加以限制，从这个角度来讲，企业总资产收益率至少应在目前的一年期银行存款利率 1.75%以上。

力仍有待提高。虽然基础设施准公共产品的特性决定了项目投资收益较低，但过低的商业回报会降低对社会资本的吸引力，不利于"一带一路"基础设施资金来源的充实。同时，由于我国金融机构多为跨境基础设施项目提供美元贷款，投资各项目普遍存在较高的汇兑损失，贷款额度越高汇兑损失越大，严重损害了国内金融机构的商业收益和项目综合收益。

二　构建"一带一路"基础设施投融资收益保障规则

通过对"一带一路"基础设施样本项目进行收益评估发现，目前我国对"一带一路"基础设施项目的投资总体收益不高，在基础设施投资领域和地区的选择上没有以区域综合收益为导向。根据"一带一路"基础设施样本项目收益评价结果反映出的问题，构建包含"收益评估+项目筛选+收益补偿"的收益保障规则，以激发各方投融资合作热情。

（一）完善"一带一路"基础设施项目事前收益评价规则

1. 建立专家与公众参与相结合的"一带一路"基础设施项目收益评价及筛选规则

目前，我国对"一带一路"沿线基础设施投资总体收益不如预期的原因，除了基础设施自身准公共产品属性导致的商业收益较低以外，还包括部分地方、企业"一哄而上"对外投资而缺乏规划和评审。建立严谨、科学、规范性强的事前项目筛选体系，对基础设施项目投资总体收益进行全面评估，是保障投融资收益的重要前提，有利于引导投资方向、调控投融资规模、提高投融资收益质量。一般来说，基础设施项目投资决策模式主要有专家型、公众型、商业中介型和授权经营型等，专家型筛选模式多适用于市政基础设施项目和大型项目；公众型决策模式多适用于与社会公众生活息息相关的基础设施项目。"一带一路"基础设施投融资合作主要集中在交通、能源、城市建设等大型甚至跨国基础设施项目，由于利益相关者众多、项目庞大且复杂，且与当地民众生产生活密切相关，建议采取专家与公众参与相结合的事前项目收益评价和筛选模式。

按照"谁投资、谁决策"原则，由投资国政府、东道国政府部门代表，金融机构专家和企业代表共同组成"一带一路"基础设施项目筛选专家评审组，隶属"一带一路"沿线国家基础设施互联互通联合工作组，负责对备选基础设施项目进行宏观经济社会收益评价。"一带一路"基础设施项目准公共产品的属性决定其项目筛选和决策机制是一个双向的、宏观控制和微观管理相结合的、反复论证与调整的过程，既要完成项目财务的社会成本效益分析，也要实现所有投融资参与国和区域整体社会收益和经济收益最大化。"一带一路"基础设施项目筛选机制的核心环节是根据综合评价指标体系，由专家组对具体项目进行综合评价与比较。为了全面反映"一带一路"基础设施项目互利共赢的综合经济社会收益，评价指标体系需包含定量指标和定性指标，评价方法需采用综合分析法，即项目筛选决策是一个多目标的半结构优化问题。建议以本书构建的基础设施项目投资收益评价指标体系为基准，根据投融资参与国具体情况，从商业收益、投资国收益、东道国收益与区域收益四个维度构建项目筛选指标体系。

"一带一路"基础设施项目专家评审组根据收益评价指标体系对基础设施项目进行评价之后，将处在总体收益标准线之上的项目列入"一带一路"重大可行性项目备选清单，项目列表保持动态调整且允许公共和私营部门获取相关信息。未来通过与区域内国家投融资合作，逐步将"基础设施项目备选清单"发展成"'一带一路'可行性基础设施投资项目识别体系"，为满足收益标准的区域基础设施投资项目贴上"可行性标签"。然后，就重大基础设施项目，可召开面向基础设施所在国和投资参与国民众的意见征求会，引导公众参与项目筛选决策，提高决策透明度。通过各政府门户网站和主流媒体公开基础设施项目备选清单中基础设施项目的投融资计划、预期收益、工程实施方案等内容，召开专家论证会以充分发挥专业支撑作用，并召开座谈会、听证会等公开征求、采纳及公布公众意见，专家组应就合理意见对备选项目库进行调整，或再次召开专家论证会进行项目可行性分析并解读收益模式，保证迅速回应公众关切。最后，将最终选定的项目通过申请的方式提交"一带一路"区域基础设施建设委员会，由委员会组织各国参与协商讨论，在区域基础设施投融资合作规则框架下磋商达成项目投融资最终计划。在项目开工后，要继续推进公众对项目选择的监督，随时更新项目投融资情况、资金使用情况和项目收益情况，保障社会效益最大化。

根据已有研究发现，在项目收益或绩效评价方法的选择上，通常采用集成了的指标得分和指标权重的综合评价方法。鉴于"一带一路"基础设施的特性，本书构建的评价指标体系兼顾了定性指标和定量指标，这就要求在预估项目收益的方法上兼顾主观与客观因素构建收益评估模型。前文结合主成分分析法与灰色关联度法两种多目标评价方法，通过组合分析模型对已完成的"一带一路"跨境基础设施的投资收益进行了综合评价。"一带一路"基础设施项目筛选决策是一个多目标的动态均衡问题，由于基础设施项目较长的生命周期内存在众多无法预知的不确定因素，各项商业收益、投融资参与国与东道国收益交织在一起，主成分分析法中各主成分变量的提取及相应权重的确定会因为目标样本数据的变化而变化，无法形成固定的具有广泛适用性的评价模型，不适用于对备选项目总体收益的预测。鉴于"一带一路"基础设施项目筛选决策问题较强的复杂性、构成要素不确定性及目标多样性等特点，建议综合采用灰色关联度评价方法和层次分析方法对项目未来收益进行评价。考虑到各项评价指标对项目总体收益的作用程度不完全相同，即各指标的权重有所不同，为了更客观地评价各项目的优劣，须求出各评价指标的权重值，因此在灰色关联度方法基础上引入层次分析法进行指标权重的确定。层次分析法是20世纪70年代由美国学者萨蒂提出的，基于部分定量信息与定性信息构建一个多层次结构模型，把人的主观思维和推理过程层次化、数量化，并用数学矩阵对评价指标体系进行分析确定各层次指标权重，为项目筛选决策提供依据（彭国甫等，2004）。对评价方法的改造，便于从主观和客观两方面构建"一带一路"基础设施项目预期收益评价模型，既通过精准计算保证了评价的客观性，又兼顾了不同类型投资者对项目收益不确定性的不同偏好等主观因素。

2. 具体项目收益评价及筛选流程

（1）数据标准化处理

假设"一带一路"区域共有提交的备选基础设施项目 m 个，每个项目包含 n 个评价指标数据，用 a_{ij} 表示第 i 个项目的第 j 项指标的数值，并构建指标矩阵 A。

$$A = \begin{bmatrix} a_{11} & a_{12} & \cdots & a_{1n} \\ a_{21} & a_{22} & \cdots & a_{2n} \\ \cdots \vdots & \cdots & \cdots & \cdots \\ a_{m1} & a_{m2} & a_{m2} & a_{mn} \end{bmatrix}$$

由于各指标具有不同的量纲，需对矩阵 A 进行无量纲化即标准化处理。由于评价指标均为收益性指标，即数值越大评价得分越高，则我们参考前文灰色关联度法部分的公式7-4，对数据进行标准化处理：

$$s_{ij} = \mid a_{ij} - max_i(a_{ij}) \mid \qquad (7-12)$$

继而，得到无量纲矩阵 S：

$$S = \begin{bmatrix} s_{11} & s_{12} & \cdots & s_{1n} \\ s_{21} & s_{22} & \cdots & s_{2n} \\ \cdots & \cdots & \cdots & \cdots \\ s_{m1} & s_{m2} & s_{m2} & s_{mn} \end{bmatrix}$$

应用到本书构建的"一带一路"基础设施项目预期收益评价模型中，由于指标个数为 13，则 n 值取 13。

（2）基于灰色评价模型计算各项目灰色评价系数

首先，选定样本数列的理想参考数列 s_0^+ 与最低标准数列 s_0^-，分别记为 $s_0^+ = \{ s_0(1)^+, \ s_0(2)^+, \ s_0(3)^+, \ \cdots, \ s_0(n)^+ \}$ 和 $s_0^- = \{ s_0(1)^-, \ s_0(2)^-, \ s_0(3)^-, \ \cdots, \ s_0(n)^- \}$，其中理想参考数列一般取各项指标数据的最大值，最低标准数列一般取各项指标数据的最小值。

其次，计算与理想数列间的灰色关联系数矩阵，按照以下公式，求解 S_i 的第 j 项指标与理想数列 s_0^+ 的第 j 项指标的关联度：

$$\xi_i^+(j) = \frac{min_{i=1}^m \ min_{j=1}^n \mid s^+_{0j} - s_{0j} \mid + \rho \ max_{i=1}^m \ max_{j=1}^n \mid s^+_{0j} - s_{0j} \mid}{\mid s^+_{0j} - s_{0j} \mid + \rho \ max_{i=1}^m \ max_{j=1}^n \mid s^+_{0j} - s_{0j} \mid}, \rho \text{ 取 } 0.5 \qquad (7-13)$$

此时，指标 s_{ij} 与理想指标 s_j^+ 之间的关联矩阵 B^+ 为：

$$B^+ = \begin{bmatrix} \xi_1^+(1) & \xi_1^+(2) & \cdots & \xi_1^+(n) \\ \xi_2^+(1) & \xi_2^+(2) & \cdots & \xi_2^+(n) \\ \cdots & \cdots & \cdots & \cdots \\ \xi_m^+(1) & \xi_m^+(2) & \cdots & \xi_m^+(n) \end{bmatrix}$$

利用以上灰色关联矩阵，结合项目指标素偏好可计算出灰色评价系数 $G(x^+, x_i)$。

最后，计算与最低标准解间的灰色关联系数矩阵，求解 S_i 的第 j 项指标与理想数列 s_0^- 的第 j 项指标的关联度：

$$\xi_i^-(j) = \frac{min_{i=1}^m \ min_{j=1}^n \mid s^-_{0j} - s_{0j} \mid + \rho \ max_{i=1}^m \ max_{j=1}^n \mid s^-_{0j} - s_{0j} \mid}{\mid s^-_{0j} - s_{0j} \mid + \rho \ max_{i=1}^m \ max_{j=1}^n \mid s^-_{0j} - s_{0j} \mid}, \rho \text{ 取 } 0.5 \qquad (7-14)$$

此时，指标 s_{ij} 与最低标准指标 s_j^- 之间的关联矩阵 B^- 为：

$$B^- = \begin{bmatrix} \xi_1^-(1) & \xi_1^-(2) & \cdots & \xi_1^-(n) \\ \xi_2^-(1) & \xi_2^-(2) & \cdots & \xi_2^-(n) \\ \cdots & \cdots & \cdots & \cdots \\ \xi_m^-(1) & \xi_m^-(2) & \cdots & \xi_m^-(n) \end{bmatrix}$$

利用以上灰色关联矩阵，结合项目指标素偏好可计算出灰色评价系数 $G(x^-, x_i)$。

（3）运用层次分析法确定指标权重

首先，划分"一带一路"基础设施项目预期收益评价指标体系的层级结构。按照"目标层→准则层→指标层"的树状层级结构，将表7-1中的指标体系构建成如图7-4所示的指标层级图。

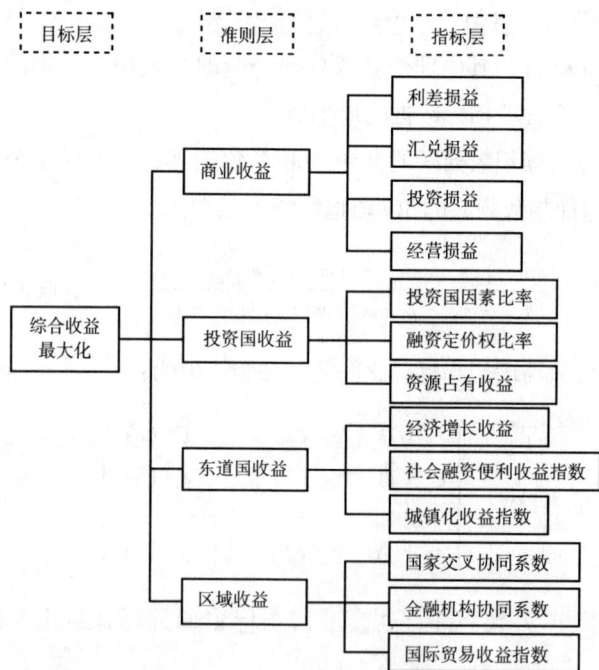

图7-4　"一带一路"基础设施项目预期收益评估指标层级

其次，在每个层次内部进行单排序，构建判断矩阵。构建判断矩阵的基本思路是，通过构造同一层次下两两指标比较矩阵，邀请专家对两两指标间哪个更为重要以及两者相对重要程度给出1~9的标度，从而确定每个准则层下各指标的重要性次序与权重。专家的打分原则如表7-15所示，专家打分表如表

7-16 所示，对各指标进行赋值和标度，随后计算判断矩阵，进而得出每个准则层内部各指标的权重。经过"一带一路"基础设施项目筛选专家评审组不少于 10 位专家打分后，对评价数据采用几何平均值法形成判断矩阵 $C = (C_{pq})_{13 \times 13}$。

表 7-15　判断矩阵的标度方法

序号	重要性等级	赋值
1	i,j 两指标同等重要	1
2	i 指标比 j 指标稍微重要	3
3	i 指标比 j 指标明显重要	5
4	i 指标比 j 指标强烈重要	7
5	i 指标比 j 指标极端重要	9
6	上述两个相邻判断的中值	2,4,6,8
7	j 指标比 i 指标稍微重要	1/3
8	j 指标比 i 指标明显重要	1/5
9	j 指标比 i 指标强烈重要	1/7
10	j 指标比 i 指标极端重要	1/9

表 7-16　专家打分表

	C_1	C_2	C_3	……	C_{13}
C_1	1				
C_2		1			
C_3			1		
……				1	
C_{13}					1

$$C = \begin{bmatrix} C_{11} & C_{12} & \cdots & C_{1 \cdot 13} \\ C_{21} & C_{22} & \cdots & C_{2 \cdot 13} \\ \cdots & \cdots & \cdots & \cdots \\ C_{13 \cdot 1} & C_{13 \cdot 2} & \cdots & C_{13 \cdot 13} \end{bmatrix}$$

其中，$C_{pq}>0$，$C_{pq}=\dfrac{1}{C_{qp}}$ 且 $C_{ii}=1$（p，$q=1$，2，$\cdots$，13）。

再次，确定每个准则层内部各指标权重并对判断矩阵进行一致性检验。

计算权重的方法如下：

根据专家打分计算得出的判断矩阵 C，计算每行各指标得分的乘积：

$$\mu_p = \prod_{q=1}^{13} C_{pq}, p = 1,2,\cdots,13 \tag{7-15}$$

然后计算各行的 13 次方根号值（矩阵的阶数即指标个数为多少就开几次根号，本书取 13），得：

$$\bar{\omega}_p = \sqrt[13]{\mu_p} \tag{7-16}$$

将求出的向量 $[\bar{\omega}_1，\bar{\omega}_2，\cdots，\bar{\omega}_{13}]^T$ 进行归一化处理，得出每个指标在准则层内的最终权重 ω_p：

$$\omega_p = \dfrac{\bar{\omega}_p}{\sum_1^{13}\bar{\omega}_p} \tag{7-17}$$

需要特别说明的是，由于参与打分的专家来自不同国家的政府部门、金融机构以及企业，在评价具体项目过程中会因为利益驱动差异、知识结构差异和认知阅历差别而得出具有多样性的评分结果。鉴于无法保证每个判断矩阵都具有完整的一致性，因此在利用层次分析确定各指标的权重之前需要进行一致性检验。判断矩阵的一致性检验指标公式为：

$$CI = \dfrac{\lambda_{max} - n}{n - 1} \tag{7-18}$$

$$CR = \dfrac{CI}{RI} \tag{7-19}$$

其中，λ_{max} 为判断矩阵的最大特征值，$\lambda_{max} = \dfrac{1}{n}\sum_{p=1}^{n}\left(\dfrac{v_p}{\bar{\omega}_p}\right)$，$v_p$ 表示第 p 个指标的向量值，n 为判断矩阵阶数，本书取 13。RI 为随机一致性指标，取值根据 n 的不同而不同，具体取值如表 7-17 所示，根据本书确定的 "一带一路" 基础设施项目预期收益评价指标体系，n 取 13。理论上，CI 越大，表示判断矩阵一致性越不强，当 $CR<0.1$ 时，代表判断矩阵的一致性是可以接受的，反之，则需要对判断矩阵进行调整以满足一致性条件。

表 7-17 随机一致性指标 *RI* 取值表

阶数 n	1	2	3	4	5	6	7	8	9	10	11	12	13
RI	0	0	0.58	0.9	1.12	1.24	1.32	1.41	1.45	1.49	1.52	1.54	1.56

最后，考虑准则层权重排序确定各指标在评价体系中的最终权重与排序。以"一带一路"基础设施项目预期收益评价指标体系为例，共 4 个准则层，先分别通过专家打分计算出商业收益、投资国收益、东道国收益和区域收益四个一级指标的判断矩阵和权重，分别记为 η_1、η_2、η_3、η_4，再用一级指标的权重乘以前面求出的一级指标内部的分指标权重，得出各指标层分指标相对整个目标层的总权重，记为 ψ_1，ψ_2，ψ_3，$\cdots$，ψ_{13}，并进行一致性检验。

（4）综合灰色关联度法与层次分析法的计算结果确定最终综合评价值

利用上文求得的灰色关联系数矩阵和各评价指标的最终权重，可得出各备选"一带一路"基础设施项目的最终预期收益评价值。把备选项目指标数列与理想参考数列 s_0^+、最低标准数列 s_0^- 的灰色评价系数分别记为 $G(x^+, x_i)$ 和 $G(x^-, x_i)$，则有：

$$G(x^+, x_i) = \sum_{j=1}^{13} (\xi_i^+(j) \times \Psi_j), i = 1, 2, \cdots m$$
$$G(x^-, x_i) = \sum_{j=1}^{13} (\xi_i^-(j) \times \Psi_j), i = 1, 2, \cdots m \qquad (7-20)$$

设以上两种灰色关联度所占权重分别为 δ_1 和 δ_2，此时 $\delta_1 + \delta_2 = 1$。δ_1 和 δ_2 的取值根据投资主体的风险偏好程度不同而不同。"一带一路"基础设施备选项目的综合灰色关联度系数 $G(x, x_i)$ 为：

$$G(x, x_i) = \delta_1 \times G(x^+, x_i) + \delta_2 \times G(x^-, x_i) \qquad (7-21)$$

根据公式 7-21 计算出的灰色综合评价值即代表备选项目的预期总收益值，综合评价值与基础设施项目总体收益评价值是正相关关系，数值越大则项目预期总体收益越大。

（5）采取聚类分析方法进行收益分区

最后，基于计算出来的最终预期收益评价值进行聚类分析，将备选项目的预期收益进行分区，分为高、中、低收益三组，高收益区域的基础设施备选项目可列为下一步重点开展投融资合作的项目。

（二）建立"一带一路"跨境基础设施投资空间选择规则

除了按照基础设施项目总体收益情况进行项目的筛选之外，对"一带一路"区域跨境基础设施的投资布局还要考虑项目所在国和项目领域的均衡分布。从前文我国对"一带一路"沿线基础设施投资现状的分析和样本项目数据可以看出，我国对区域内基础设施的资金支持存在区域和领域分布不均衡问题，在国别方面主要集中在东南亚国家，在具体领域方面主要集中在能源和交通基础设施上。根据世界银行等多边开发银行的经验，为了保证投资收益、控制投资风险，金融机构会严格限制投资的国别集中度和项目类别集中度。因此，在投资项目选择阶段，对国别集中度、投资领域进行规划并发布指导意见，制定标准化的项目审批流程和严格的审查制度，合理布局"一带一路"跨境基础设施投资的国别和领域，对提高基础设施投资的母国宏观收益十分关键。

1. 基础设施项目所在国选择规则

在国别选择方面，需要在考虑投资东道国的经济发展水平、对外开放程度和主权信用评级基础上，重点突破、协同推进，一方面避免投资过于集中，另一方面突出重点合作国以提升整体收益。开展"一带一路"基础设施投资的目的是促进区域内贸易和投资便利化，进而实现区域经济社会发展水平的提升，因此进行投资国别选择需要考虑与东道国的经贸合作潜力。按照国际投资理论，一国的经济密度和经济距离会影响基础设施投资经济收益，主权信用评级则代表了投资收益不确定性的大小。这里我们用 2019 年"一带一路"沿线各国的人均 GDP、与中国的进出口总额分别代表其经济密度和与我国的经济距离。目前，我国对"一带一路"沿线跨境基础设施的投资基本集中在东南亚的印度尼西亚、越南、缅甸、菲律宾和南亚的印度、巴基斯坦等国，这些国家主权信用评级较低，且部分国家与我国贸易联系程度不高，进行基础设施投资难以获得较大的对外贸易收益。基于以上分析，建议在推动"一带一路"基础设施投融资合作过程中，采取"重点突破、协同推进"的原则选择基础设施投资国，遵循"周边国家—发展中国家—发达国家"的基本路径。具体来说，首先，选择政治风险、经济风险相对较低且有基础设施条件改善需求，尤其是与中国经济距离较短（贸易联系比较紧密）的周边国家，作为"一带一路"基础设施投资的重点突破国家，包括马来西亚、泰国、印度尼西亚、蒙古和俄罗斯；其次，对经济规模相对较大、营商环境较好且具有较强经贸互补性的区域内发展中国家开展基础设施投资，如哈萨克斯坦、印度、越南，西亚北非地区的阿联酋、沙特阿拉伯、土耳其和以色列等国，但要采取与当地政府、金融机构合作的方式实现利益捆绑，以减少投资风险、保障投资收益；最后，与新加坡、波兰、捷克、罗马尼亚、斯洛伐克等高收入国家开展知识密集型基础设施的投融资合作。

2. 基础设施具体领域选择规则

在项目选择方面，应按照前期开发、巩固提升和全面深化三个阶段，选择优先基础设施领域开展投融资合作，并以动态匹配方式随时调整，以争取最佳投资效益。目前，我国对"一带一路"沿线国家的跨境基础设施投资项目基本集中在能源和交通基础设施领域，这也基本符合 Calderon 和 Serven（2004）的理论，即电信、交通和能源基础设施的边际生产力大大超过了其他领域的基础设施及非基础设施资本。所以在前期开发阶段，以能源、交通、城市建设等基础设施为切入点进行投资是正确的选择，既符合投资母国与东道国的需求，也有利于促进双方和区域经济增长（Datt and Ravallion，1998；Sahoo and Sexena，1999）。在巩固提升阶段，则需要进一步拓宽基础设施投资领域，包括城市群基础设施、环境保护和跨国交通与能源管道基础设施项目，因为城市群基础设施具有更强的产业带动能力和城镇化促进能力，环保等可持续发展基础设施具有较强的社会外溢效应以及对基础设施建设的收益补偿效应，跨国交通与能源管道则具有较高的经济外溢收益和战略协同收益，对促进地区经济合作有重大意义。在全面深化阶段，除了继续开展交通、能源、城建、环保等基础设施投融资合作之外，要积极探索社会基础设施如教育文化、医疗卫生、金融保险和信息通信等领域基础设施的投资，因为这类知识溢出型基础设施比交通基础设施具有更强的经济和社会扩散效应，且能够弥补交通基础设施投资产生的极化效应、虹吸效应等负面影响，促进落后地区经济发展从而加快实现区域一体化（齐子翔，2015）。

3. "一带一路"基础设施项目布局总体规则

需要综合国别特点和基础设施具体领域特点，合理进行"一带一路"基础设施投资项目的选择与布局。选择的依据主要是"收入水平—项目选择"机制，沿线国家经济发展水平、基础设施需求、资源禀赋特点（见表7-18），以及我国发布的《对外投资国别产业指引》。对于人均 GDP 低于1000 美元的国家，重点投资道路、供水、供电等基础设施，获得较高的社会收益；对于人均 GDP 在 1000~3000 美元的国家，选择能够充分利用当地劳动力和初步工业基础优势的领域，如能源和交通基础设施进行投资合作；对于人均 GDP 在 3000~10000 美元的国家，选择国内技术成熟但市场接近饱和的基础设施领域如高速铁路进行投资合作；对于人均 GDP 在 10000 美元及以上的发达国家，则与其开展知识溢出型基础设施领域的投融资合作。

表 7-18 "一带一路"国家经济密度、经济距离与主权信用情况

单位：美元，亿美元

区域	国家	人均GDP	与中国的进出口总额	主权信用评级（惠誉）
俄蒙2国	俄罗斯	8123	696.9	BBB-
	蒙古	7743	45.9	B-
东南亚11国	新加坡	7664	713.2	AAA
	泰国	52751	761.9	BBB+
	越南	5940	986.8	BB-
	马来西亚	2174	875.4	A-
	印度尼西亚	9811	538.3	BBB-
	菲律宾	3620	474.5	BBB-
	缅甸	2978	123.5	—
	柬埔寨	1416	47.9	—
	文莱	1235	7.6	—
	老挝	21513	23.5	—
	东帝汶	1865	1.7	—
南亚8国	印度	4041	705.9	BBB-
	孟加拉国	1747	153	—
	巴基斯坦	1401	193.5	B
	斯里兰卡	1422	46	B+
	尼泊尔	3991	8.9	—
	阿富汗	760	4.4	—
	马尔代夫	528	3.3	—
	不丹	9266	0.1	—
中亚5国	哈萨克斯坦	1670	130.5	BBB
	乌兹别克斯坦	6472	36.4	—
	土库曼斯坦	1967	59	CCC-
	吉尔吉斯斯坦	6480	57.1	—
	塔吉克斯坦	995	17.4	—

区域	国家	人均GDP	与中国的进出口总额	主权信用评级（惠誉）
西亚北非19国	阿联酋	3246	403.8	—
	沙特阿拉伯	32989	427.5	AA-
	土耳其	19313	195.7	BBB-
	以色列	9562	114.3	A+
	卡塔尔	35904	55.4	—
	埃及	66276	111.1	B
	科威特	3667	94.1	AA
	伊拉克	25138	182.8	—
	伊朗	4115	314.9	B+
	阿曼	4799	141.8	—
	巴林	13060	8.7	BB+
	约旦	22805	32.1	—
	阿塞拜疆	5705	7.6	BB+
	黎巴嫩	3702	21.6	B-
	格鲁吉亚	11486	8	BB-
	也门	3790	18.7	—
	亚美尼亚	1281	3.9	B+
	叙利亚	3601	9.4	—
	巴勒斯坦	54131	0.6	—
中东欧19国	波兰	8382	177	A-
	捷克	12460	110.1	A+
	匈牙利	17543	88.9	BBB-
	斯洛伐克	11971	52.7	A+
	罗马尼亚	16574	49	BBB-
	乌克兰	9157	67.1	B-
	斯洛文尼亚	1966	27.2	A-
	立陶宛	21206	14.6	A-
	白俄罗斯	14963	15.3	—
	保加利亚	4856	16.5	BBB-
	塞尔维亚	6927	6	BB-
	克罗地亚	5241	11.8	BB
	爱沙尼亚	11877	11.8	A+
	拉脱维亚	18178	12	A-
	波黑	14261	1.1	—
	马其顿	4235	1.4	BB
	阿尔巴尼亚	5019	6.4	—
	摩尔多瓦	4253	1	B-
	黑山	1711	1.4	—

（三）建立"一带一路"基础设施项目商业利润提升规则

1. 建立中资金融机构投资"一带一路"基础设施的商业利润保障规则

目前，参与"一带一路"跨境基础设施投融资的机构包括国家开发银行、中国进出口银行等政策性金融机构和各中资商业银行、保险机构、证券机构，以及中方参与或主导的亚洲基础设施投资银行等国际多边开发性金融机构和丝路基金等投资基金。从本章选取的项目来看，目前金融机构进行投融资的业务收入来源比较单一，大部分是利差收益，而利差收益容易受到信用评级变动的影响。中资银行海外分支机构资金来源中，有一半以上来自市场化的批发融资，市场化融资与在国内依靠存款融资相比具有更大不稳定性，易受信用评级变动影响。中国银行的一份内部研究表明，2008 年以来，信用评级变动与融资成本具有显著相关性，评级每下调一级，债券融资成本相应上升 21.2 个基点，大额存单融资成本上升 15 个基点，叠加对"一带一路"发展中国家的贷款利率优惠，这将严重减少金融机构开展"一带一路"跨境基础设施投资的利息收益。同时，以美元计价的贷款和融资业务使中资金融机构面临较高的汇兑损失，进一步缩减了金融机构投融资的商业收益。

一是建议进一步加强与当地金融机构和多边开发性金融机构的合作。根据样本项目，目前我国参与"一带一路"沿线跨境基础设施投资的资金来源大多依靠国内开发性银行和国有商业银行的贷款，参与基础设施投融资合作的金融机构多为中资金融机构，没有广泛开展与当地金融机构和国际多边开发性金融机构的投融资合作，以形成金融协同效应并实现金融机构收益绑定。下一步要加快以五大行为主的中资金融机构"一带一路"沿线的网点布局，丰富海外业务。推广在东南亚地区设立分支机构的经验，在南亚、中亚、俄蒙、中东和中东欧部分国家，尤其是宏观经济环境相对稳定、营商环境较好的国家增加网点布局，合理设置代表处、分行、子行、区域分行或区域运营中心。新疆、黑龙江、云南等边境省份的城市商业银行可以有针对性地开展与接壤国家金融机构的金融业务合作。在条件成熟的情况下，可兼并收购、投资入股国外金融机构，组成金融机构利益共同体。除商业银行之外，证券公司和保险公司等金融机构也可根据业务发展需要，通过设立分支机构、兼并收购、投资入股等方式，在"一带一路"沿线国家提供金融服务和探索开展综合化经营，并加强金融机构间的业务代理合作。

二是进一步丰富海外金融服务与产品以支持"一带一路"沿线跨境基础设施项目融资。中资银行应进一步结合"一带一路"基础设施投融资需求，丰富金融产品与业务种类，优化传统融资产品设计，提高金融服务能力。对于项目贷款等传统境外基础设施融资业务，可以适当提供利息补贴、技术援助等方式吸引私人投资，或与其他金融机构合作组织联合贷款。虽然长期低息贷款有利于增加东道国基础设施投资收益，但考虑到金融机构的商业收益，初期的减让式资金支持规模不宜过高，可采用浮动利率贷款方式，并设置利息宽限期，以避免资本金不足的困境。同时，注重创新基础设施项目融资模式。一方面，创新金融产品与业务模式以提高融资效率并分担风险。借鉴国际最新的项目融资经验，以自由贸易试验区推行金融改革试点为契机，为跨境基础设施投融资合作提供 PPP 境外联合贷款、项目融资和企业融资债券发行与承销、大型设备融资租赁、建立外汇和人民币资金池等创新型金融服务，多渠道开辟和增加长期低成本资金来源、满足多元化资金需求的同时，帮助企业有效应对相关金融产品风险。另一方面，提高对沿线基础设施建设的参与程度。中资金融机构要促进金融资本与产业资本紧密结合，实现金融资本和产业资本的"抱团出海"，促进东道国和我国产业链对接，增加在跨境基础设施投融资中收获的区域产业升级和经济发展收益。同时，中资金融机构应全面了解企业的相关工程项目，及时掌握工程报价、施工进度、款项拨付等重要财务信息，降低金融机构面临的风险。对于跨境基础设施投融资的创新业务，要"因国施策"与"因企施策"相结合，根据所在国的经济金融状况、基础设施具体领域特点和企业产业资本的输出模式选择投融资模式与业务：对于我国承揽工程且劳务输出较多的国家，要做好劳工海外汇款、理财、汇率风险对冲等业务；对营商环境较好、投融资需求强烈且主权财富基金比较发达的中东石油输出国，可重点开展证券承销上市与投资代理、资产托管等针对机构投资者的投行业务。

三是加强本币合作规则建设，扩大人民币在金融机构资金支持"一带一路"基础设施项目中的使用范围。一直以来，不仅是"一带一路"沿线基础设施项目的商业投资收益存在巨大外汇损失，我国对外资产和负债均出现了以千亿美元计的估值效应损失。加速推进人民币国际化尤其是在"一带一路"区域的人民币区域化，以及加强区域本币合作，是减少基础设施投资外汇损失的有力措施。首先，将人民币国际化和"一带一路"基础设施建设高度统筹，通过扩大以人民币为载体的对外投融资来减少损失。以金融账户输出人民币，再以贸易或金融账户回流人民币,这种以人民币为载体的储蓄和资本输出,不仅能够提高人民币国际接受性、降低外币在对外资产配置中的比重,还能够减少"一带一路"基础设施投资汇兑风险和损失、增强投资收益的稳定性。建议对区域内一些影响力大、社会效益高但经济效益低并且需要国际援助或者政府贷款的跨境基础设施建设项目,通过签订政府间协议优先使用人民币作为计价单位;对经营性较强的基础设施项目,鼓励中资银行通过境外投资贷款、买方信贷等形式发放商业性人民币贷款;在人民币接受程度较低的沿线国家,则考虑人民币与其他币种的混合贷款;扩大人民币在多边金融机构或平台中的使用,尤其是增加在亚投行和新开发银行中人民币的使用频率,通过联合融资、银团贷款等基础设施项目贷款方式带动其他多边金融机构广泛使用人民币进行投融资;鼓励中国企业以人民币计价单位签署基础设施项目建设协议,并探索在国际金融市场发行人民币债券进行融资。其次,建立"一带一路"沿线金融机构本币合作规则。一方面,加快推动区域内本币结算系统建设。亟须推动在沿线国家建立人民币清算行和人民币跨境支付系统(CIPS),在"一带一路"投资与贸易重点国家设立多个人民币离岸市场,以推动"一带一路"基础设施项目建设的双边货币结算体系为突破口,推动双边货币机制向多边机制发展,构建"一带一路"区域货币互换网络,降低投资汇率风险和结算成本。另一方面,逐步扩大本币互换网络至"一带一路"沿线所有国家和地区。总结我国在签订本币互换协议、达成货币直接交易方面的经验并与沿线国家互惠分享,逐步扩大货币互换规模、延长互换期限,构建涵盖"一带一路"沿线国家和地区的货币互换网络。根据基础设施项目建设需要,通过外国央行或者中国央行发起协调,以人民币再贷款或再贴现方式用优惠利率借贷给沿线国家,使互换的人民币深入其银行体系,从而减少基础设施投融资合作的货币汇兑损失。

2.建立参与跨境基础设施项目投融资企业的运营收益保障规则

从目前我国参与的"一带一路"沿线跨境基础设施项目来看,一般中资企业以项目承包商的身份参与基础设施建设或运营,企业"走出去"开展"一带一路"基础设施投资建设的热情高涨。但在缺乏对接投资合作的明晰边界、评估标准与进入门槛的情况下,很多企业"一哄而上"、盲目投资;地方政府出于政绩考虑给予超额财政补贴刺激企业参与,造成成本收益约束被弱化。同时,由于"一带一路"沿线国家经济发展水平和金融基础条件总体较低，优质基础设施投资项目相对较少，为获得有价值的海外基础设施项目和金融机构的资金优先支持，中资企业之间尤其是国有企业和民营企业间曾出现恶性竞争现象，严重影响了"一带一路"基础设施投资整体效益的提升。鉴于跨境基础设施市场日益激烈的竞争性和更高的不确定性特点，基础设施承包商如何保证项目的商业收益也需要关注。

一是建议与东道国企业建立收益捆绑关系。中资企业可以与东道国政府直接或间接出资的项目公司合作，将项目收益与当地政府或其他利益团体捆绑，强化当地政府对基础设施合同义务的执行力，提高当地政府参与基础设施建设的努力程度，推动其履行协助义务。鼓励企业通过合同协议来保障商业收益，如要求东道国政府明确项目收益可汇出，明确合作双方各自出资期限，与当地利益相关者约定共同分担因利率、汇率或通胀变化产生的投资损益等。

二是从单一承担工程施工任务向资本经营方向转型。为增强企业自身投融资实力和基础设施建设国际竞争力，建议企业通过上市募股，与银行等金融机构相互持股，与世界主要出口信贷机构、多边金融机构、商业银行及资本市场建立业务合作关系等多种资本运作方式推行基础设施产融合作模式，以提升企业在基础设施建设和运营中的主动权、话语权和商业投资收益。

三是从国家层面保障参与境外基础设施公私合作项目的民营企业的海外权益。给予"一带一路"基础设施项目参与企业税收和金融方面的政策支持，如尽快落实服务出口税收的优惠政策，积极与沿线国家签订并贯彻多边、双边税收协定以避免重复征税。完善对工程建设企业在对外担保、境内外融资、跨境资金流动等方面的配套服务政策，与东道国政府协议承诺按照固定外汇汇率兑换和确保企业受益顺利汇出，以减少汇兑损失。

四是杜绝中国企业之间恶性竞争和"自挖墙脚"行为。建议借鉴国内外一些行业性投资协会经验，探索建立"一带一路"基础设施对外投资委员会，由商务部、发展改革委、财政部和中国人民银行等相关部门参与，从顶层设计层面引导中资企业建立良性的基础设施投融资合作关系，避免"互挖墙脚"。公平对待各类参与"一带一路"基础设施投融资的企业，充分尊重企业"走出去"的自主权，在大型国有金融机构融资体系中，为民营企业参与跨境基础设施公私合作项目设立专项贷款或基金额度，以撬动更多民营资本参与"一带一路"建设。

（四）建立利益绑定与收益补偿规则

1. 构建收益绑定规则

"一带一路"倡议以平等自愿为原则，为了保障参与跨境基础设施投融资各方的经济收益，可以建立具有"一带一路"特色的利益绑定机制，即引入双边或第三方合作规则实现收益绑定，其中银团贷款是收益绑定机制的主要渠道。首先，以香港特别行政区的优质金融机构为突破口引入外资金融机构作为银团贷款合作方。香港以花旗银行、汇丰银行和渣打银行等为代表的牵头行和参与行，在贷款风险评估、贷款分销、定价审查等方面具有丰富的经验，在国际银团贷款业务操作上不存在制度障碍或技术难题，能够为国内金融机构支持中资企业参与"一带一路"基础设施融资分担资金压力，并分散商业风险。其次，在"一带一路"基础设施项目银团贷款成熟之后，可逐步引入东道国金融机构和中国金融业同业机构，不仅能够实现中国与东道国企业间的收益绑定，还能够促进我国内部各金融机构建立一致的利益共同体，消除恶性竞争的局面。在此基础上，与东道国签订协议确定各出资方的优先偿还顺序，使得东道国金融机构的利益与中国金融机构的利益绑定，进一步达到减少政治风险、商业风险的效果。最后，促进国际银团贷款在二级市场实现资产证券化。开展"一带一路"基础设施项目银团贷款的资产证券化业务，能够进一步减少资金占用、提高投资回报率。一方面，发展大中商业性金融机构的可转让贷款便利等初级模式，允许银团贷款的牵头行与参与行之间、参与行和参与行之间、参与行和非参与行之间进行贷款出售和转让。另一方面，设立特殊目的机构（SPV），将原有贷款资金从贷款市场转移到资本市场，将风险从商业银行转移到风险偏好的社会投资者，通过绑定金融机构与社会投资者利益，实现收益共享、风险共担。

2. 构建收益补偿规则

企业通过 PPP 模式参与"一带一路"跨境基础设施投融资时，会面临融资成本高昂和项目收益率偏低的问题。从本书选取的样本基础设施项目收益来看，总投资收益率和净资产收益率与基准收益率相比均不存在优势，基础设施项目缺乏吸引力的收益评价结果一方面反映了参与基础设施投融资企业的财务收益受损，另一方面阻碍了私人资本下一步进入跨境基础设施投融资领域的步伐。"一带一路"基础设施项目准公共产品的特性决定了项目收益的微利性，为了保证参与基础设施项目建设的企业的投资收益与经营收益，就需要政府部门建立收益补偿机制。根据国内外公私合营项目理论与实践，政府主要对企业采取税收优惠和财政补贴两种方式进行收益补偿。

（1）税收优惠措施

企业参与基础设施 PPP 项目过程中主要涉及的税务种类集中在项目执行和项目移交这两个阶段，项目公司在项目执行阶段需要承担企业所得税和建设期中的增值税、建安营业税、土地使用税等，在项目移交阶段主要承担将股权或资产有偿转让给政府时缴纳的增值税、企业所得税和契税等税种。建议我国与东道国政府在签订项目协议阶段明确税收优惠政策，以"后奖励"代替"前补助"，综合运用税收投资抵免、提高起征点、税率优惠、税项扣除、加速折旧等一系列直接税税收优惠政策，以及减免部分购置税、关税、印花税等间接税，降低企业交易与运营成本。同时，采取分国别分领域的差别化税收优惠政策。对于"一带一路"基础设施建设需求大但投融资环境不佳的国家和经营性不强的基础设施领域，与当地政府协调沟通给予更大的税收优惠政策，在保障企业商业收益的同时能够通过提高基础设施 PPP 项目成功率而提高东道国的宏观经济社会收益。需要特别注意的是，对参与"一带一路"基础设施公私合作的企业的税收优惠政策需要其他公共政策相配套，如投资补助、融资费用补贴、政府付费等，以提高税收政策效益。

（2）财政补贴措施

根据激励经济学理论与学者的研究成果（曹启龙等，2016），为了最大化政府激励系数和企业参与基础设施建设与运营的努力程度，建议政府以"补运营"代替"补建设"，以"利润补贴"代替"收益补贴"和"成本补贴"，综合考虑企业在基础设施运营期间的运营收益和运营成本，基于其净利润的大小给予相应的补贴，从而保障企业经营收益。财政补贴存在最优额度，补贴不足将损害企业进行基础设施投融资的收益，补贴过度将损害国家整体社会收益，最优补贴额是政府部门与企业之间进行利益博弈的结果，主要取决于基础设施项目实际收益与企业预期收益间的差值，理论界已经就此进行了比较成熟的研究（Ho，2006；Carmen et al.，2008），本书对博弈推导过程不再进行赘述。建议在充分评估"一带一路"基础设施项目库项目成熟度的基础上，结合项目完成程度和收益情况给予差异性政府补贴，并以动态调整补贴方案代替固定补贴方案，基于项目的实际运营状况和整体收益情况做调整，以实现政府、企业与社会三者收益的均衡。在与东道国政府签订的 PPP 协议中，企业应在合同中确定补贴模式调整机制，如采用浮动性缺口补助的收费机制，重点是清晰约定调整事项、边界条件和调整周期。这种灵活的补贴模式既为基础设施项目参与企业规定了奖惩激励机制，又能够保障社会投资方和东道国公众获得较高收益。

明确政府激励系数是确定补贴调整额度的关键。建议参照本章 "一带一路"基础设施项目投资收益评价指标体系中企业收益指标和宏观经济收益指标，加入社会公众满意程度指标形成 "一带一路" 基础设施政府激励调整指标体系；然后运用加权综合指数法，根据专家打分确定各指标权重；最后，运用专家评价法制定问卷调查，由基础设施项目专家和当地受益公众填写，最终计算得出每个项目的评价得分①，该评价得分与政府激励系数取值范围一致、作用方向相同，因此可将此项目评价得分等同于政府激励系数。具体考核指标见表7-19。除了直接政府补贴，还可通过延长特许运营期限的方式间接对企业收益进行补偿：若某项基础设施项目实际运营到第 n 年出现收益不足情况，可运用政府激励系数反向测算企业获得预期收益需要的特许期限长度，从而确定项目运营期的延长年限，以弥补企业商业收益的不足。

表 7-19 "一带一路" 基础设施政府激励调整指标体系

评价维度	三级指标	组合权重
财务收益(A)	项目总投资收益率(A1)	A×A1
	项目资本净利率(A2)	A×A2
	项目资本负债率(A3)	A×A3
中国宏观收益(B)	中国因素比率(B1)	B×B1
	融资定价权比率(B2)	B×B2
	资源占有收益(B3)	B×B3
东道国宏观收益(C)	经济增长收益(C1)	C×C1
	国际贸易收益指数(C2)	C×C2
	社会融资便利收益指数(C3)	C×C3
	城镇化收益指数(C4)	C×C4
社会公众满意度(D)	绿色环保程度(D1)	D×D1
	基础设施使用者满意度(D2)	D×D2

① 得分范围应介于 0~1。

第八章　"一带一路"基础设施投融资风险防控规则研究

收益评估与风险控制是企业经营活动的两个重要方面，也是"一带一路"基础设施投融资规则必需的两个环节。前面一章已经对"一带一路"基础设施收益保障体系进行了阐述，这一章则需要在保证"一带一路"基础设施投资总体收益的基础上，提出投融资风险防控规则。

一　"一带一路"沿线基础设施投资面临的风险

"一带一路"跨境基础设施投资时间跨度大、涉及金额多、利益相关方复杂，不仅普遍面临沿线东道国不确定性强的宏观环境风险，还面临基础设施项目建设运营期的风险。根据中国出口信用保险公司发布的 2020 年《国家风险分析报告》中对国家风险的参考评级，在由高到低 1~9 级的风险评价体系中，"一带一路"沿线国家的评级均值为 5.54，多数国家和地区处于风险高位，且 2020 年以来，风险整体水平呈上升态势，并在未来一段时间仍将处于高位。按照风险来源分类，东道国宏观投资风险可分为政治社会风险、经济风险、法律风险和主权信用风险；按照基础设施项目建设周期来分类，则可根据项目启动阶段、项目建设阶段和项目运营阶段梳理各投融资风险。为了更好地识别风险，这里首先对"一带一路"基础设施投融资面临的东道国政治社会风险、经济风险、法律风险和主权信用风险进行定性的介绍和分析，再根据基础设施工程项目特点描述不同周期的投融资风险特征。

（一）国别风险特征

1. 政治社会风险

Butler 和 Joaquin（1998）将对外投资的政治风险定义为"东道国政府在跨国企业经营中突然改变政策规则导致投资者权益受损的可能性"。东道国的政治局势和社会稳定程度对投资造成的损失往往大于经济风险，是对外投资需要首先考虑的风险因素。"一带一路"包括地缘政治最为复杂的一些区域，沿线国家大多存在国内政治与安全问题复杂多变、外部大国角力和冲突风险加剧、恐怖主义外溢明显等情况，加上战略互信不足、颜色革命、恐怖主义、水资源争端等传统和非传统安全威胁相互交织，使"一带一路"基础设施投融资合作面临较高的政治社会风险，具体表现为政局不稳风险、政策变更风险、大国角力风险和恐怖主义风险等。

2. 经济风险

经济风险主要指东道国经济形势变化或经济政策调整导致对外投资收益降低的可能性。"一带一路"沿线多数国家经济基础较为薄弱，经济制度不健全，经济结构单一，经济稳定性较差；金融系统较为脆弱，国内金融市场不发达，容易受到大国经济金融政策变动和国际金融市场波动的影响。因此，市场风险和运营风险比较突出。市场风险主要是利率风险和汇率风险，利率风险主要指东道国通货膨胀情况和利率水平波动带来的损失；汇率风险主要包括东道国本币和汇率的稳定性、外汇管制程度、货币可兑换性和流通性等带来的损失。此外，还会面临资金运营风险，即企业做出投融资决策过程中，对成本收益预估失误可能导致的收益风险，以及融资渠道出现阻碍导致无法获得所需资金或融资成本大幅提高而影响项目正常运营等情况发生的可能性。

3. 法律风险

"一带一路"沿线各国司法环境各异，政策体系、法律法规、税收体系、办事流程差异较大，许多发展中国家甚至存在法律不完善乃至朝令夕改等问题。沿线国家的法律分属大陆法系、海洋法系、宗教法系和具有当地特色的混合法系等，对当地法律不熟悉往往带来法律费用和经营成本增加的挑战，提高了投资风险，可能造成投资收益受损。第一，一些东道国相关法制欠缺，在投融资、产业政策、劳动力和土地等方面法律法规不健全，执法较为随意；或者法律对境外投资者设置壁垒，对跨境投资实施反垄断审查，尤其是石油化工、关键能源等基础设施敏感行业规定特殊的控股比例，给对外直接投资造成较大风险。第二，企业不了解当地一些特殊的法律法规而造成投资损失。第三，"一带一路"投资仲裁没有形成统一安排，多重争端解决机制相互交叉增加了法律保障难度。

4.主权信用风险

在"一带一路"基础设施投融资合作中，东道国政府或投资参与国违反合约造成的成本损失以及不确定性风险不容忽视，国家主权信用评级在一定程度上能够代表东道国政府的违约风险，主权信用评级越高，对外直接投资面临损失的可能性就越小。根据《2020 年"一带一路"沿线国家主权信用风险展望》，突如其来的新冠疫情给"一带一路"沿线国家带来了不小的冲击，全球供应链和需求链受到冲击，一些项目规划施工延后，面临回款困难、在建项目工期延长及预算超支等压力。与此同时，疫情蔓延下，新兴经济体遭遇本币贬值和经济下行双重打击，债务违约风险明显上升，主权信用风险凸显。此外，各国外债偿付能力呈现两极分化特征，大部分国家外债偿付风险可控；小部分国家主权债务偿付能力处于很低水平，如黎巴嫩已经发生主权债务违约。主权信用风险水平在各地区分布不平衡，各区域间的信用水平差异较大：中东欧地区经济实力普遍较强，主权信用风险整体较低；东南亚大部分国家（除老挝、柬埔寨外）具有充裕的外汇储备，经常项目长期顺差，外债水平较低，整体抗外部风险能力较强；中东石油生产国在主权财富基金支持下外债偿付风险较小，但极高的地缘政治风险将长期威胁伊朗、伊拉克等国外债偿付能力；南亚仅孟加拉国和印度外债负担较低、外债偿付风险可控，斯里兰卡、巴基斯坦、阿富汗长期面临较高的主权信用风险；中亚和西亚地区整体经济规模较小，政治经济治理水平较低，主权信用风险较高。

（二）"一带一路"基础设施不同周期的投融资风险

按照基础设施项目建设规律，可将基础设施投融资周期分为项目启动阶段、项目建设阶段和项目运营阶段，各种风险贯穿项目运行全过程，并随基础设施项目建设阶段不同而有所侧重。首先是"一带一路"基础建设项目的启动阶段，此阶段开始有大量资金流入，但因为没有开展实质性建设所以风险相对较低，但这一阶段的总体布局直接决定之后各阶段的风险程度。这一阶段的风险主要有政府政策风险、法律风险、市场经济风险、信用风险和自然环境风险等。其次是基础设施项目的建设阶段，指从正式开工到竣工验收形成的工程施工建设阶段，也是各方政府、私人投资者资金注入并运转的过程。这一时期的投融资风险最为关键，在建设完工时项目风险也将达到顶点，主要集中在汇率及利率变动、融资渠道不畅、政局动荡、政策变动、工程技术不成熟、工程安全事故、劳资纠纷等造成的成本超支、工期延误等损失，如果这些风险处理不当，会导致隐患贯穿整个项目运营期。最后是项目运营阶段，由于基础设施项目运营期限比较长（15 年以上），且前期资金投入主要依靠运营阶段的收入获得盈利回报，因此运营阶段仍存在较高风险。这一阶段的风险主要有资金运营风险、政策变更风险、设备维护风险、信用风险和合同变更风险等。图 8-1直观地反映出在基础设施建设运营全过程中风险状况的变化。

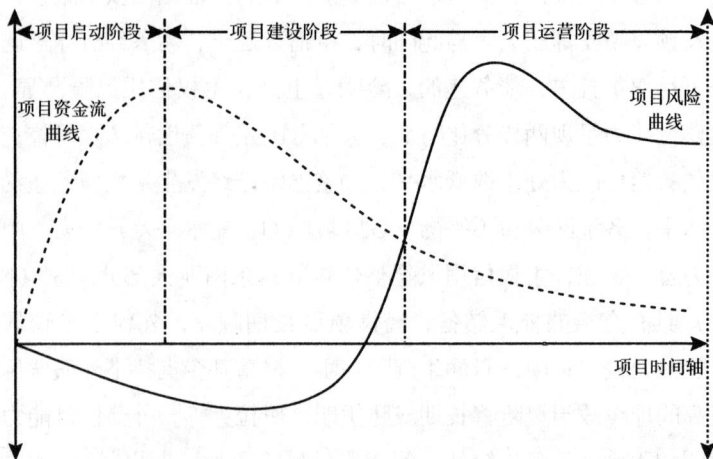

图 8-1 "一带一路"基础设施投融资风险与资金流阶段分布

注：修改自文献 Industry Canada，"Financial Station，" 2005，http：//strategis. ic. gc. ca/epic/internet/insiis. nsf/en/h_ ai02076e. html。

二 "一带一路"沿线国家投融资综合风险测算

首先对"一带一路"沿线国家投融资综合风险进行定量分析，以指导下一步"一带一路"基础设施投融资风险防控规则的完善。

（一）评价方法与评价指标

1.评价方法

由于"一带一路"沿线国家基础设施投融资风险涉及政治社会风险、经济风险、法律风险和主权信用风险等多个类别，风险判定指标较多、计算过程烦琐，从统计分析的角度，尽量运用比较少的综合指标代表原有指标，全面准确地刻画"一带一路"沿线国家投融资综合风险是我们的目标。同时，依照前文分析，"一带一路"沿线国家基础设施投融资风险具有较强的国别特征，有的国家政治风险突出，有的国家则主要因经济发展潜力不足造成投资收益的不确定性，有的国家则是在政治、经济、法律等因素共同交织下存在较大的投融资风险，需要分类讨论。针对上述问题，选择因子分析方法对各国风险进行实证评价。

本书综合所有风险衡量指标测算"一带一路"沿线国家投融资综合风险，全面衡量投融资国别风险。在评估投融资风险时，对变量做逆向化处理后，利用因子综合得分公式 8-1，计算各国家的投融资综合风险因子得分，再按照因子综合将"一带一路"沿线国家政治社会风险、经济风险、法律风险、主权信用风险和投融资综合风险进行排名，排名越靠前的国家投融资风险越小。

$$因子综合得分 = \frac{\begin{array}{c}因子1 \times 因子1方差贡献率 + 因子2 \times 因子2方差贡献率 \\ + \cdots + 因子n \times 因子n方差贡献率\end{array}}{累计方差贡献率} \quad (8-1)$$

2.评价指标与数据来源

参考国际著名国别风险报告机构 The PRS Group 出版的"International Country Risk Guide（ICRG）"，Dhonte（1975）关于主权债务的研究以及中国社会科学院等发布的《中国海外投资国家风险评级（2018）》等投资风险研究成果在风险衡量指标上的选取方法，结合"一带一路"沿线国家的特点、基础设施项目特点和统计数据的可得性，本书选择政治社会风险、经济风险、法律风险和主权信用风险 4 个一级指标、26 个二级指标，建立"一带一路"沿线国家基础设施投融资综合风险评价指标体系，具体指标含义和数据来源见表 8-1。本书选取了除去巴勒斯坦的 64 个样本国家 2013~2019 年的年度平均值作为风险评价数据。一方面，可以避免部分变量在某一年份确实对实证分析造成的影响，另一方面能够更加准确地反映一个时期内各国的风险情况特征。

表 8-1 "一带一路"沿线国家基础设施投融资综合风险评价指标体系

类别	指标名称	指标含义	数据来源
政治社会风险	腐败控制力	衡量政府对腐败行为的发现和惩处力度,1~100分,分数越高腐败控制能力越强	WGI 数据库
	监管质量	衡量政府对促进私营部门发展的政策健全程度和监管能力,0~100分,分数越高监管质量越高	WGI 数据库
	政局稳定度	衡量政局稳定程度和武装暴力、恐怖主义事件的发生频率,0~100分,分数越高政局越稳定	WGI 数据库
	政府效能	衡量政府公共服务质量、官员素质、政策制定和执行的独立性和政府承诺的可信度,0~100分,分数越高效能越高	WGI 数据库
	言论自由度	衡量一国公民的选举参与度以及言论自由度,0~100分,分数越高政治环境越自由	WGI 数据库
	外部冲突指数	衡量他国行为对政治局势的影响,包括外交压力、贸易限制、领土纠纷等,0~4分,分数越高冲突越大	EIU Country Risk Model 数据库
	内部冲突指数	衡量社会、种族、宗教冲突的严重性,1~10分,分数越高内部冲突越严重	Transformation Index of the Bertelsmann Stiftung
	社会传统指数	衡量一国对社会传统的重视程度,1~10分,分数越高对传统社会习俗越重视	Transformation Index of the Bertelsmann Stiftung
经济风险	人均GDP	反映人均生产能力	世界银行 WDI 数据库
	GDP 增速	反映一国的经济活力和增长潜力	世界银行 WDI 数据库
经济风险	GDP5 年波动系数	5 年 GDP 增长率的波动情况,反映一段时间内经济稳定性	世界银行 WDI 数据库
	贸易开放度	(进口+出口)/GDP,衡量一国贸易依赖度和开放度	世界银行 WDI 数据库
	资本开放度	Chin-Ito 指数,反映资本账户管制能力,分数越高资本开放度越高,资本管制越少	彭博 Bloomberg
	货币物价稳定指数	衡量一国币值稳定情况,分数越高币值越稳定	Transformation Index of the Bertelsmann Stiftung
	金融自由度	衡量一国金融体系的开放程度和运行效率,分数越高开放度越高	美国传统基金会报告
	货币自由度	衡量一国利率和汇率的市场化程度,分数越高市场化程度越高	美国传统基金会报告

续表

类别	指标名称	指标含义	数据来源
法律风险	营商便利指数	衡量一国法律法规是否利于营商便利化,分数越高代表法规环境越利于投资和营商	世界银行,营商环境项目(doingbus-iness.org)
	执行合同指数	衡量法律合同执行的保护程度,分数越高执行程度越高	世界银行,营商环境项目(doingbus-iness.org)
	物权登记便利指数	衡量法律对物权登记的重视和保护程度,分数越高越重视	世界银行,营商环境项目(doingbus-iness.org)
	法律权利指数	衡量一国法律保障公民平等权利的能力,分数越高能力越强	美国传统基金会报告
	投资公平指数	衡量一国法律对各类市场主体公平投资地位的维护程度	世界银行,营商环境项目(doingbus-iness.org)
主权信用风险	公共债务指数	公共债务/GDP,衡量国内公共部门债务水平	世界银行 WDI 数据库
	外债指数	年末外债余额/GNI,衡量一国外债规模	世界银行 WDI 数据库
	外债外汇指数	年末外汇储备/外债余额,衡量外汇充裕程度	世界银行 WDI 数据库
	短期外债占比	短期外债余额/年末总外债余额,衡量短期外债偿付压力	世界银行 WDI 数据库
	财政平衡指数	(财政收入-财政支出)/GDP,衡量国家财政实力	IMF 的 WEO 数据库

关于数据的预处理,由于本书选择 SPSS 统计学软件进行因子分析,该软件会自动对不同量纲的原始变量数据进行标准化处理,通过线性变换使数据结果处于 [0,1] 区间。由于数据经过标准化处理,最终计算出的各国风险因子得分是以 0 为平均值,正值表示风险水平较低,负值则表示该国风险高于平均水平。需要特别说明的是,由于本书所选取的 26 个指标变量有的和投融资风险呈正相关关系,有的则呈负相关关系,为使综合因子得分正确反映各国相对风险的大小,本书在因子分析前对所有正向变量进行了逆向化处理,即所有变量值越大,代表投融资风险越小。

（二）投融资综合风险实证分析

选取表 8-1 四大风险类别下 26 个指标对"一带一路"沿线国家的投融资综合风险进行因子分析。表 8-2 至表 8-7、图 8-2 为投融资综合风险因子分析结果。表 8-2 显示 KMO 值为 0.72，数据可以进行因子分析。大多数公因子方差大于 75%，说明变量信息丢失较少。根据投融资综合风险因子解释的总方差表格和碎石图，提取 8 个主因子，8 个主因子的累计方差贡献率接近 80%，能够较好地代表所有风险衡量指标。将因子载荷矩阵进行旋转之后，8 个因子的含义较为明确：第 1 个因子可视为政治经济综合因子，代表一国政府执政能力和经济现代化水平，国家民主化进程和执政能力影响经济开放程度和发展速度，经济发展水平制约政治体制改革，政治和经济因素相互交融、相辅相成；第 2 个因子为社会法律综合因子，代表东道国是否具备良好的社会环境和公平的法治环境以提供良好的营商环境，包括物权登记是否便利、合同执行是否严格、投资者合法权利是否得到保障等，进而共同对投资行为形成约束；第 3 个因子是经济社会稳定因子，代表一国经济金融市场和社会的稳定程度，通过货币物价稳定指数、资本开放度、内部冲突指数和社会传统指数等来衡量；第 4 个因子是经济潜力指数，衡量一国经济增速、经济波动等情况；第 5 个因子为财政平衡因子，主要衡量一国财政收支平稳状况；第 6 个因子为主权信用因子，主要衡量一国的国家资产负债情况、主权债务负担、短期偿债负担等能力；第 7 和第 8 个因子则主要衡量一国受外部政治经济环境的影响程度。最后，根据因子得分系数矩阵，可以得到 8 个投融资综合因子的得分函数，进而得出"一带一路"沿线国家投融资综合风险的评分与排名情况（见表 8-8）。

表 8-2　投融资综合风险因子分析 KMO 和球形 Bartlett 检验结果

取样足够度的 Kaiser-Meyer-Olkin 度量		0.720
Bartlett 的球形度检验	近似卡方	1211.116
	df	325
	Sig.	0.000

表 8-3 投融资综合风险因子分析公因子方差

变量	初始	提取
言论自由度	1.000	0.748
政局稳定度	1.000	0.789
政府效能	1.000	0.892
监管质量	1.000	0.956
腐败控制力	1.000	0.855
GDP 增速	1.000	0.868
贸易开放度	1.000	0.663
资本开放度	1.000	0.786
金融自由度	1.000	0.674
货币自由度	1.000	0.652
货币物价稳定指数	1.000	0.862
法律权利指数	1.000	0.765
营商便利指数	1.000	0.913
执行合同指数	1.000	0.806
物权登记便利指数	1.000	0.859
投资公平指数	1.000	0.768
财政平衡指数	1.000	0.774
外债外汇指数	1.000	0.832
外部冲突指数	1.000	0.695
内部冲突指数	1.000	0.716
社会传统指数	1.000	0.618
GDP5 年波动系数	1.000	0.843
公共债务指数	1.000	0.768
短期外债占比	1.000	0.770
外债指数	1.000	0.771
人均 GDP	1.000	0.740

表 8-4 投融资综合风险因子分析解释的总方差

单位：%

成分	初始特征值			提取平方和载入			旋转平方和载入		
	合计	方差贡献率	累计方差贡献率	合计	方差贡献率	累计方差贡献率	合计	方差贡献率	累计方差贡献率
1	7.939	30.533	30.533	7.939	30.533	30.533	6.173	23.743	23.743
2	2.744	10.555	41.087	2.744	10.555	41.087	3.108	11.953	35.696
3	2.205	8.481	49.568	2.205	8.481	49.568	2.351	9.043	44.739
4	1.955	7.517	57.086	1.955	7.517	57.086	2.003	7.703	52.442

成分	初始特征值			提取平方和载入			旋转平方和载入		
	合计	方差贡献率	累计方差贡献率	合计	方差贡献率	累计方差贡献率	合计	方差贡献率	累计方差贡献率
5	1.784	6.861	63.947	1.784	6.861	63.947	1.736	6.676	59.118
6	1.437	5.528	69.475	1.437	5.528	69.475	1.717	6.604	65.722
7	1.298	4.994	74.469	1.298	4.994	74.469	1.673	6.434	72.156
8	1.021	3.927	78.396	1.021	3.927	78.396	1.622	6.240	78.396
9	0.838	3.225	81.620						
10	0.734	2.824	84.444						
11	0.680	2.616	87.060						
12	0.624	2.400	89.460						
13	0.468	1.799	91.260						
14	0.360	1.385	92.645						
15	0.328	1.263	93.908						
16	0.321	1.236	95.145						
17	0.261	1.003	96.148						
18	0.230	0.884	97.032						
19	0.184	0.709	97.741						
20	0.138	0.532	98.272						
21	0.129	0.496	98.769						
22	0.113	0.434	99.203						
23	0.083	0.321	99.523						
24	0.063	0.243	99.766						
25	0.039	0.150	99.916						
26	0.022	0.084	100.000						

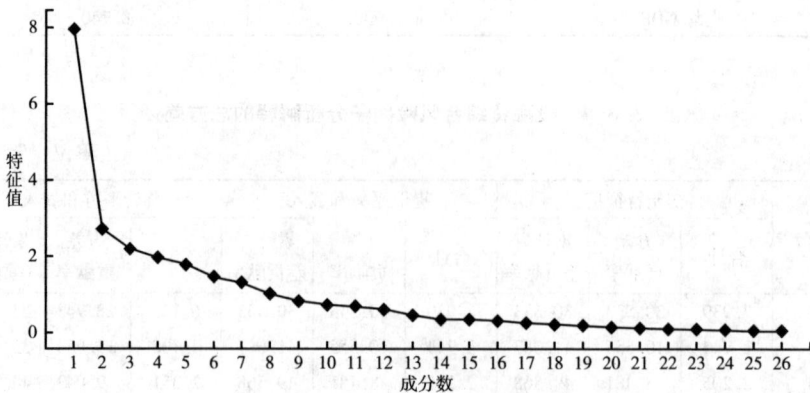

图 8-2 投融资综合风险因子分析碎石图

表8-5 投融资综合风险因子分析成分矩阵

变量	成分							
	1	2	3	4	5	6	7	8
言论自由度	0.499	0.450	−0.324	0.013	−0.148	0.357	−0.134	0.154
政局稳定度	0.695	0.052	−0.425	−0.006	−0.058	0.144	0.314	−0.010
政府效能	0.923	0.021	−0.058	0.069	0.093	−0.014	−0.149	−0.004
监管质量	0.946	0.099	−0.068	0.126	−0.028	0.118	−0.118	0.036
腐败控制力	0.877	0.038	−0.204	0.197	−0.021	0.032	−0.055	0.013
GDP 增速	0.052	0.376	−0.173	−0.745	0.333	0.029	−0.065	−0.154
贸易开放度	0.677	−0.078	−0.180	−0.038	−0.074	−0.115	0.361	−0.126
资本开放度	−0.146	0.762	0.027	0.213	0.020	−0.042	0.086	0.359
金融自由度	0.772	0.178	−0.104	0.074	−0.146	0.037	−0.067	0.058
货币自由度	0.569	0.254	−0.481	0.058	0.133	0.018	0.066	−0.077
货币物价稳定指数	−0.311	0.654	0.203	0.433	0.056	−0.315	−0.018	0.078
法律权利指数	0.708	−0.146	0.073	0.099	0.156	−0.393	−0.157	0.153
营商便利指数	0.861	0.102	0.322	−0.119	0.154	0.090	−0.095	0.054
执行合同指数	0.699	−0.057	0.535	−0.090	−0.039	0.000	0.116	0.068
物权登记便利指数	0.653	−0.048	0.568	−0.101	−0.068	0.097	0.277	0.078
投资公平指数	0.559	0.178	0.380	−0.145	0.114	0.005	−0.491	−0.065
财政平衡指数	−0.010	0.022	0.499	−0.131	0.369	0.253	0.554	−0.021
外债外汇指数	−0.091	−0.144	−0.267	0.507	0.459	0.251	0.115	−0.432
外部冲突指数	−0.132	0.353	0.212	0.296	−0.097	0.455	−0.251	−0.375
内部冲突指数	−0.176	0.630	0.350	0.298	−0.044	0.142	0.123	−0.197
社会传统指数	−0.136	0.455	−0.156	0.209	0.150	−0.468	0.276	0.088
GDP5 年波动系数	−0.086	−0.440	0.205	0.503	−0.539	0.171	−0.039	0.160
公共债务指数	−0.027	−0.161	0.041	0.163	0.634	0.390	0.050	0.396
短期外债占比	−0.391	0.132	−0.303	−0.199	−0.299	0.465	0.128	0.382
外债指数	−0.292	−0.301	−0.074	0.274	0.600	0.033	−0.297	0.256
人均 GDP	0.632	−0.359	−0.085	0.380	0.004	−0.118	0.211	−0.035

注：已提取8个成分。

表8-6 投融资综合风险因子分析旋转成分矩阵

变量	成分							
	1	2	3	4	5	6	7	8
言论自由度	0.656	0.173	0.112	0.133	−0.156	−0.022	−0.423	0.231
政局稳定度	0.843	−0.104	−0.110	0.071	0.132	−0.104	−0.089	−0.118
政府效能	0.789	0.458	−0.108	0.028	−0.004	0.041	0.210	−0.039

变量	成分							
	1	2	3	4	5	6	7	8
监管质量	0.859	0.448	-0.078	-0.053	0.017	-0.002	0.065	0.056
腐败控制力	0.865	0.278	-0.059	-0.087	-0.047	0.007	0.125	-0.019
GDP 增速	0.013	0.092	-0.067	0.911	0.025	-0.082	-0.134	-0.021
贸易开放度	0.667	-0.009	-0.123	0.011	0.233	-0.249	0.182	-0.229
资本开放度	0.024	0.045	0.808	0.079	0.003	0.047	-0.326	0.126
金融自由度	0.727	0.353	0.019	-0.039	-0.031	-0.132	-0.017	0.011
货币自由度	0.750	-0.074	0.084	0.252	-0.107	0.020	0.039	-0.002
货币物价稳定指数	-0.213	0.015	0.864	-0.055	-0.087	-0.006	0.106	0.221
法律权利指数	0.479	0.485	0.015	-0.081	-0.057	0.088	0.394	-0.358
营商便利指数	0.563	0.688	-0.090	0.112	0.291	0.031	0.124	0.025
执行合同指数	0.337	0.626	-0.099	-0.127	0.477	-0.140	0.147	-0.078
物权登记便利指数	0.321	0.541	-0.098	-0.154	0.629	-0.165	0.062	-0.056
投资公平指数	0.220	0.778	-0.066	0.185	-0.046	0.005	0.178	0.205
财政平衡指数	-0.138	0.010	0.030	0.128	0.842	0.155	0.028	0.067
外债外汇指数	0.178	-0.534	-0.079	-0.037	0.041	0.444	0.387	0.398
外部冲突指数	-0.065	0.047	0.084	-0.070	-0.035	-0.019	-0.046	0.820
内部冲突指数	-0.110	0.016	0.547	-0.016	0.234	-0.139	-0.019	0.574
社会传统指数	0.041	-0.244	0.692	0.133	-0.023	-0.051	0.153	-0.184
GDP5 年波动系数	-0.103	0.001	-0.178	-0.882	-0.052	-0.053	-0.107	0.081
公共债务指数	0.021	0.001	-0.026	0.009	0.271	0.822	-0.133	-0.023
短期外债占比	-0.134	-0.298	-0.024	-0.003	-0.050	0.002	-0.813	0.010
外债指数	-0.246	-0.065	-0.021	-0.047	-0.197	0.797	0.154	-0.080
人均 GDP	0.609	0.013	-0.148	-0.388	0.137	0.056	0.367	-0.199

注：①提取方法：主成分。
②旋转法：具有 Kaiser 标准化的正交旋转法。
③旋转在 9 次迭代后收敛。

表 8-7　投融资综合风险因子分析因子得分系数矩阵

变量	成分							
	1	2	3	4	5	6	7	8
言论自由度	0.160	0.037	0.026	0.015	-0.107	0.065	-0.309	0.124
政局稳定度	0.211	-0.209	-0.020	0.022	0.110	-0.044	-0.101	-0.036
政府效能	0.098	0.089	-0.012	0.018	-0.079	0.060	0.055	0.023

续表

变量	成分							
	1	2	3	4	5	6	7	8
监管质量	0.129	0.079	-0.006	-0.037	-0.059	0.050	-0.045	0.070
腐败控制力	0.153	0.000	0.013	-0.050	-0.075	0.037	0.004	0.026
GDP 增速	-0.024	0.026	-0.095	0.467	0.010	-0.041	-0.011	0.018
贸易开放度	0.132	-0.182	-0.009	0.016	0.152	-0.160	0.089	-0.091
资本开放度	0.044	0.071	0.375	-0.046	0.024	0.101	-0.224	-0.085
金融自由度	0.115	0.059	0.035	-0.041	-0.068	-0.028	-0.072	0.019
货币自由度	0.186	-0.147	0.041	0.118	-0.054	0.022	0.018	0.028
货币物价稳定指数	-0.026	0.062	0.384	-0.070	-0.050	0.007	0.108	0.010
法律权利指数	0.005	0.166	0.105	-0.039	-0.119	0.084	0.154	-0.222
营商便利指数	0.015	0.203	-0.013	0.055	0.079	0.073	-0.012	0.037
执行合同指数	-0.034	0.170	0.006	-0.064	0.210	-0.044	0.002	-0.043
物权登记便利指数	-0.018	0.111	0.004	-0.083	0.326	-0.060	-0.054	-0.037
投资公平指数	-0.081	0.339	-0.054	0.107	-0.159	0.045	0.082	0.161
财政平衡指数	-0.027	-0.092	0.015	0.072	0.539	0.077	-0.010	0.022
外债外汇指数	0.129	-0.320	-0.096	0.042	0.075	0.165	0.300	0.340
外部冲突指数	0.011	0.015	-0.097	-0.015	-0.042	-0.036	0.051	0.556
内部冲突指数	0.005	-0.027	0.168	-0.024	0.152	-0.093	0.057	0.306
社会传统指数	0.050	-0.122	0.355	0.032	0.035	-0.036	0.129	-0.215
GDP5 年波动系数	-0.008	0.040	-0.044	-0.453	-0.036	-0.021	-0.138	0.042
公共债务指数	0.033	0.045	0.032	-0.018	0.171	0.529	-0.210	-0.068
短期外债占比	0.062	-0.047	-0.026	-0.069	0.048	0.069	-0.542	-0.068
外债指数	-0.040	0.099	0.027	-0.017	-0.135	0.475	0.028	-0.077
人均 GDP	0.119	-0.130	0.012	-0.176	0.073	0.014	0.154	-0.076

表 8-8　"一带一路"沿线国家投融资综合风险评价结果

排名	国家	投融资综合风险得分	排名	国家	投融资综合风险得分
1	新加坡	0.7373	4	立陶宛	0.6448
2	马来西亚	0.6976	5	阿联酋	0.6205
3	爱沙尼亚	0.6803	6	保加利亚	0.6181

排名	国家	投融资综合风险得分	排名	国家	投融资综合风险得分
7	拉脱维亚	0.5694	36	巴林	−0.0274
8	以色列	0.5144	37	乌兹别克斯坦	−0.0399
9	捷克	0.4009	38	蒙古	−0.0442
10	卡塔尔	0.3470	39	阿曼	−0.0706
11	格鲁吉亚	0.3308	40	孟加拉国	−0.0773
12	中国	0.3122	41	阿尔巴尼亚	−0.0957
13	印度	0.2840	42	吉尔吉斯斯坦	−0.0977
14	匈牙利	0.2735	43	俄罗斯	−0.1057
15	哈萨克斯坦	0.2296	44	斯里兰卡	−0.1116
16	泰国	0.2173	45	塞尔维亚	−0.1138
17	波兰	0.2143	46	科威特	−0.1393
18	尼泊尔	0.2090	47	缅甸	−0.1695
19	菲律宾	0.1973	48	越南	−0.1705
20	克罗地亚	0.1852	49	白俄罗斯	−0.2438
21	波黑	0.1692	50	乌克兰	−0.2443
22	摩尔多瓦	0.1602	51	阿富汗	−0.2753
23	不丹	0.1446	52	阿塞拜疆	−0.3033
24	黑山	0.1068	53	塔吉克斯坦	−0.3205
25	马其顿	0.1024	54	马尔代夫	−0.3300
26	斯洛伐克	0.0996	55	土库曼斯坦	−0.3454
27	印度尼西亚	0.0942	56	巴基斯坦	−0.3500
28	文莱	0.0804	57	伊朗	−0.3770
29	约旦	0.0750	58	黎巴嫩	−0.4346
30	亚美尼亚	0.0732	59	东帝汶	−0.4800
31	柬埔寨	0.0505	60	埃及	−0.6584
32	沙特阿拉伯	0.0396	61	老挝	−0.6720
33	罗马尼亚	0.0346	62	伊拉克	−0.7001
34	土耳其	0.0335	63	叙利亚	−1.2444
35	斯洛文尼亚	0.0127	64	也门	−1.3178

从投融资综合风险来看，新加坡、马来西亚、爱沙尼亚、立陶宛、阿联酋、保加利亚、拉脱维亚、以色列、捷克、卡塔尔等 10 个国家风险最低；土库曼斯坦、巴基斯坦、伊朗、黎巴嫩、东帝汶、埃及、老挝、伊拉克、叙利亚和也门等 10 国风险最高。按照本书对于"一带一路"沿线国家的经济地理分区，分析投融资综合风险得分区域分布情况（见图 8-3）。除了白俄罗斯、乌克兰等国之外，中东欧区域国家金融体系相对完备，投融资安全程度整体较高。俄蒙两国整体风险高于平均水平，两国的经济风险尤其突出，社会安全系数较低。中亚 5 国的投融资风险整体较高，投资主要受制于中亚国家落后的经济条件、动荡的政治局势和较弱的政府治理能力。西亚北非、南亚和东南亚地区国家间风险程度呈现较大分化：西亚北非地区以色列、阿联酋、卡塔尔、格鲁吉亚等国投融资风险较低，其他国家相对来说投融资风险较高，其中部分中东国家，如也门、叙利亚等国，由于民族和宗教冲突频繁、恐怖主义势力猖獗，经济、政治社会、法律、主权信用风险等诸多指标落后，投融资活动的失

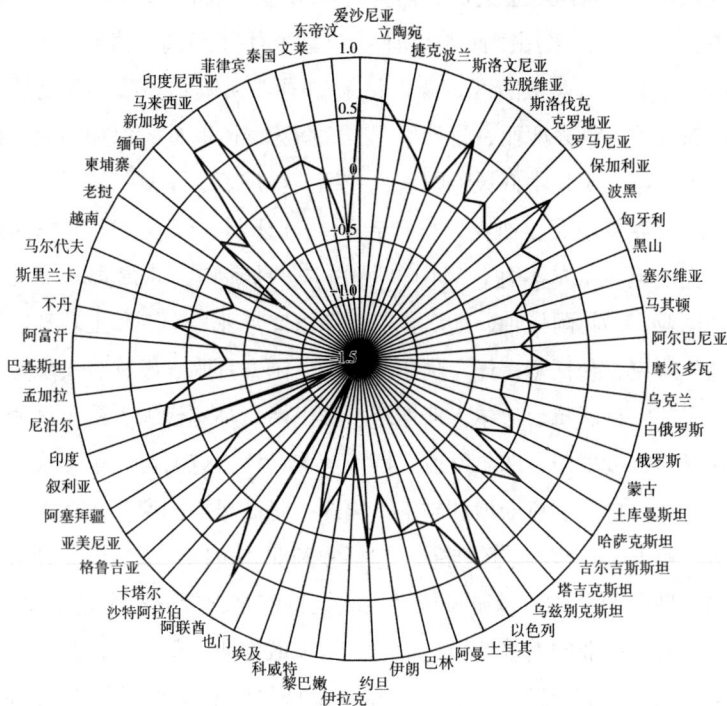

图 8-3 "一带一路"沿线国家投融资综合风险得分区域分布情况

败概率大增；南亚地区印度和尼泊尔投融资风险较小，两国政局基本稳定，政治风险较低，其中印度作为南亚地区的大国，经济增速较快且平稳，降低了投资的经济风险，其他国家经济体量小、政府执政能力不强、经济开放度不高、法律体系不健全，导致投融资风险较高，阿富汗的突出政治风险问题则是对外投融资过程中需要特别重视的，马尔代夫的政局动荡以及疫情发生后旅游业受到重创导致投融资风险升高；东南亚地区，新加坡作为发达国家，是区域内投融资最安全的国家，马来西亚则受益于欧美产业链转移、经济外向度较高等因素，投资环境大为改善，投融资风险较低，其他国家基本处于经济转型期，虽然有一定的经济基础，但经济制度不完善、营商环境不佳、主权信用评级较低，叠加国内政治社会不稳定因素，投融资整体风险较高。

（三）"一带一路"沿线国家基础设施投融资风险分区

由于"一带一路"沿线国家风险特征并不相同，在利用因子分析方法测算各国投融资综合风险程度之后，需要更客观地将投融资风险进行分区。本书采取聚类分析方法，采用欧氏距离计算变量个体间距离，将 64 个"一带一路"沿线国家分为五类风险区，分析结果如图 8-4 所示。第一类是低风险国家，包括新加坡、马来西亚、爱沙尼亚、立陶宛、阿联酋、保加利亚、拉脱维亚和以色列。第二类是中低风险国家，包括亚美尼亚、不丹、波黑、文莱、柬埔寨、中国、克罗地亚、捷克、格鲁吉亚、匈牙利、印度、印度尼西亚、约旦、哈萨克斯坦、摩尔多瓦、黑山、尼泊尔、马其顿、菲律宾、波兰、卡塔尔、罗马尼亚、沙特阿拉伯、斯洛伐克、斯洛文尼亚、泰国和土耳其。第三类是中高风险国家，包括阿富汗、阿尔巴尼亚、阿塞拜疆、巴林、孟加拉国、白俄罗斯、伊朗、科威特、吉尔吉斯斯坦、黎巴嫩、马尔代夫、蒙古、缅甸、阿曼、巴基斯坦、俄罗斯、塞尔维亚、斯里兰卡、塔吉克斯坦、东帝汶、土库曼斯坦、乌克兰、乌兹别克斯坦和越南。第四类是高风险国家，包括埃及、伊拉克和老挝。第五类是极高风险国家，包括叙利亚和也门。根据前文分析，我国对"一带一路"沿线国家基础设施投入的大量资金主要分布在东南亚的缅甸、柬埔寨、老挝，南亚的巴基斯坦，中亚 5 国和俄罗斯、蒙古等，而这些国家大部分是中高风险和高风险国家，对中东欧等低风险和中低风险国家的投资则较少。

使用平均联接（组间）的树状图
重新调整距离聚类合并

白俄罗斯	7
乌克兰	60
阿富汗	1
马尔代夫	34
塔吉克斯坦	55
阿塞拜疆	4
巴基斯坦	42
土库曼斯坦	59
伊朗	22
黎巴嫩	31
东帝汶	57
缅甸	38
越南	63
科威特	27
蒙古	36
乌兹别克斯坦	62
巴林	5
孟加拉国	6
阿曼	41
阿尔巴尼亚	2
吉尔吉斯斯坦	28
塞尔维亚	49
斯里兰卡	53
俄罗斯	47
匈牙利	19
印度	20
格鲁吉亚	18
卡塔尔	45
中国	13
捷克	15
波黑	9
摩尔多瓦	35
不丹	8
克罗地亚	14
菲律宾	43
波兰	44
泰国	56
尼泊尔	39
哈萨克斯坦	26
亚美尼亚	3
约旦	25
文莱	10
马其顿	40
斯洛伐克	51
黑山	37
印度尼西亚	21
罗马尼亚	46
土耳其	58
沙特阿拉伯	48
柬埔寨	12
斯洛文尼亚	52
以色列	24
拉脱维亚	30
保加利亚	11
阿联酋	61
立陶宛	32
爱沙尼亚	17
新加坡	50
马来西亚	33
埃及	16
老挝	29
伊拉克	23
叙利亚	54
也门	64

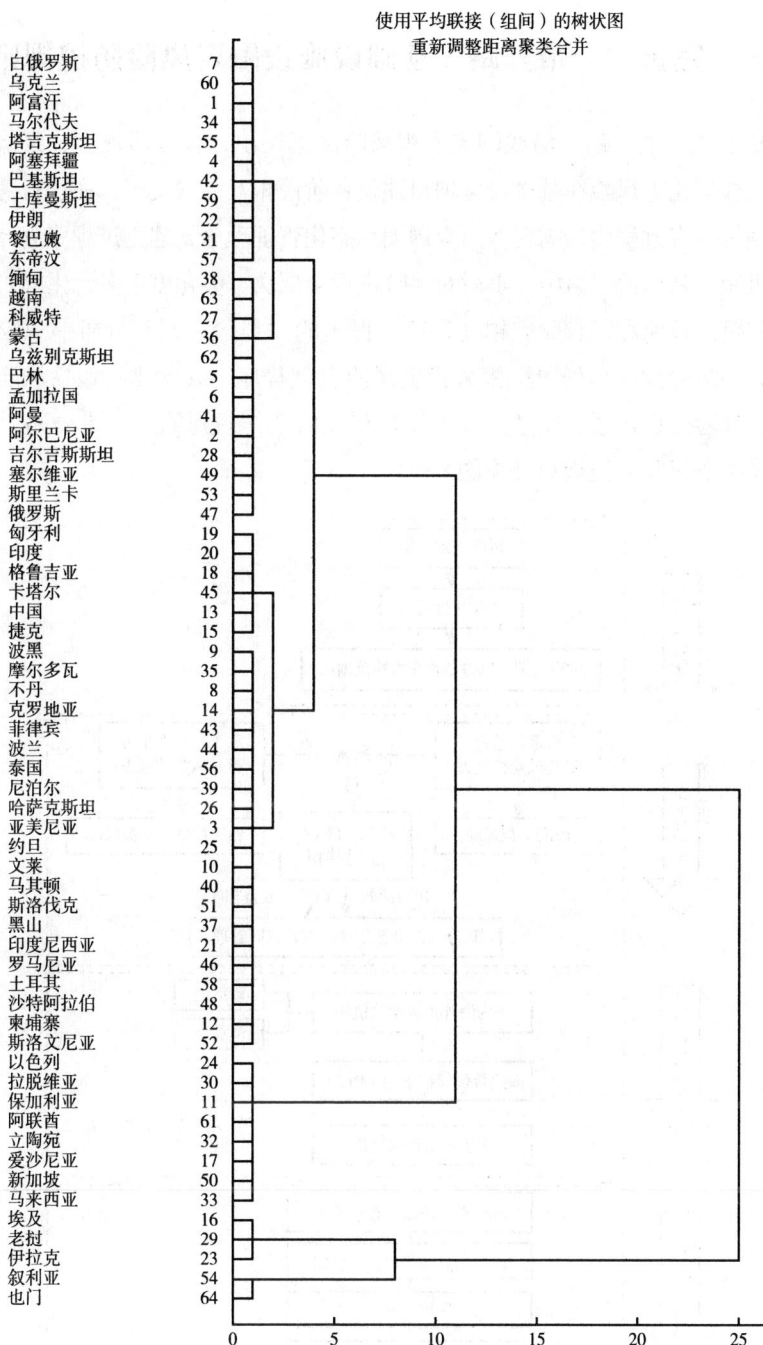

图 8-4 "一带一路"沿线国家投融资综合风险聚类分析结果

三 完善"一带一路"基础设施投融资风险防控规则

鉴于"一带一路"沿线国家宏观风险因素突出，且政治社会、经济、法律和主权信用等风险在基础设施项目建设各阶段相互关联交织，在进行跨境基础设施投融资过程中，需要按照全周期动态化管理理念，建立过程式立体风险管控机制，从事前、事中、事后对风险进行多层次、多角度、多元化的管理控制和防范。按照邓凯和颜宪柏（2017）提出的"风险识别与分析→风险评估与决策→风险预案与处置"海外投资风险管理程序，具体建立包括风险分析体系、风险分担体系、投融资保险体系和征信合作规则的"一带一路"基础设施投融资风险防控规则（见图8-5）。

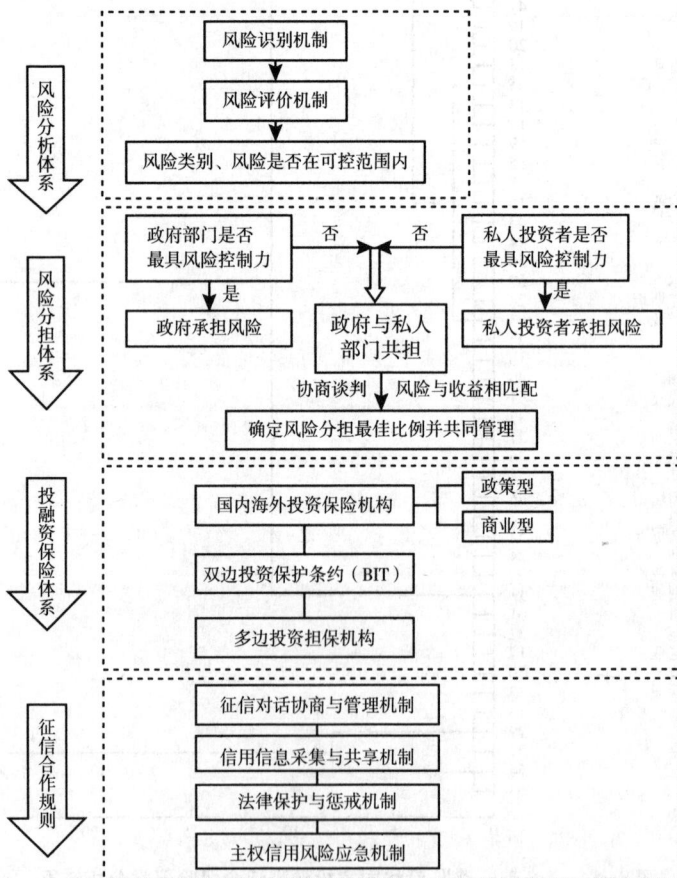

图8-5 "一带一路"基础设施投融资风险防控规则流程

（一）完善"一带一路"基础设施投融资风险分析规则

过程式立体风险管控体系的第一步就是对风险进行识别和评估，在基础设施项目投资前对投资者进行风险提示与事前预警，防患于未然。因此，需要完善"一带一路"基础设施投融资风险分析规则，具体包括风险识别与风险评价规则。

1.完善"一带一路"基础设施投融资风险识别规则

与"一带一路"基础设施项目收益评价及筛选规则相似，建立由投资国政府、东道国政府部门代表、金融机构专家和企业代表共同组成的"一带一路"基础设施项目投融资风险识别与评价专家组，隶属"一带一路"沿线国家基础设施互联互通联合工作组，负责对区域内基础设施项目进行风险识别与评估。风险识别阶段应综合判断基础设施所在国内部与外部、微观与宏观的投融资环境信息，对风险进行分类和识别。

基础设施项目成立前专家组要进行风险环境预调研，考察东道国政治局势、社会风俗、历史文化、法律环境、营商环境和外资政策等内容，以及当地基础设施水平和基础设施需求程度，以便提前识别出风险因素。对于基础设施投融资风险的识别，可从投融资环境和投资标的两方面进行分类。"一带一路"基础设施项目投融资环境风险主要就是国别风险，包括政治风险、经济风险、社会风险、法律风险和主权信用风险等；基础设施项目标的风险主要涉及基础设施建设、筹资及后续运营过程中可能存在的系统性和非系统性风险，主要是基础设施相关投资协定或合作契约等法律文件引发的不确定性冲突，包括项目需求风险、技术风险、资金可持续风险、合同变更风险、项目施工安全风险、运营管理风险、收益分配风险、劳资争端风险等。按照上述风险因素，对具体基础设施项目进行考察，在充分考虑风险前后关联、互相交织特点的基础上，统筹全局识别风险，形成较为详尽的项目风险报告，并建立综合有效的"一带一路"基础设施风险信息库。

2.完善"一带一路"基础设施投融资风险评价规则

经过"一带一路"基础设施项目投融资风险识别与评价专家组对风险环境进行预调研和识别之后，需要利用完整的风险评价体系对基础设施投融资风险进行预估与评价，以指导投融资决策和风险防范。根据基础设施项目特点与风险识别分析，"一带一路"基础设施投融资风险可分为宏观国别环境风险与基础设施标的风险。关于宏观国别环境风险的评价相对丰富，根据前文构建的投融资综合风险指标体系求得的 "一带一路" 沿线国家基础设施投融资综合风险实证分析结果，以及各国投资风险的高、中、低分区，可以直接用于指导基础设施投融资方向和国别选择，此处不再赘述。这里详细阐述对 "一带一路" 基础设施项目建设及运营过程中可能遭遇的中观和微观风险的评估机制。

基础设施项目建设及运营资金风险评价需要在识别风险来源的基础上，选取一定的定性及定量方法对不确定性风险因素来源、风险发生概率及可能的损失程度等进行评估和测量。由于风险评估是对未来不确定性发生情况的衡量，评价指标是定性与定量的结合，且不可避免地受人为主观因素的制约，因此本书建议采取模糊层次分析法（F-AHP），集成指标得分和指标权重进行 "一带一路" 基础设施投资风险评价。鉴于风险因素过多会导致模糊性扩张进而引发与实际结果相偏离的情况，本书将评价指标控制在 10 个以内。综合已有研究成果，构建评价指标体系（见表 8-9）评估针对基础设施标的投融资的中观和微观风险。

表 8-9 "一带一路" 基础设施项目综合风险评价指标体系

准则层	指标层	指标含义
项目建设风险	环境破坏风险	由于不重视环境与生态保护而遭到当地民众反对或被下令整改而产生的额外成本
	工程技术风险	相关技术不成熟引起的影响工程进度、质量和成本的风险
	材料价格变动风险	市场环境变化造成工程建设必需的材料和大型设备价格涨落所造成的成本增加
	劳资争端风险	劳资双方之间因利益分歧导致工程进度受阻而引发的风险
	工程安全风险	在工程作业过程中因安全措施不到位或管理监管不足导致的人身伤害及设备损坏等风险
项目运营风险	运营质量风险	由于基础设施运行、服务和管理等低质量因素导致无法正常运营而造成的收益损失风险
	项目需求风险	基础设施使用者的需求变动导致的项目运营商收益变化的风险
	维护成本风险	因频繁设备维修和过高的维护成本造成运营成本增加和影响基础设施运营保障的风险
	定价风险	基础设施建成后收费制度面临的定价过高损害社会福利或定价过低难以收回成本的风险
	权责分配风险	基础设施投融资各合作参与方之间权利和责任、成本和收益分配不当引发纠纷的风险

与第七章进行"一带一路"基础设施项目预期收益评价相似,按照下列步骤开展"一带一路"基础设施投融资中观和微观风险评价。首先,按照建立的风险评价指标体系,假定各准则层风险指标之间没有关联性,设准则层风险因素指标集为 $C_i = \{C_1, C_2, \cdots, C_k\}$;设指标层风险指标集为 $X_k = \{X_{k1}, X_{k2}, \cdots, X_{kn}\}$。其次,构造判断矩阵对同一准则层内的各指标进行两两比较,通过邀请专家对两两指标间哪个更为重要以及两者相对重要程度给出 1~9 的标度来构造判断矩阵,接着通过最优传递矩阵的方法计算出每个准则层下各指标的重要性次序与权重,组成准则层的权重集 A_i。值得注意的是,这里的权重是根据专家对各指标的评价结果得出的,具有一定的主观性和差异性,需要对判断矩阵进行一致性检验,只有通过了一致性检验的判断矩阵才是有效的。上文已详细描述判断矩阵的标度方法、专家打分表及判断矩阵一致性检验方法,这里不再赘述。再次,对各风险指标进行赋值。鉴于基础设施投融资中观和微观风险多为预估指标且难以定量衡量,这里建议利用模糊评价语言方法获取风险评估专家对风险程度的评估,即采用调查问卷法请各专家对各指标风险程度进行评价,按照风险可能造成的损失程度和发生风险的可能性分别对应"高、较高、中等、较低、低"五个程度赋值"5、4、3、2、1",然后统计各专家的打分情况形成单个风险指标的模糊评价矩阵:

$$R_k = \begin{bmatrix} r_{11} & r_{12} & \cdots & r_{1n} \\ r_{21} & r_{22} & \cdots & r_{2n} \\ \cdots & \cdots & \cdots & \cdots \\ r_{m1} & r_{m2} & \cdots & r_{mn} \end{bmatrix}, 其中 r_{ij} = \frac{W_{ij}}{\sum_{j=1}^{n} W_{ij}} (i = 1,2,\cdots,m; j = 1,2,\cdots,n) \quad (8-2)$$

r_{ij} 是根据专家对风险指标程度打分结果 W_{ij} 计算得出的综合得分。

最后,确定综合风险评价得分。将前文求出的准则层风险指标权重集 A_i 与单个风险指标的模糊评价矩阵 R_k 相结合,计算求得 $C_i = A_i \times R_k$,进而得到指标层指标的综合风险评价集: $R = (C_1, C_2, \cdots, C_k)^T$。然后综合指标层综合风险评价集与权重矩阵,得到准则层一级指标风险评价综合得分: $C = A \times R$。

按照上述方法可以对"一带一路"基础设施项目投融资的中观和微观风险进行评估,得到基础设施标的综合风险之后,结合项目所在国国别风险评价结果,指导投资者明确投融资全过程风险。建议由"一带一路"基础设施项目投融资风险识别与评价专家组根据以上风险识别与评价系统对备选基础设施项目进行考察,形成动态的"正面清单"和"负面清单",按照程度高低对基础设施投融资风险进行分级管理，并由"一带一路"沿线国家基础设施互联互通联合工作组搭建动态投资指引平台，为私人投资者进入"一带一路"基础设施投融资合作市场提供过程式风险预警与决策参考规则。

（二）完善"一带一路"基础设施投融资风险分担规则

"一带一路"基础设施投融资是多方合作提供区域准公共产品的过程，涉及合作国政府、金融机构与私人投资者等众多利益相关者。公共产品的外部性属性容易导致提供者承担全部成本和风险而"搭便车者"享受收益的情况，这将阻碍私人投资者进入基础设施投融资领域。为了增强"一带一路"基础设施资金提供方的积极性，前文构建了"一带一路"基础设施投融资成本分摊规则来明确各方责任。但相应地，也需要建立"一带一路"基础设施投融资风险分担规则，防止一方过度承担风险而遭受投资收益严重受损。同时，在公私合营模式日益成为基础设施投融资主要趋势的情况下，明确政府与私人投资者的风险分配也是尤为重要的。在已经建立"一带一路"基础设施投融资风险识别与评价规则的基础上，构建风险分担规则条件成熟。

"一带一路"基础设施投融资涉及多方合作，包括来自区域内或非区域内的各国政府、金融机构和企业，在面对投融资风险时各利益相关者对待风险的偏好不同，各自对风险的掌控能力也不同，需要建立起一套合理完整的风险分担规则，确定不同种类风险的承担主体和共同承担风险时的比例分配。风险分担规则体现的是收益共享、风险共担的原则，这与构建"一带一路"基础设施投融资合作的利益共同体目标相契合。

根据风险与收益对称性、分担比例最优性、承担风险上限性和分担方案动态性等原则，"一带一路"基础设施投融资风险分担规则流程如下：首先，政府部门对自担风险的分配。"一带一路"基础设施项目均由国家政府部门作为发起者、联合其他国家政府共同参与投资。政府部门作为决策先行者，需要在全面识别基础设施投融资风险的基础上，对自身可控范围内和由政府部门决策导致的风险进行自留，其余转移给私人投资者承担。根据前文文献分析，政府自留的风险主要包括政治风险中的政策变更风险、政局动荡风险和主权信用风险等。其次，当社会投资者认为能够承担政府转移的风险时，可以选择接受。这里的社会投资者包括金融机构代表的私人投资者、基础设施承建单位、基础设施运营单位和采用公私合作模式融资的基础设施项目公司等主体，私人投资者需要承担的主要是经济风险中的资金运营风险；建设单位主要承担的是基础设施建设过程中的技术风险、原材料成本上升风险和工程质量风险等；如果基础设施交给单独的运营公司管理，则运营公司需要承担运营期间的维护成本增加、基础设施需求不足和定价不合理等风险；如果项目以 PPP 模式进行投融资，则项目公司主要承担基础设施建设和运营阶段的各种管理风险。最后，对于私人企业或投资者不愿或无法独立承担的部分不可抗力宏观风险，如利率风险、外汇风险、法律风险等，则通过协商谈判确定共担风险的分配比例。"一带一路" 基础设施投融资过程中，一方面风险承担存在上限额度且不能将全部风险转移给社会投资者，另一方面政府追求社会效益最大化和社会投资者追求商业收益最大化存在一定程度的目标冲突，因此需要政府通过共担风险的方式给予社会投资者一定的风险补偿来激励私人投资者主动承担风险。

至于如何确定最优风险承担比例，学术界分别利用层次分析法、静态博弈和动态博弈模型、模糊逻辑数学模型和"收益—风险"模型等方法确定基础设施投融资过程中政府与私人投资者的最优风险分担比例，本书不再赘述。建议"一带一路"基础设施项目投融资风险识别与评价专家组采用构建动态博弈模型方式在"收益—风险"模型基础上确定风险分担均衡比例。需要特别指出的是，鉴于每项基础设施项目都有各自特点，风险分担比例很难建立统一适用的公式，需要针对具体项目制定个性化的方案。

"一带一路"基础设施具有投资金额大、内外部环境复杂、利益相关方多、风险多元且复杂等特征，在风险分担规则中应该改变以往各风险分担主体"对抗式"转嫁风险的处理方式，而是要从整体出发，合理分析各风险分担主体的特点和优劣势，将"共赢"引入风险分担与管理中，形成"一带一路"基础设施投融资风险联合分担共同体。具体来说，有以下几点完善风险分担规则的政策建议。

1. 针对不同风险类型和利益相关方优劣势采取相应的分担策略

对于政治风险，一般由政府承担，投资母国一方面通过投保海外投资保险来弥补政治风险损失，另一方面通过与东道国协商使其承诺由其政策变更造成的损失需要东道国政府给予一定补偿；要求东道国政府在基础设施投融资过程中建立公开、公正、公平的市场准入和退出机制，对项目进行有效监管减少政治风险对海外资金的影响。对于主权信用风险，投资母国应在基础设施投融资合作协议中明确东道国政府责任，规定其制定项目财政承受限额，并根据项目的收益情况和建设运营成本确定合理的财政支持方式，加强政府信用。对于法律风险，由投资母国与企业共同分担，企业可聘请专业法律咨询机构，使基础设施项目符合东道国法律要求，避免因遭遇法律纠纷造成投资损失；政府则负责在出现法律纠纷之后与国际仲裁机构及东道国政府进行交涉，维护本国海外投资者的利益。对于基础设施的建设与运营风险，需要从政府层面筛选在项目建设技术水平、管理水平和资金实力方面资质较高的企业作为合作对象，监督其合理设计风险防控内部机制。对于经济风险，合作各方可以通过与金融机构签订融资协议，明确各方风险分担责任与比例，政府方面完善相关投资保护法律法规，营造良好的投融资环境，企业和金融机构则利用金融衍生工具，如外汇期权、无本金交割远期外汇（NDF）、货币互换、利率互换和掉期等对冲汇率和利率风险。

2. 制定风险与收益相匹配的风险分担政策

一是平衡公私双方收益与风险分担，当基础设施项目采取公私合作方式进行投融资时，对于有收费基础且收益能完全覆盖投资成本的基础设施项目，政府可以通过授权特许经营权的方式，根据项目净折现率或行业收益率水平确定收益分配比例后，在此基础上确定风险分配比例；当单纯基础设施收费难以偿还项目投资成本时，政府可以根据项目绩效考核情况采用部分补贴或政府付费的方式激励社会投资者承担部分风险，但注意不能补贴过度增加财政负担，并确立动态风险分担调整机制，随时评估项目全过程的风险因素并对初步风险分担方案进行监测，对发生与事先预期偏离的风险行为和风险分担不合理的方案，进行有针对性的动态调整。二是平衡投资商业收益、公共收益与风险分担比例。一方面，对基础设施项目适用费用进行合理定价，在保证企业获得合理利润回报的同时兼顾社会公共服务职能，减少定价风险与基础设施需求不足风险；另一方面，注意通过技术改造和设备升级保证减少基础设施建设对环境和生态的负面影响，充分承担服务社会的责任。

3. 建立新型多元化融资担保体系以分散多元化风险

海外基础设施投融资的风险分担主体除了各投资参与国、东道国的政府、金融机构及企业，还有融资担保机构。作为"一带一路"基础设施投融资的参与方：各国政府和社会投资者，可以通过融资担保体系将无法承担或不愿承担的风险转移给担保机构。一是建立区域信保机构联合风险分担规则。签订

"一带一路"区域担保协定，参考"OECD君子协定"经验，统一"一带一路"沿线国家内部融资担保机构对境内企业参与海外投资项目的担保利率。同时，在沿线国家的海外投资信用担保机构间建立风险联合分摊规则，探索开发国际联合信用担保模式，并与东道国政府及相关机构就协助融资担保问题达成合作协定，以避免风险担保责任的过度集中化。二是建立私人信保机构与官方和企业间的风险联合分担规则。鼓励各国发展私人海外投资信保机构，与国家开发性金融机构、大型企业联合承保，一般信用风险由私人信保机构或企业承担，重大政治风险由开发性金融机构承担，以减少单个机构风险损失赔偿责任与负担。

4.完善"一带一路"基础设施投融资风险分担合同体系

目前，跨境基础设施合作通常以各国协商达成协议的方式确定各方权责，但协议部分缺少对风险分担方式的明确规定。建议完善"一带一路"基础设施合作全方位合同体系，包括项目合同、投融资合同、经营合同、采购合同、风险处理合同等，明确项目范围、价格机制、回报机制、补贴方式、各方责任、风险分担方案、绩效标准和评估方法、基础设施服务质量标准以及风险发生后的处理方式等具体条款，尤其是风险分担方式、比例以及风险转移工具要在合同中界定清楚，从而保证风险承担主体按照外在约束来控制与管理风险。

（三）完善"一带一路"基础设施投融资保险规则

在对"一带一路"基础设施投融资风险承担责任进行分配之后，保险体系作为风险有效转移的承担方，可为政府和私人投资者转移和防控风险提供有效途径。当区域基础设施项目风险发生并可能使相关投资者收益受损时，保险机构可凭借自身财力和较好的信用来为项目做担保，这有利于基础设施项目的顺利开展和投融资效率的提高。同时，"一带一路"基础设施项目具有工期长、投资大、协作单位多、风险复杂等特点，有些项目建设和运营期的风险可以控制或化解，而有些属于系统风险范畴的宏观风险难以控制且可能造成无法弥补的损失，这就需要完善投融资保险规则来补偿风险损失。具体来说，亟须构建适合中国的海外投资保险制度规则。

1.中国牵头设立包括"一带一路"沿线国家在内的新型多边投资担保机构

鉴于多边投资担保机构（MIGA）在承保海外投资业务中的局限性，建议配套亚洲基础设施投资银行，专门针对"一带一路"区域新设亚洲基础设施投资保险公司或类似的新型多边投资担保机构。以我国上海自贸试验区为试点，与"一带一路"其他沿线国家甚至域外国家合作，建立能够覆盖国家政治风险、信用风险、社会风险甚至部分商业风险的新型多边国际投资担保机构，以期更及时有效地对区域内基础设施投资进行风险防控，中和"一带一路"沿线较高的国别风险。成立后的亚洲基础设施投资保险公司分别与亚洲基础设施投资银行、各成员方开发性银行签订双边合作备忘录，结合目前"一带一路"基础设施项目具体情况达成一揽子合作最佳条款。同时，亚投保可与 MIGA、中信保和其他国家的对外投资担保机构签订多边合作备忘录，形成保险机构利益共同体，既避免过度竞争，又发挥各自优势，发挥防控"一带一路"基础设施投融资风险的作用。

2. 合理设计 BIT 条款

由于基础设施领域涉及一些东道国的经济敏感关键领域，在投资实践中往往会遭受东道国"国家安全审查"，导致基础设施投融资和建设进程遇阻。因此，"一带一路"区域内国家应加紧签订或修订双边投资保护协定，以防范本国投资者在东道国遭遇投资风险。针对基础设施投融资领域的 BIT 条款具体建议如下：一是在与域内发展中国家进行投融资合作时，应要求东道国在必要情况下给予我国投资者公平公正的待遇，重点强调东道国对外资的保护政策及投资环境。二是着重强调"重大安全例外"的界定，在避免过分涉足他国关键性基础设施建设领域的基础上，在 BIT 谈判中尽可能对"重大国家安全"做出合理安排和解释，对"重大安全例外"的适用范围做出规定，并进一步明确基础设施运营后发生的无法预测的不确定性损害所承担的国家赔偿责任，避免完全由东道国法律或政策随意断定。三是在 BIT 谈判中注重对一般例外条款①的规定，增加一般例外条款的数量，并明确阐述一般例外条款的指向性目标与具体含义，作为发生投资争端时在国际仲裁庭解释的一般性根据。在双方平等谈判协商基础上确立的 BIT 条款有利于实现"一带一路"基础设施投融资过程中母国投资者与东道国建立融洽和谐的发展共存关系，避免东道国任意对海外投资者施加不利影响。

3. 建立政策性保险和商业性保险有机结合的海外保险制度

要强化国内保险机构体系建设，建立高效、快捷、覆盖面广、适应"一

---

① 一般例外条款在国际法并无统一规范和概念，通常是指存在于双边及多边投资协定或条约中那些旨在保护东道国公共利益的例外条款，但征收、征用和国有化条款往往不在此列。

带一路"跨境投资业务的政策性与商业性海外保险体系。一是建议设立由国务院直属的海外投资保险审查委员会,统筹政策性保险机构与商业性保险机构"信用+保险"的合作模式。借鉴德国与法国"公私合营"保险机构模式,由政府相关机构组成官方海外保险决策审查委员会,负责交涉并决策"一带一路"跨境基础设施投融资的政治风险、社会风险等承保事宜,明确承保项目在发展性、互利性和收益性方面的资质,并负责审查和批准符合资质的保险公司开展相关业务,而中国出口信用保险公司、中国人民保险公司等政策性保险公司和大型国有商业保险公司则负责相应的投资商业保险业务。二是引导各保险机构设立对接"一带一路"基础设施跨境投融资的专门机构,负责制定落实相关承保配套措施,包括对重大基础设施项目的推动管理办法、承保细则;加强与海外其他国家保险金融机构、多边投资担保机构的沟通合作;梳理"一带一路"基础设施重点项目清单,参与设计重大项目的融资保险方案,并实时跟踪承保的基础设施项目融资情况。同时,探索保险机构与银行机构在"一带一路"基础设施投融资信息共享、业务互动、机构共建等方面的"银保合作规则",畅通投资者海外投保渠道。三是建立代位求偿制度。一方面,与已经规定享有代位求偿权的国际多边投资担保机构合作,通过挂钩模式完善本国海外保险代位求偿制度;另一方面,在由政府相关机构决定政治风险承保事宜并对合格投资进行审查和批准的基础上,建议赋予官方机构以代位求偿权行使机构,因为官方机构不仅能在承保审批过程中预见到可能的风险性事项,而且能够避免由保险公司代位行使权利时遭遇"私对公"的情况。

4.丰富"一带一路"海外基础设施投资保险险种

由于"一带一路"区域每个跨境基础设施项目均有一定的特殊性,各次区域国家风险来源也不尽相同,因此保险机构应根据项目特点、东道国政治经济情况、交易模式等因素,针对不同国别的客户实行个性化、差别化的灵活保费定价策略与保险险种选择。鼓励国内符合条件的保险机构为参与"一带一路"基础设施投资建设的企业提供选择中长期出口信用保险中的出口买方信贷或出口卖方信贷保险、货物运输保险、附加设备海外保险、企业财产保险、人身保险、工程保险、营业保险、海外无捆绑贷款保险等险种,并进一步深入开展共同保险和再保险业务;对于恐怖主义、政府违约等政治风险较高的东道国基础设施项目,国内信用保险机构可与东道主国内保险机构、多边投资担保机构以及国际信用保险行业组织等合作,开发补充针对政府违约、司法腐败、恐怖袭击、汇率波动等风险事件的境外投资保险险种，最大限度地为跨境基础设施投资提供风险缓释。以互联网为平台推行"保险+互联网"合作模式，构建完整的互联网 B2B、B2C 和 P2P 平台，并建立"一带一路"海外保险超市和风险拍卖市场，提高国外保险服务水平。

5. 构建"一带一路"区域保险机构合作"共同体"

一是提升我国保险行业的国际影响力，以中国在"一带一路"区域重要的经济实力为基础，取得在"一带一路"基础设施投融资保险中的主导地位。积极参与跨国保险行业合作的国际规则制定，推进区域内各国监管互认进程。二是为国内保险企业"走出去"支持"一带一路"基础设施投融资营造良好的政策环境。借鉴美日欧等发达国家跨境保险业务发展经验，鼓励大型保险公司和出口信用保险公司充分利用行业协会和银行渠道增加子公司或网点设置，对参与"一带一路"基础设施投融资的保险企业与业务进行适当的税费减免或保费补贴，对保险公司出入境勘察定损制定通关便利政策；加强保险行业的跨部门、跨国家、跨组织沟通，鼓励符合条件的商业保险公司与"一带一路"沿线国家的保险公司通过共同保险、再保险业务结成"承保共同体"，合作为"一带一路"基础设施项目提供财产、责任和人身保险等，并充分利用多边投资担保机构缓释政治风险。三是与"一带一路"沿线国家保险监管机构签订保险跨境合作协议，全方位搭建属于"一带一路"区域的基础设施投融资保险跨境交流合作平台。在上海自贸试验区及"一带一路"周边国家建设保险跨境试验区，一方面争取早日开设上海保险交易所"国际板"，吸引国际金融机构参与并创新国际保险交易产品，另一方面建立区域保险信息交流平台与跨境保险知识库，包括基础设施项目信息、保险产品信息、境外合作机构信息等，并收集分析区域各国最新保险政策与法规，形成保险资源与信息共享的发展模式。

（四）完善"一带一路"跨境征信合作规则

如前文对"一带一路"沿线国家的分析，区域内多为发展中国家，经济金融生态环境不佳、金融市场资金调动能力较弱、财政收支失衡且政治经济局势动荡等情况容易诱发信用风险。开展"一带一路"跨境征信合作，有利于提高区域内信息可获得性，缓解跨境投融资过程中信息不对称问题，促进合作各方建立互信互利关系；有利于推广信用贷款融资方式，促进区域基础设施投融资方式创新和产品创新；有利于优化区域内部信用资源配置，降低信用风险，实现"一带一路"基础设施投融资的可持续性和安全性。

1. 构建"一带一路"跨境征信合作规则的基础与难点

"一带一路"大部分国家对征信市场建设较为重视，新加坡、马来西亚、泰国等国均在国内开展了征信业务，也制定了相关征信法规制度，为跨境征信平台的合作、数据交换等提供了基础。总体来说，目前"一带一路"沿线国家内部的征信体系模式有两种：政府运作模式与公私共同运作模式。我国国内征信体系由中国人民银行及其派出机构管理，出台了《中国人民银行银行信贷登记咨询系统管理办法（试行）》《个人信用信息基础数据库管理暂行办法》《征信业管理条例》等一系列法律法规，征信业务快速发展。新加坡与马来西亚的征信系统则是公私合作运作模式，新加坡征信系统处于新加坡金融管理局（MAS）监管框架下，个人和企业信贷信息系统由私人公司运作，通过私有化运作与规范化监管相结合，形成了较为完善的信用管理体系；马来西亚中央银行建立了公共征信数据库 CCRIS，并由下设的马来西亚信用担保公司与邓白氏集团、马来西亚银行协会合作负责中小企业征信工作。但目前"一带一路"区域开展跨境征信合作仍存在一些难点：一是各国征信管理水平不均衡，信用信息涵盖范围不同，国内征信管理机构属性不统一，部分国家信用信息的真实性、安全性和持续性存疑；二是信用数据信息跨境流动困难，出于维护信息主权安全考虑各国数据呈分裂割据状况；三是区域内信用信息共享收益不平等，部分信息处理能力低的国家严重依赖外部发达国家处理之后的信用信息，造成"信息丰富国"与"信息匮乏国"之间信息共享利益不平等。

2. 完善"一带一路"跨境征信合作规则

鉴于"一带一路"区域内各国征信制度建设情况的复杂性与区域内主权信用风险的严峻性，建议完善跨境征信合作规则来防范投融资信用风险，具体来说分为区域征信合作对话协商与管理规则、区域征信信息采集与共享规则、征信法律保护和惩戒规则及主权信用风险应急规则四部分。

（1）完善"一带一路"区域征信合作对话协商与管理规则

构建"一带一路"跨境征信合作规则的障碍之一是各国征信法律体系、征信机构与运行机制存在差异性，缺乏统一规范性，但法律法规体系的统一需要各国在一定程度上做出妥协，是一个长期过程，需要各国协商达成。首先，启动"一带一路"跨境征信合作协商对话会议。在建设"一带一路"财长和央行行长会议机制的基础上，将跨境征信合作纳入专题对话内容，保持副部级对话级别，讨论跨境征信合作中存在的各项问题，并设立由各成员方组成的具体负责跨境征信合作事务的"一带一路"国家征信合作委员会，明确各国中央银行作为牵头单位组织各国国内负责信用体系建设的相关工作。然后，在磋商会议中梳理各国法律与司法程序存在的共性与差异，探索在求同存异原则上协商产生各国达成共识的统一的市场信用体系法律框架，并逐步分阶段形成与市场信用体系建设相适应的法律细则及相应的组织机构、职能设计和实施计划。最后，建立"一带一路"区域内部跨境征信管理平台来搭建管理规则。利用"一带一路"政府间对话合作规则促成《"一带一路"征信合作共享框架协议》的出台，对"一带一路"征信平台上信用信息的数据采集、信息交流、信息共享、信息保密、信息安全和联络机制等做出纲领性规定，包括各成员方互相享有共享他国信用信息的权利，并承担保密责任和保障国家信息与金融安全责任。建立一个统一的征信管理规则，即由各国中央银行牵头，联合本国各级商业银行、保险机构及私人市场信用管理企业集中进行征信与信用管理和监控，由各国中央银行统一行使对外信用数据交换职能。

（2）完善"一带一路"区域征信信息采集与共享规则

一是统一区域信用信息采集制度。在兼顾各国信用基础环境与信息收集能力差异基础上，按照"先企业后个人、从先进到落后"的原则逐步建立较为统一的区域内信用信息采集统一标准与制度。建议以信用信息采集基础较好的国家（如中国、新加坡、马来西亚等国）的征信系统为基础，整合建立"一带一路"国家跨境征信信息采集平台，在原有各国征信资源的基础上进行改造与扩充，逐步吸纳"一带一路"其他国家相关数据形成统一数据库。对部分征信发展落后的国家，先允许单独设立企业和个人信用信息采集及管理平台，再逐步接入"一带一路"统一的信息平台。在收集信息方面，要制定统一的信息采集标准，包括：信用信息采集内容覆盖各国中央及地方政府信用信息、企业信用信息（财务状况、负债情况等）、个人信用信息（借贷情况、消费信用记录、违法违约记录等）、基础设施行业信用信息，由各国按照统一标准负责各自的征信信息导入和信用管理，同时规定各国各业务间信用信息互查、联查、互核和评议等管理制度。二是建立区域征信信息普遍共享制度。在区域征信平台进行投融资多边信息沟通、交叉核实和监管合作。"一带一路"参与征信信息合作的国家将信用数据录入区域信息交流数据库后，允许各成员方用户通过加密 U 盾登录系统查询可向市场公开的信用信息；不能向市场完全公开的具体企业与个人信用数据，则需要向对方国提出申请并委托对方国家官方机构或第三方机构代理查询；对投资具有重要商业价值的、经过机构分析处理的数据可考虑提供有偿使用服务。

（3）完善"一带一路"征信法律保护和惩戒规则

由于跨境征信信息涉及多国的国家、个人及企业隐私，在信息披露与共享过程中必须强化信息安全监管，形成法律保护体系，切实维护国家经济利益和信息安全。一是各国要加强征信立法工作。除了严格按照各国达成的协议进行信息共享和披露，国内法律还要明确信用信息和商业秘密界限，明确信用信息使用范围，明确公开信息与涉密信息范围，在信息保护和信息披露之间寻求平衡。法律还应规定跨境共享披露信用信息事先应征求信息主体的意见，信息主体有权拒绝向其他国家共享信用信息。二是必须建立跨境信用报告查询记录制度与征信数据监测系统。为有效防止征信服务机构和其他市场主体对跨境信用信息的滥用，区域征信管理部门应对所有查询信用报告的企业及其使用目的进行记录，并实时监测信息共享平台访问情况，以便于征信监管机构进行监督检查。三是明确违法惩戒条款。各国对于违反信息安全行为的惩戒措施要坚持统一的标准，要明晰征信管理部门、数据使用机构及工作人员的民事或刑事责任，对违反信用信息使用规定的行为制定严格的惩罚措施，并补偿信息主体受损的利益。同时，应在合作平台上公开违反"一带一路"国家征信合作相关协议和法律法规的行为和惩戒措施，并允许违约者对违约行为进行申述并在一定期限内做出改正。

（4）构建"一带一路"主权信用风险应急规则

一旦"一带一路"沿线投资的基础设施项目所在国发生了主权违约情况，则需要建立风险应急处理规则。一是探索建立"一带一路"地区应急储备安排。借鉴金砖国家应急储备安排经验，由各国出资建立"一带一路"区域应急储备安排，区域内国家出现国际收支困难时，通过货币互换向其提供流动性支持，有效应对短期流动性冲击带来的主权信用风险冲击，进而避免在该国的基础设施投资遭遇更大损失。在具体运作方面，可借鉴欧亚稳定和发展基金内部设立的"金融信贷稳定基金""投资贷款发展基金""暂时未用基金"等相关经验，成立带有"嵌入制"特征的"一带一路"地区应急储备安排，设立稳定基金、发展基金以及动态调整基金，保证在风险事件发生后具备迅速触发和锚定功能，有效保障应急储备安排发挥作用（胥爱欢，2018）。二是设立海外投资风险补偿金。鼓励各国出资设立"一带一路"基础设施跨境投资主权信用风险补偿金，对符合各国利益及区域整体利益的基础设施项目投融资参与企业，根据东道国主权信用评级状况，经审核给予投资额度 1%～3% 的主权信用风险补偿，在鼓励资金投向欠发达国家基础设施建设的同时，从侧面对投资者面临的主权信用风险进行承保，以保证投资收益。三是完善"一带一路"基础设施投融资争端解决规则。当投资风险发生尤其是由于东道国发生政府违约、主权信用风险时，需要诉诸国际争端解决机制来尽量减少投资损失。针对"一带一路"区域的基础设施投融资争端，建议在双边投资协定中协商交由国际仲裁机构仲裁。以世界银行集团旗下的国际投资争端解决中心（ICSID）①为代表的国际仲裁机构具有独立性和公正性，但存在东道国不是缔约国而拒绝承认和执行仲裁的情况。建议探索境外仲裁机构与上海仲裁机构的多元化合作模式，通过打造国际化仲裁服务机构来服务"一带一路"区域基础设施投融资争端，争取将"一带一路"国际仲裁中心设立在上海自贸试验区，并吸引全部"一带一路"沿线国家承认并成为缔约国。

---

① 国际投资争端解决中心是世界银行集团的一个下设机构，成立于 1966 年，是世界上第一个专门解决国际投资争议的仲裁机构，旨在解决政府与外国私人投资者之间的争端，促进国际私人资本向发展中国家流动。

参考文献

〔美〕埃莉诺·奥斯特罗姆、拉里·施罗德、苏珊·温:《制度激励与可持续发展:基础设施政策透视》,陈幽泓、谢明、任睿译,上海三联书店,2000。

〔美〕艾伯特·赫希曼:《经济发展战略》,曹征海、潘照东译,经济科学出版社,1991。

〔日〕贝冢启明:《日本金融自由化的特征与政策上的问题》,《东洋经济周刊》1983年第11期。

曹启龙、盛昭瀚、周晶:《激励视角下PPP项目补贴方式研究》,《科技管理研究》2016年第14期。

陈国庆、王叙果:《公共产品纯度:公共产品市场建设的理论基础》,《财贸经济》2007年第10期。

陈宏辉、贾生华:《企业利益相关者三维分类的实证分析》,《经济研究》2004年第4期。

陈丽华:《WTO与中国外资法问题研究》,中南大学博士学位论文,2004。

陈莎莎:《"欧洲投资计划"是一出政治秀吗?》,《国际金融报》2014年12月8日,第7版。

陈硕颖、简练:《浅析"一带一路"的金融支持条件》,《福建论坛》(人文社会科学版)2017年第10期。

陈四清:《用金融创新推动"一带一路"建设》,《中国金融》2017年第19期。

程鹏:《美日德及国际主要金融机构的开发性金融研究——兼论组建图们江开发银行》,吉林大学博士学位论文,2016。

迟建新：《创新海外投融资模式　助力"一带一路"建设》，《WTO 经济导刊》2017 年第 6 期。

崔国清、南云僧：《关于公共物品性质城市基础设施融资模式创新的探讨》，《经济学动态》2009 年第 3 期。

〔英〕休谟：《人性论》，关文运译，商务印书馆，1980。

邓聚龙：《灰色系统综述》，《世界科学》1983 年第 7 期。

邓凯、颜宪柏：《略论"一带一路"安全保障机制的构建——基于跨国风险规制理论的法律应对》，《当代经济》2017 年第 11 期。

邓小鹏、李启明、熊伟等：《城市基础设施建设 PPP 项目的关键风险研究》，《现代管理科学》2009 年第 12 期。

杜兰：《"一带一路"倡议：美国的认知和可能应对》，《新视野》2015 年第 2 期。

杜晓荣、丁棠丽、程晓敏等：《农村水利 PPP 项目网络治理特征及风险分配研究》，《水利经济》2016 年第 3 期。

樊勇明：《从国际公共产品到区域性公共产品——区域合作理论的新增长点》，《世界经济与政治》2010 年第 1 期。

樊增强：《中国企业对外直接投资：现状、问题与战略选择》，《中国流通经济》2015 年第 8 期。

耿楠：《多边开发金融体系新成员：创新与合作——新开发银行与亚投行机制研究》，《国际经济合作》2016 年第 1 期。

公丕萍、宋周莺、刘卫东：《中国与"一带一路"沿线国家贸易的商品格局》，《地理科学进展》2015 年第 5 期。

《共建"一带一路"　开创美好未来——第二届"一带一路"国际合作高峰论坛圆桌峰会联合公报》，http://world.people.com.cn/n1/2019/0427/c1002-31053761.html，2019 年 4 月 27 日。

顾鸿雁：《日本智库对"一带一路"倡议的认知及其影响研究》，《国外社会科学》2018 年第 4 期。

郭显光：《一种新的综合评价方法——组合评价法》，《统计研究》1995 年第 5 期。

国务院发展研究中心：《"一带一路"基础设施投融资需求及中国角色》，2017。

何维达、辛宇非：《"马歇尔计划"的成功经验对"一带一路"建设的启示》，《学术论坛》2015年第8期。

胡俊超、王丹丹：《"一带一路"沿线国家国别风险研究》，《经济问题》2016年第5期。

黄河：《公共产品视角下的"一带一路"》，《世界经济与政治》2015年第6期。

黄恒学主编《公共经济学》，北京大学出版社，2002。

黄群慧主编《工业化蓝皮书："一带一路"沿线国家工业化进程报告》，社会科学文献出版社，2015。

贾康：《"一带一路"建设应运用PPP》，《经济》2014年第11期。

贾少学：《"一带一路"倡议背景下的俄罗斯能源投资制度分析》，《法学杂志》2016年第1期。

贾英姿：《科学合理界定政府在PPP中的角色和责任》，《中国证券报》2015年11月2日，第11版。

姜安印、郑博文：《中国开发性金融经验在一带一路建设中的互鉴性》，《中国流通经济》2016年第11期。

姜轶嵩、朱喜：《中国的经济增长与基础设施建设》，《管理评论》2004年第9期。

蒋志刚：《"一带一路"建设中的金融支持主导作用》，《国际经济合作》2014年第9期。

金晓鸥：《互联网舆情信息获取与分析研究》，上海交通大学硕士学位论文，2008。

〔英〕凯恩斯：《就业利息和货币通论》，徐毓枬译，商务印书馆，1988。

柯永建、王守清、陈炳泉：《英法海峡隧道的失败对PPP项目风险分担的启示》，《土木工程学报》2008年第12期。

柯永建、王守清、陈炳泉：《基础设施PPP项目的风险分担》，《建筑经济》2008年第4期。

孔祥清、闫道锦：《ABS项目融资模式探析》，《当代经理人》2005年第1期。

〔美〕理查德·A.马斯格雷夫、佩吉·B.马斯格雷夫：《财政理论与实践》，邓子基、劝力平译校，中国财政经济出版社，2003。

李爱敏：《"人类命运共同体"：理论本质、基本内涵与中国特色》，《中共福建省委党校学报》2016 年第 2 期。

李丹、崔日明：《"一带一路"战略与全球经贸格局重构》，《经济学家》2015 年第 8 期。

李锋：《"一带一路"沿线国家的投资风险与应对策略》，《中国流通经济》2016 年第 2 期。

李锋：《基于金融视角下的"一带一路"战略研究》，《合作经济与科技》2015 年第 12 期。

李怀：《基于规模经济和网络经济效益的自然垄断理论创新——辅以中国自然垄断产业的经验检验》，《管理世界》2004 年第 4 期。

李建军、李俊成：《"一带一路"基础设施建设、经济发展与金融要素》，《国际金融研究》2018 年第 2 期。

李娟娟：《集体行动视角下的国际公共品供给研究——一个理论分析框架及应用》，山东大学博士学位论文，2015。

《李克强总理在第 18 次中国—东盟（10+1）领导人会议上的讲话（全文）》，http：//news. xinhuanet. com/politics/2015－11/22/c_ 1117218197. htm，2015 年 11 月 22 日。

李坤：《中国对"一带一路"国家直接投资的产业选择研究》，湖北大学博士学位论文，2016。

李巍：《东亚经济地区主义的终结？——制度过剩与经济整合的困境》，《当代亚太》2011 年第 4 期。

李向春：《天津市公共基础设施社会效益评价与提升研究》，天津商业大学硕士学位论文，2017。

李向阳：《"一带一路"面临的突出问题和出路》，《国际贸易》2017 年第 4 期。

李向阳：《国际经济规则的实施机制》，《世界经济》2007 年第 12 期。

李向阳：《国际经济规则的形成机制》，《世界经济与政治》2006 年第 9 期。

李扬：《债券市场发展：亚洲面临的挑战》，《国际金融研究》2003 年第 11 期。

李志辉、崔光华：《基于开发性金融的政策性银行转型——论中国农业发展银行的改革》,《金融研究》2008 年第 8 期。

李志林:《并购改进公司治理——理论、实证和我国的运用与条件》,厦门大学硕士学位论文,2002。

梁志兵:《企业参与"一带一路"金融支持》,《中国金融》2017 年第 9 期。

林川、杨柏、陈伟:《论与"一带一路"战略对接的六大金融支持》,《西部论坛》2016 年第 1 期。

刘闯、王晋年、曾澜:《大湄公河次区域经济合作框架下二十年投资及其地域分布研究》,《世界地理研究》2009 年第 2 期。

刘东民、熊丽:《债券市场与基础设施融资:国际经验》,《银行家》2017 年第 9 期。

刘国斌:《论亚投行在推进"一带一路"建设中的金融支撑作用》,《东北亚论坛》2016 年第 2 期。

刘海泉:《"一带一路"战略的安全挑战与中国的选择》,《太平洋学报》2015 年第 2 期。

刘瑞、高峰:《"一带一路"战略的区位路径选择与化解传统产业产能过剩》,《社会科学研究》2016 年第 1 期。

刘生龙、胡鞍钢:《交通基础设施与经济增长:中国区域差距的视角》,《中国工业经济》2010 年第 4 期。

刘生龙、胡鞍钢:《交通基础设施与中国区域经济一体化》,《经济研究》2011 年第 3 期。

刘翔峰:《亚投行将改变现行国际金融体系》,《中国发展观察》2015 年第 4 期。

刘育红、王曦:《"新丝绸之路"经济带交通基础设施与区域经济一体化——基于引力模型的实证研究》,《西安交通大学学报》(社会科学版)2014 年第 2 期。

娄洪:《公共基础设施投资与长期经济增长》,中国财政经济出版社,2003。

陆征、莫拉等、王潇靓:《社会效益项目融资:一种创新可持续的基础设施融资框架》,《金融市场研究》2016 年第 8 期。

罗东坤:《项目管理》,石油大学出版社,1991。

罗雨泽:《"一带一路"基础设施投融资机制研究》,中国发展出版社，2015。

马博雅：《"一带一路"建设中金融风险防范》，《党政干部学刊》2016 年第 6 期。

马君潞：《国际货币制度研究》，中国财政经济出版社，1995。

马腾跃：《中行：争做服务"一带一路"首选银行》，《中国银行家》2016 年第 2 期。

毛振华、阎衍、郭敏主编《"一带一路"沿线国家主权信用风险报告》，经济日报出版社，2015。

宁薛平：《丝绸之路经济带企业跨境融资的逆向选择和道德风险》，《区域经济评论》2016 年第 4 期。

潘庆中、李稻葵、冯明：《"新开发银行"新在何处——金砖国家开发银行成立的背景、意义与挑战》，《国际经济评论》2015 年第 2 期。

庞珣：《国际公共产品中集体行动困境的克服》，《国际经济与政治》2012 年第 7 期。

裴长洪、樊瑛：《中国企业对外直接投资的国家特定优势》，《中国工业经济》2010 年第 7 期。

彭国甫、李树丞、盛明科：《应用层次分析法确定政府绩效评估指标权重研究》，《中国软科学》2004 年第 6 期。

彭伟明：《基于开发性金融的珠三角战略性新兴产业融资模式研究》，武汉大学博士学位论文，2014。

浦军：《中国企业对外投资效益评价体系理论与方法研究》，对外经济贸易大学博士学位论文，2005。

齐子翔：《京津冀协同发展机制设计》，社会科学文献出版社，2015。

乔恒利：《基础设施项目多元投融资模式选择研究》，上海交通大学博士学位论文，2009。

清华大学中国与世界经济研究中心、金砖国家经济智库：《"一带一路"跨国金融合作研究　第二章　"一带一路"建设融资问题研究》，2016 年 12 月 1 日。

清华大学中国与世界经济研究中心、金砖国家经济智库：《"一带一路"跨国金融合作研究　第四章　"一带一路"金融市场合作》，2016 年 12 月 1 日。

丘兆逸、付丽琴：《国内私人资本与"一带一路"跨境基础设施建设》，《开放导报》2015年第3期。

沈丁丁：《容克投资计划概述》，《金融发展评论》2015年第4期。

施国庆、董铭：《投资项目社会评价研究》，《河海大学学报》（哲学社会科学版）2003年第2期。

〔美〕斯特凡尼·格里菲思-琼斯等：《国家开发性银行的未来》，《开发性金融研究》2017年第4期。

宋爽、王永中：《中国对"一带一路"建设金融支持的特征、挑战与对策》，《国际经济评论》2018年第1期。

孙文胜：《投资项目经济评价方法的比较研究——亚洲开发银行与中国投资项目经济评价方法的比较》，天津大学硕士学位论文，2001。

谭畅：《"一带一路"战略下中国企业海外投资风险及对策》，《中国流通经济》2015年第7期。

滕敏敏、韩传峰、刘兴华：《中国大型基础设施项目社会影响评价指标体系构建》，《中国人口·资源与环境》2014年第9期。

〔美〕托马斯·A. 普格尔、彼得·H. 林德特：《国际经济学》，李克宁译，经济科学出版社，2001。

〔美〕W. W. 罗斯托：《经济增长的阶段：非共产党宣言》，郭熙保、王松茂译，中国社会科学出版社，2001。

万冬君、刘伊生、赵世强：《基于协调视角的城市基础设施投资效果评价研究》，中国建筑工业出版社，2013。

万喆：《"一带一路"建设和国家金融安全的共赢》，《金融论坛》2017年第6期。

王绍宏：《中国开发性金融及其转型研究》，天津财经大学博士学位论文，2008。

王石锟：《发挥中国金融软实力 构建"一带一路"立体金融服务体系》，《国际金融》2015年第8期。

王亚军：《"一带一路"倡议的理论创新与典范价值》，《世界经济与政治》2017年第3期。

王英、李纪华、顾湘：《PPP模式下大型体育场馆建设风险承担与分配研究》，《建筑经济》2010年第5期。

王勇：《亚投行与"一带一路"如何重塑亚洲的政经格局》，《中国对外贸易》2015年第8期。

魏磊：《丝路基金助推"一带一路"互联互通》，《国际商务财会》2015年第4期。

翁东玲：《"一带一路"建设的金融支持与合作风险探讨》，《东北亚论坛》2016年第6期。

吴岚：《论我国海外投资保险制度的完善途径》，《山东科技大学学报》（社会科学版）2016年第1期。

吴舒钰：《"一带一路"沿线国家的经济发展》，《经济研究参考》2017年第15期。

吴贤军：《国际话语权视域下的"一带一路"战略实现路径研究》，《中共福建省委党校学报》2015年第2期。

吴志成、李金潼：《国际公共产品供给的中国视角与实践》，《政治学研究》2014年第5期。

谢平、倪经纬：《开发性金融国际合作机理分析》，《开发性金融研究》2015年第1期。

胥爱欢：《"一带一路"建设中主权信用风险的防控——来自欧债危机救助的经验与教训》，《西南金融》2018年第8期。

徐飞、陈洁：《金融租赁债权证券化研究》，《上海管理科学》2003年第1期。

徐奇渊、杨盼盼、肖立晟：《"一带一路"投融资机制建设：中国如何更有效地参与》，《国际经济评论》2017年第5期。

徐义国：《丝绸之路经济带战略构想的金融元素》，《银行家》2014年第10期。

〔英〕亚当·斯密：《国民财富的性质和原因的研究（上卷）》，郭大力、王亚南译，商务印书馆，1972。

亚洲基础设施投资银行：《亚洲基础设施投资银行协定》，2015年6月29日。

亚洲开发银行研究院编《亚洲基础设施建设》，邹湘、智银凤等译，社会科学文献出版社，2012。

闫衍：《"一带一路"的金融合作》，《中国金融》2015年第5期。

阎豫桂：《"一带一路"投融资合作需要宏观机制创新与微观业务模式创新》，《全球化》2017年第4期。

杨晨曦：《"一带一路"区域能源合作中的大国因素及应对策略》，《新视野》2014年第4期。

杨海燕：《区域公共产品的供给困境与合作规则探析——基于合作博弈模型的分析》，《复旦国际关系评论》2015年第1期。

杨鸿玺：《国际能源形势与中国的发展进程》，《和平与发展》2008年第2期。

杨丽花、周丽萍、翁东玲：《丝路基金、PPP与"一带一路"建设——基于博弈论的视角》，《亚太经济》2016年第2期。

杨艳、罗霄：《论西部地区基础设施的经济增长效应》，《经济问题探索》2009年第5期。

杨正泽：《高速铁路的国民经济属性及投资效益研究》，北京交通大学博士学位论文，2015。

叶芳：《多边开发银行参与基础设施项目投资空间分布的影响因素——基于世界银行PPI数据库的实证分析》，《财政研究》2017年第10期。

易诚：《进一步加强与"一带一路"国家的金融合作》，《甘肃金融》2014年第4期。

〔美〕英格·考尔等编《全球化之道——全球公共产品的提供与管理》，张春波、高静译，人民出版社，2006。

余利明：《"一带一路"战略布局下的人民币投融资国际化》，《清华金融评论》2017年第7期。

袁佳：《"一带一路"基础设施资金需求与投融资模式探究》，《国际贸易》2016年第5期。

袁新涛：《"一带一路"建设的国家战略分析》，《理论月刊》2014年第11期。

〔英〕约翰·穆勒：《政治经济学原理及其在社会哲学上的若干应用》，胡企林、朱泱译，商务印书馆，1991。

曾宪报：《关于组合评价法的事前事后检验》，《统计研究》1997年第6期。

张恒龙、赵一帆：《多边开发银行与全球经济治理：从世界银行到金砖银行》,《上海大学学报》(社会科学版) 2016 年第 3 期。

张磊:《中国外贸结构升级:从比较优势到竞争优势》,《经济研究导刊》2014 年第 31 期。

张丽平、蓝庆新:《以资本运作推动"一带一路"的互联互通建设》,《南开学报》(哲学社会科学版) 2016 年第 1 期。

张明:《直面"一带一路"的六大风险》,《国际经济评论》2015 年第 4 期。

张茉楠:《加快构建"一带一路"长期投融资框架》,《求知》2017 年第 7 期。

张茉楠:《亚洲基础设施投融资框架初"长成"》,《金融博览(财富)》2014 年第 12 期。

张学良:《中国交通基础设施促进了区域经济增长吗——兼论交通基础设施的空间溢出效应》,《中国社会科学》2012 年第 3 期。

张蕴岭:《聚焦一带一路大战略》,《大陆桥视野》2014 年第 8 期。

赵可金:《人类命运共同体思想的丰富内涵与理论价值》,《前线》2017 年第 5 期。

中国对外承包工程商会:《2018 年度"一带一路"国家基础设施发展指数报告》,http://www.chinca.org/CICA/PublicationsList/TP/18060410080511,2018 年 5 月 15 日。

中国社会科学院世界经济与政治研究所:《"一带一路"投融资机制研究报告》,2017。

中国社会科学院世界经济与政治研究所国际投资研究室:《中国海外投资国家风险评级(2018)》,2018 年 1 月 23 日。

周宝根、刘启:《以满足受援国需求为先——马歇尔计划的经验与教训》,《国际经济合作》2009 年第 11 期。

周和平、陈炳泉、许叶林:《公私合营(PPP)基础设施项目风险再分担研究》,《工程管理学报》2014 年第 3 期。

周五七:《"一带一路"沿线直接投资分布与挑战应对》,《改革》2015 年第 8 期。

周小川:《共商共建"一带一路"投融资合作体系》,《中国金融》2017 年第 9 期。

周小川:《市场化运作是"一带一路"投融资可持续性的保证》,《中国金融家》2017 年第 5 期。

朱宏春:《中国如何应对亚投行治理和运营中的挑战?》,《南方金融》2015 年第 6 期。

朱苏荣:《"一带一路"战略国际金融合作体系的路径分析》,《金融发展评论》2015 年第 3 期。

朱宪辰、李玉连:《领导、追随与社群合作的集体行动——行业协会反倾销诉讼的案例分析》,《经济学》(季刊)2007 年第 2 期。

竺彩华、郭宏宇、冯兴艳等:《东亚基础设施互联互通融资:问题与对策》,《国际经济合作》2013 年第 10 期。

邹嘉龄、刘春腊、尹庆国、唐志鹏:《中国与"一带一路"沿线国家贸易格局及其经济贡献》,《地理科学进展》2015 年第 5 期。

Arrow, K. J., and M. Kurz, *Public Investment, the Rate of Return and Optimal Fiscal Policy.* Johns Hopkins Press, Baltimore, 1970.

Abednego, M. P., Ogunlana, S. O., "Good Project Governance for Proper Risk Allocation in Public Private Partnerships in Indonesia," *International Journal of Project Management*, 2006, 24 (7).

ADB, *Greater Mekong Subregion Economic Cooperation Program: Overview.* Mandaluyong City, Phil. Asian Development Bank, 2011.

Alan S. Milward, "Was the Marshall Plan Necessary?" *Diplomatic History*, 1989, 13 (2).

Alfredo M., "Pereira On the Effects of Public Investment on Private Investment: What Crowds in What?" *Journal of Monetary Economics*, 2001, 24 (2).

Alice Ekman, "China: Reshaping the Global Order?" Paris: European Union Institute for Security Studies, July 2015.

Alice Ekman, "China's New Silk Roads: A Flexible Implementation Process. Three Years of China's New Silk Roads: From Words to (Re) Action?" Paris: IFRI, 2017 (2).

Andreas Grimmel and Susanne My Giang, "Why China's 'One Belt, One Road' Initiative Should be Taken More Seriously by the EU?" LSE Blog, April 11, 2017.

Andreas Stephan, "Assessing the Contribution of Public Capital to Private

Production: Evidence from the German Manufacturing Sector," *International Review of Applied Economics*, 2003, 17 (4).

Anja Kasperse, "Geo-economics with Chinese Characteristics: How China's Economic Might is Reshaping World Politics," Geneva: World Economic Forum, 2016 (1).

Arezki R. , Bolton P. , Peters S. , et al. , "From Global Savings Glut to Financing Infrastructure: the Advent of Investment Platforms," IMF Working Paper, 2016 (2).

Arndt S. W. , "Production Networks in an Economically Integrated Region," *Asean Economic Bulletin*, 2015, 18 (1).

Arndt, Henry R. , "Risk Allocation in the Melbourne City Link Project," *Journal of Project Finance*, 1998, 4 (3).

Aschauer D. A. , "Is Public Expenditure Productive?" *Journal of Monetary Economics*, 1989, 23 (2) .

Aschauer D. A. , "Do States Optimise? Public Capital and Economic Growth," *The Annals of Regional Science*, 2000, 34 (3).

Aschauer D. A. , "Is Public Expenditure Productive?" *Journal of Monetary Economics*, 1989, 23 (2).

Athena, R. , Anagnostopoulos, K. P. , "Public-private Partnership Projects in Greece: Risk Ranking and Preferred Risk Allocation," *Construction Management and Economics*, 2008, 26 (7).

Baldwin R. E. , Martin P. and Ottaviano, "Global Income Divergence Trade and Industrialization: The Geography of Growth Take-Offs," *Journal of Economic Growth*, 1998, 6 (1).

Barrett, S. , "A Theory of Full International Cooperation," *Journal of Theoretical Politics*, 1999, 11 (4).

Barrett, S. , "Self-enforcing International Environmental Agreement," *Oxford Economic Paper*, 1994 (46).

Barrett, S. , *Why Cooperate? The Incentive to Supply Global Public Goods*. New York: Oxford University Press, 2007.

Benny Carlson, "Knut Wicksell, Gustav Cassel, Eli Heckscher, Bertil Ohlin and Gunner Myrdal on the Role of the Economist in Public Debate," *Econ Journal Watch*, 2006, 3 (3).

Bhattacharya A., Romani M. and Stern N., "Infrastructure for Development: Meeting the Challenge," http: //www. g24. org/TGM/Infrastructure% 20for% 20Development% 20Final. Pdf, December 31, 2012.

Bhattacharya A. and Romani M., "Meeting the Infrastructure Challenge: the Case for A New Development Bank," http: //www. g24. org/TGM/ Bhattacharya. pdf, October 17, 2013.

Bhattacharyay B. N., "Infrastructure Development for ASEAN Economic Integration," Asian Development Bank Institute Working Paper 138, 2009.

Biswa Nath and Bhattacharyay, "Estimating Demand for Infrastructure in Energy Transport Telecommunications Water and Sanitation in Asia and the Pacific: 2010-2020," ADBI Working Paper Series, June 3, 2018.

Bougheas S., Demetriades P. O. and Mamuneas T. P., "Infrastructure Specialization, and Economic Growth," *Canadian Journal of Economics/revue Canadienne Déconomique*, 2000, 33 (2).

Brenneman A. and Kerf M., *Infrastructure and Poverty Linkages: A Literature Review*. Mimeograph: Washington, D. C, World Bank, 2002.

Buchanan, J. M., "An Economic Theory of Clubs," *Economica*, 1965 (32) .

Buchanan, J. M., *The Demand and Supply of Public Goods*. Chicago: Rand McNally & Company, 1968.

Bundesverband der DeutschenIndustriee V. (BDI), "Juncker's Investment Plan for Europe: Opportunities for Companie," Industrial Policy Dossier, 2015. http: //english. bdi. eu/media/topics/europe/publications/201507 _ Industrial _ Policy_ Dossier_ Junckers_ investment_ plan_ for Europe. pdf, June 26, 2018.

Butler, K. C. and D. C. Joaquin, "A Note on Political Risk and the Required Return on Foreign Direct Investment," *Journal of International Business Studies*, 1998 (3).

Buurman J., Rietveld P., "Transport Infrastructure and Industrial Location: The Case of Thailand," *Review of Urban& Regional Development Studies*, 1999, 11 (1) .

B. Guy Peters, *Institutional Theory in Political Science*: *the New Institutionalism*. London and New York: Wellington House, 1999.

B. Guy Peters, *Institutional Theory in Political Science*. London and New York: Wellington House. 1999.

Calderon C. A. and L. Serven, "The Effects of Infrastructure Development on Growth and Income Distribution," World Bank Policy Research Working Paper No. WPS 3400. Washington DC: World Bank, 2004.

Carmen J. , Fernando O. and Rahim A. , "Private-Public Partnerships as Strategic Alliances: Concession Contracts for Port Infrastructures," *Transportation Research Record Journal of the Transportation Research Board*, 2008, 20 (62).

Cazzavillan, G. , "Public Spending, Endogenous Growth, and Endogenous Fluctuations," *Journal of Economic Theory*, 1996, 71 (2).

Cecilia Joy Perez, Derek Scissors, "A Close Look at OBOR Reveals Overstated Gains," http: //www. aei. org/publication/aclose-look-at-obor-reveals-overstated-gains/, December 11, 2018.

Chandrasekhar, C. , *National Development Banks in a Comparative Perspective. Rethinking Development Strategies after the Financial Crisis*, *Volume ll-Country Studies and international Comparisons*. 1st Edition, New York and Geneva: United Nations UNCTAD, 2016.

Charles Taylor, *A Secular Age*. England: The Belknap Press of Harvard University Press, 2007.

Christina Dargna, "China's Shifting Geo-economic Strategy," *Survival: Global Politics and Strategy*, 2016, 58 (3) .

Christopher K. Johnson, "President Xi Jinping's 'Belt and Road' Forum," https: //www. csis. org/analysis/president - xi - jinpingsbelt - and - road - forum, December 11, 2018.

Clarkson M. , "A Stakeholder Corporate Social Performance," *Framework Academy for Analyzing of Management and Evaluating Review*, 1995 (1).

Clifford Chance, *Project Finance*. IFR Publishing Ltd, 1995.

Coase R. H. , "The Light House in Economics," *Journal of Law and Economics*, 1974, 17 (2).

Committee for Economic Development, *An American Program of European Economic Cooperation.* Washington, DC. : Govt. Print Office, 1948.

Daniel Kliman and Abigail Grace, "Power Play: Addressing China's Belt and Road Strategy," Center for a New American Security, 2018.

Datt, G. and M. Racallion, "Why Have Some Indian States Done Better than Others at Reducing Rural Poverty," *Economica*, 1998, 65 (1).

De, P. , "Empirical Estimates of Transport Costs: Options for Enhancing Asia's Trade," In *Infrastructure's Role in Lowering Asia's Trade Costs.* Cheltenham, UK: Edward Elgar Publishing, 2009.

Demsetz, Harold, "The Private Production of Public Goods," *Journal of Law and Economics*, 1970 (13) .

Dhonte P. , "Describing External Debt Situations: A Roll-over Approach," Staff Papers of International Monetary Fund, 1975, 22 (1).

Douglas H. Paal, Matt Ferchen, "After OBOR: A Renewed Vision for Engagement With China and Asia," http: //carnegieendowment. org/2017/05/15/after-obor-renewed-vision-for-engagement-with-china-and-a, April 5, 2018.

Dupuit, "Arsène Jules Étienne Juvénal: De la mesure de l' utilité des travaux publics," Annales des ponts et chaussées, 1844, Second series, 8. Translated by R. H. Barback as On the measurement of the utility of public works, International Economic Papers, 1952 (2).

Edward S. Morse, "The Transformation of Foreign Policies: Modernization, Interdependence and Externalization," *World Politics*, 1970, 22 (3).

Ellen M. Immergut, "The Theoretical Core Of the New Institutionalism," *Politics &Society*, 1998, 26 (1) .

Esfahani H. S. and M. T. Raml'rez, "Institutions, Infrastructure, and Economic Growth," *Journal of Development Economics*, 2003, 70 (2).

Etsuro Shioji, "Public Capital and Economic Growth: A Convergence Approach," *Journal of Economic Growth*, 2001, 6 (3).

European Commission (EC), "Brochure on the Investment Plan for Europe," https: //e. europa. eu/commission/sites/beta-political/files/brochure-investment-plan-17x17-may17_ en. pdf, June 29, 2018.

European Investment Bank (EIB), " Restoring EU Competitiveness," Luxembourg, http: //www. eib. org/attachments/efs/restoring_ eu_ competitiveness_ en. pdf, June 26, 2018.

Eva Pejsova (ed.), "China Futures: Horizon 2025," Paris: EU Institute for Security Studies, 2017 (7).

Fernanda Ruiz-Nunez, "PPI Investments in IDA Countries, 2011 to 2015," A Product of the Public-Private Partnership Group of the World Bank and PPI Database, Edited by Alison Buckholtz.

Francoise Nicolas, "The Economics of OBOR: Putting Chinese Interests First, Three Years of China's New Silk Roads: From Words to (Re) Action?" Paris: IFRI, 2017 (2).

Freeman R. E. and Evan W. M. , "Corporate Governance: A Stake Holder Interpretation," *Journal of Behavioral Economics*, 1990 (19).

Fujimura et al. , "Impact of Cross-border Transport Infrastructure on Trade and Investment on Trade and Investment in the GMS," ADB Institute Discussion Paper, No. 48, 2006.

Gallagher, K. , and Sklar, S. , "Nationalizing Development Finance: Putting National Development Banks in Context," Boston University Global Economic Governance Initiative Working Paper, 2016.

Garrett Hardin, "The Tragedy of the Commons," *Science*, 1968 (162).

Gauti B. Eggertsson and Paul Kmgman, " Debt, Deleveraging, and the Liquidity Trap," *Quarterly* , *Journal of Economics*, 2012, 127 (3).

Ghada T. et al. , "Scaling-up SMF Access to Financial Services in the Developing World," Washington DC: World Yank Croup, 2010.

Greenwald, Douglas, *Encyclopedia of Economics*. New York: McGraw-Hill, 1982.

Gregory Claeys, André Sapir and Guntram B. Wolff, "Juncker's Investment Plan: No Risk-No Retur," Bruegel Blog Post, November 28, 2014, http: // bruegel. org/2014/11/ junckers-investment-plan-no-risk-no-return/.

Grimsey, D. , Lewis, M. K. , *Public-Private Partnerships: The Worldwide Revolution in Infrastructure Provision and Project Finance*. Public Private Partnerships:

the Worldwide Revolution in Infrastructure Provision and Project Finance, E. Elgar, 2004.

Harold Demsetz, "The Private Production of Public Goods," *Journal of Law and Economics*, 1970, 13 (2).

Harvey Leibenstein, "Allocative Efficiency vs. 'X-Efficiency'," *The American Economic Review*, 1966, 56 (3).

Hellwig M. , "Banking, Financial Intermediation and Corporate Finance," In A. Giovannini and C. Mayer (Eds.), *European Financial Intermediation*, Cambridge: Cambridge University Press, 1991.

Hill G. , "Project Appraisal for the Keynesian Investment Planner," *Economics of Planning*, *ABI/INFORM Global*, 1999, 32 (2).

Ho, S. P. , "Model for Financial Renegotiation in Public-private Partnership Projects and its Policy Implications: Game Theoretic View," *Journal of Construction Engineering and Management*, 2006, 132 (7).

Hotelling H. , "Analysis of a Complex of Statistical Variables into Principle Components," *Journal of Educational Psychology*, 1933, 24 (6).

Humphrey C. , "Are Credit Rating Agencies Limiting the Operational Capacity of Multilateral Development Banks?" Paper Commissioned by the G-24 as Part of its Work Program on Enhancing the Role of MDBs in Infrastructure Finance, October. New York, United States and Geneva, Switzerland: United Nations Conference on Trade and Development. 2015.

IEA, "World Energy Outlook 2017," http: //www. iea. org/weo2017, September 23, 2018.

IMF, "Global Financial Stability Report April 2018: A Bumpy Road Ahead," https: //www. imf. org/en/Publications/GFSR/Issues/2018/04/02/Global - Financial - Stability-Report-April-2018, May 10, 2018.

IMF, "World Economic Outlook: Too Slow for Too Long (April 2016)," https: //www. imf. org/en/Publications/WEO/Issues/2016/12/31/Too - Slow - for - Too-Long, May 6, 2018.

Instiglio, "Lmpact Bonds Worldwide Database," July 27, 2015.

James G. March, Johan P. Olsen, *Rediscovering Institutions*, New York: The

Free Press, 1989.

James M. Buchanan, "An Economic Theory of Clubs," *Economica*, *New Series*, 1965, 32 (125).

Jan D. Schneider,   "Growth for Europe-Is the Juncker Plan the Answer?" Brussels: European Policy Centre (EPC), 2015 (5).

Joeé E. B. , Francisco J. E. and Maria J. M. , "The Effect of Public Infrastructure on the Private Productive Sector of Spanish Regions," *Journal of Regional Science*, 2002, 42 (2).

John F. Nash, "The Bargaining Problem," *Econometrica*, 1950, 18 (2).

Joseph S. Nye, "Energy and Security in 1980s," *World Politics*, 1982, 35 (1).

Justyna Szczudlik-Tatar,   "Many Belts and Many Roads: The Proliferation of Infrastructure Initiatives in Asia," Warsaw: Polish Institute of International Affairs (PISM), 2016 (2).

J. Andreoni,   "Impure Altruism and Donations to Public Goods: A Theory of Warm-Glow Giving," *Economic Journal*, 1990, 100 (401).

Kaul L. , Grunberg I. and Stern M. , *A Global Public Goods: International Cooperation in the 21st Century*. New York: Oxford University Press, 1999.

Ke, Y. , Wang, S. Q. , Chan, A. P. C. , "Risk Allocation in Public-Private Partnership Infrastructure Projects: a Comparative Study," *Journal of Infrastructure System*, 2010, 16 (4).

Kessides, Christine, "Institutional Options for Provision of Infrastructure," World Bank Disussion Paper 212. Washington D. C. , 1993.

Kirvan, R. M. , "Finance for Urban Public Infrastructure," *Urban Studies*, 1989 (6).

Kolko G. , *The Politics of War: The World and United States Foreign Policy, 1943-1945*. New York: Random House, 1970.

Kristi Raik, "The EU as a Regional Power: Extended Governance and Historical Responsibility," In Hartmut Mayer/Henri Vogt, A Responsible Europe? Ethical Foundations of Eu External Affairs. New York: Palgrave Macmillan, 2006.

Krugman P. , *Geography and Trade*. Cambridge: The MIT Press, 1992.

Lam, L. C. , Wang, D. , Lee, P. T. K. , et al. , "Modeling Risk Allocation

Decision in Construction Contracts," *International Journal of Project Management*, 2007, 25 (5).

Lau, S. S. , "Private Sector's Perception of the Risk Allocation in Public-Private Partnership (PPP) Arrangement," Faculty of Engineering and Science Universiti Tunku Abdul Rahman, 2012.

Levine, R. , "Financial Development and Economic Growth: View and Agenda," *Journal of Economic Literature*, 1997 (6).

Li Yinshen, Andrew Platten, X. P. , "Deng Role of Public-private-partnerships to Manage Risks in Public Sector Projects in Hong Kong," *International Journal of Project Management*, 2006 (24).

Li, B. , Akintoye, A. , Edwards, P. J. , et al. , "The Allocation of Risk in PPP/PFI Construction Projects in the UK," *International Journal of Project Management*, 2005, 23 (1).

Lindahl, E. , "Just Taxation: A Positive Solution (English translation of Die 'Gerechtigkeit der Besteuerung')," In Musgrave, Richard A. and Peacock Alan T. , eds. , *Classics in the Theory of Public Finance*. New York: St. Martin's Press, 1919 (1967).

Loosemore, M. , Raftery, J. , Reilly, C. , Higgon, D. , *Risk Management in Projects*. Taylor&Francis, 2006.

Lucas R. E. , "On the Mechanics of Economic Development," *Journal of Monetary Economics*, 1988, 22 (1).

Mancur Olson, "Increasing the Incentives for International Cooperation," *International Organization*, 1971, 25 (4).

Mancur Olson, *The Logic of Collective Action: Public Goods and the Theory of Groups*. Boston: Harvard University Press, 1965.

Marco Ferroni, M. and Ashoka M. (eds.), *International Public Goods: Incentives, Measurements, and Financing*. Kluwer Academic Publishers and the World Bank, 2002.

Maria Jesus Delagado and Inmaculada Alvarez, "Public Productive Infrastructure and Economic Growth," 40th Congress of the European Regional Science Association, June 21, 2000.

Michael J. Hogan, "The Marshall Plan: America, Britain, and the Reconstruction of Western Europe, 1947-1952," *International Affairs*, 1988, 64 (2).

Michele Breton, Georges Zaccour and Mehdi Zahaf, "A Game-theoretic forMulation of Joint Implementation of Environmental Projects," *European Journal of Operational Research*, 2006 (168).

Moore R. and Kerr S., "On a Highway to Help: Multilateral Development Bank Financing and Support for Infrastructure," *Economic Roundup*, 2014 (2).

Musgrave, R. A., *The Theory of Public Finance.* New York: McGraw Hill, 1959.

Nadège Rolland, "China's Eurasian Century Political and Strategic Implications of the Belt and Road Initiative," The National Bureau of Asian Research, 2017.

Nash J. F., "Equilibrium Points in N-person Games," *Proceedings of the National Academy of Sciences*, 1950, 36 (1).

National Treasury of South Africa, *Module 4: PPP Feasibility Victoria: Risk Allocation and Contractual Issues.* Australia, 2001.

Neumann, J. V. and Morgenstern, O., *Theory of Games and Economic Behavior.* Princeton: Princeton University Press, 1944.

Nevitt, P. K., *Project Financing, Sixth Edition.* London: Euro Money Production PLC, 1995.

Nguyen, D. Garvin, M., "Risk Allocation and Management Practices in Highway PPP Contracts: Pilot Study of Virginia," Construction Research Congress, 2016.

Nicola Casarini, "China's Inroads into the West," *The World Today*, Vol. 71, No. 5, 2015 (9).

Nordhaus W. D., "Paul Samuelson and Global Public Goods: A Commemorative Essay for Paul Samuelson," http: //www. econ. Yale. edu/- nordhaus/homepage/ PASandGPG. pdf, May 15, 2018.

N. Gregory Mankiw and Michael D. Whinston, "Free Entry and Social Inefficiency," *The RAND Journal of Economics*, 1986, 17 (1).

Ostrom V., Bish R., & Ostrom E., *Local Government in the United States.* London: ICS Press, 1988.

Paul R. Krugman and Maurice Obstfeld, *International Economics: Theory and*

Policy, *Third Edition*. London: Pearson Higher Education, 1994.

Peter A. Hall, Rosemary C. R. Taylor, "Political Science and the Three New Institutionalism," *Political Studies*, 1996 (XLIV).

Peter H. Lindert, "Unequal English Wealth since 1670," *The Journal of Political Economy*, 1986, 94 (6).

Peter K. Nevitt, Frank Fabozzi, *Project Financing* (Sixth edition). Euromoney Publications, 1995.

Pierre-Richard Agénor, "A Theory of Infrastructure-led Development," *Journal of Economic Dynamics and Control*, 2010, 34 (5).

Price H. B. , *Marshall Plan and its Meaning.* New York: Cornell University Press, 1955.

Ragnar, Nurkse, "The Problem of Currency Convertibility Today," Proceedings of the Academy of Political Science, Vol. 25, No. 3, International Economic Outlook (May, 1953).

Richard G. Lipsey, "An Economic Theory of Central Places," *The Economic Journal*, 1982, 92 (365).

Riedel J. , Jin J. and Gao J. , "How China Grows: Investment, Finance, and Reform," *Economic Record*, 2008, 84 (266).

Robert Axelrod and Douglas Dion, "The Further Evolution of Cooperation," *Science New Series*, 1988, 242 (4884).

Robert O. Keohane and Joseph S. Nye, Jr. , "Power and Interdependence Revisited," *International Organization*, 1987, 41 (4).

Roller L. H. and Waverman L. , "Telecommunications Infrastructure and Economic Development: A Simultaneous Approach," *American Economic Review*, 2001, 91 (4) .

Romer P. M. , "Increasing Returns and Long Run Growth," *Journal of Political Economy*, 1986, 94 (5).

Saghir J. , "Energy and Powerty: Myths, Links and Policy Issues," Energy Working Notes, No. 4. Energy and Mining Sector Board, World Bank Washington D. C. , 2005.

Sahoo S. and K. K. Sexena, "Infrastructure and Economic Development:

Some Empirical Evidence," *Indian Economic Journal*, 1999, 47 (2).

Samuelson P. , "The Pure Theory of Public Expenditure," *Review of Economics and Statistics*, 1954, 36 (4).

Sandier, T. , "Overcoming Global and Regional Collective Action Impediments," *Global Policy*, 2010, 1 (1).

Sandier, T. , *Global Challenges: An Approach to Environmental, Political, and Economic Problems*. New York: Cambridge University Press, 1997.

Sandier, T. , *Global Collective Action*. New York: Cambridge University Press, 2004.

Schlesinber M. , *The Dynamics of World Power: A Documentary History of U. S Foreign Policy 1945-1973*. Volume I, Chelsea House, 1973.

Scitovsky T. , *Economic Theory and Western European Integration*. London: Gearge Allen & Unwin, 1959.

Seung C. K. and D. S. Kraybill, "The Effects of Infrastructure Investment: A Two Sector Dynamic Computable General Equilibrium Analysis for Ohio," *International Regional Science Review*, 2001, 24 (2).

Shaidullin R. N. et al. , "Innovative Infrastructure in Post-industrial Society," *World Applied Sciences Journal*, 2013, 27 (13).

Shalmali Guttal, "Marketing the Mekong: The Asian Development Bank and the Greater Mekong Sub-region Economic Cooperation Program," http://www.jubileesouth. org/news/EpZyVyEAZFESZsvoiNs. html, July 3, 2018.

Shantayanan Devarajan, Vinaya Swaroop, Hengfu Zou, "The Composition of Public Expenditure and Economic Growth," *Journal of Monetary Economics*, 1996, 37 (2).

Shapley, L. S. , "A Value for N-persons Games," *Annals of Mathematics Studies*, 1953 (28).

Shen, L. Y. , Platten, A. , Deng, X. P. , "Role of Public Private Partnerships to Manage Risks in Public Sector Projects in Hong Kong," *International Journal of Project Management*, 2006, 24 (7).

Shivshankar Menon, "The Unprecedented Promises and Threats of the Belt and Road Initiative," https://www. brookings. edu/opinions/the - unprecedented -

promises-and-threats-of-the-belt-and-road-initiati, December 10, 2018.

Singly L. B. , Kalidindi, S. N. , "Traffic Revenue Risk Management through Annuity Model of PPP Road Projects in India," *International Journal of Project Management*, 2006, 24 (7).

Solow R. M. , "A Contribution to the Theory of Economic Growth," *Quaterly Journal of Economics*, 1956, 70 (1).

Srinivasu B. , Rao P. S. , "Infrastructure Development and Economic Growth: Prospects and Perspective," *Journal of Business Management & Social Sciences Research*, 2013, 2 (1).

Tadelis S. , *Game Theory: an Introduction*. Princeton University Press, 2013.

The Economist Intelligence Unit, "Prospects and Challenges on China's ' One Belt, One Road': A Risk Assessment Report," http://www.eiu.com, May 3, 2018.

Tinbergen, J. A. , *International Economic Integration*. Amsterdam: Elsvier Publishing Co. 1954.

Todd Sandier and Daniel G. Arce M. , "A Conceptual Framework for Understanding Global and Transnational Public Goods for Health," *Fiscal Studies*, 2010, 23 (2).

US Treasury and the Council of Economic Advisors, "An Economic Analysis of Infrastructure Investment," October 11, 2010.

Wang, Shou Qing, Tiong, Robert L. K. and Ting, S. K. and D. Ashley, "Evaluation and Management of Political Risks in China's BOT Projects," *Journal of Construction Engineering and Management*, 2000 (126) .

World Bank, *World Development Report 1994*. Washington DC: World Bank, 1994.

W. W. Rostow, *The Stages of Economic Growth: A Non-Communist Manifesto*. Cambridge: Cambridge University Press, 1960.

Yann Duval, "Economic Cooperation and Regional Integration in the Greater Mekong Subregion (GMS)," UNESCAP Trade and Investment Division Staff Working Paper, Februray 8, 2008.

Zhang, W. , Bai, Y. , "Risk Allocation and Dispute Resolution Mechanisms in Chinese Public Projects: An Empirical Study," International Conference on

Construction and Real Estate Management, 2013.

"ADB's Role in Regional Cooperation," http://www. adb. org/GMS/ Program/ adbs-role. asp, July 2, 2018.

"Agreement Establishing the Asia Development Bank," http://www. adb. org/Documents/Charter/chap01. asp#2, July 3, 2018.

"Summary of GMS Loans: by Country (1992-2008)," http://www. adb. org/Documents/Others/GMS/GMS-Loans-2008. pdf, July 2, 2018.

图书在版编目（CIP）数据

"一带一路"基础设施投融资合作规则研究／李原
著. --北京：社会科学文献出版社，2024.7
ISBN 978-7-5228-1559-6

Ⅰ.①一… Ⅱ.①李… Ⅲ.①"一带一路"-基础设
施建设-基本建设投资-经济合作-研究②"一带一路"
-基础设施建设-融资-经济合作-研究 Ⅳ.①F294

中国国家版本馆 CIP 数据核字（2023）第 045930 号

"一带一路"基础设施投融资合作规则研究

著　者／李　原

出 版 人／冀祥德
责任编辑／张　媛
责任印制／王京美

出　　版／社会科学文献出版社·皮书分社（010）59367127
　　　　　地址：北京市北三环中路甲29号院华龙大厦　邮编：100029
　　　　　网址：www.ssap.com.cn
发　　行／社会科学文献出版社（010）59367028
印　　装／三河市尚艺印装有限公司

规　　格／开 本：787mm×1092mm　1/16
　　　　　印 张：15.5　字 数：277千字
版　　次／2024年7月第1版　2024年7月第1次印刷
书　　号／ISBN 978-7-5228-1559-6
定　　价／89.00元

读者服务电话：4008918866